ワードマップ

現代観光学

ツーリズムから「いま」がみえる

遠藤英樹・橋本和也・神田孝治 編著
寺岡伸悟・山口誠・須永和博・森正人 著

新曜社

はじめに

現代において、社会のあり方は大きく変容しつつある。**石田英敬**によれば、現代社会は、①「ポスト・グーテンベルグ」状況、②「ポスト・モダン」状況、③「ポスト・ナショナル」状況、④「ポスト・ヒューマン」状況という、四つの「ポスト状況」に特徴づけられるようになっているとされる。[1] 私はこれらに、⑤「ポスト・フォーディズム」状況を加えたいと考えている。以下、もう少し詳しく、五つの「ポスト状況」とはどのようなものかを見ていくことにしよう。

（1）石田英敬『現代思想の教科書――世界を考える知の地平15章』ちくま学芸文庫、二〇一〇年、二四―三二頁。

①「ポスト・グーテンベルグ」状況

マーシャル・マクルーハンが述べるように、[2] 二十世紀は、活字印刷技術を主体とする「活字メディア圏」から、電信・ラジオ・映画・テレビを主体とする「電気メディア圏」へと移行した時代であったが、現代のメディア状況はさらに先へと進み、コンピュータやスマートフォンを主体とする「**デジタル・メディア圏**」へと突入している。「ポスト・グーテンベルグ」状況は、インターネットのウェブで相互に結びつい

（2）マーシャル・マクルーハン『グーテンベルグの銀河系』森常治訳、みすず書房、一九八六年。

た「デジタル・メディア圏」において情報・知・イメージが世界中のいたるところへと移動し、無限に情報・知・イメージを複製させていく「**シミュレーションの時代**」を意味する。(3)

②「ポスト・モダン」状況

近代が成立して以降、私たちは、人間が文明を手に入れることで次第に進歩し、技術を通じて自然を克服し、生活を豊かにし、理性的に成熟していくようになるのだと信じてきた。しかしながら、**ジャン・フランソワ・リオタール**が主張するように、文明・進歩・理性などを普遍的な価値として正当化し、人びとの生を同一の枠組みにくくる価値観である「**大きな物語**」がいま機能不全を起こし、各人は、多種多様な、拡散し分裂した価値観、すなわち「**小さな物語**」を生きるようになった。(4) そうした「**ポスト・モダン**」状況のもとで、「高級文化と大衆文化等の区分」「リアルなものとコピーの区分」も消失しつつある。

③「ポスト・ナショナル」状況

エリック・ホブズボウムが「伝統の創造」の議論において示唆したように、近代的な世界システムは、ヨーロッパにおいて創出された「**国民国家**」を単位に形成されたものであった。(5)「国民国家」を前提に、社会制度、法体系、言語もまた整備されていったのである。しかし現在、こうしたナショナルで「国民国家」的な枠組みを自明視することはできなくなっている。このことを端的に表しているのが、近年のＥＵをめ

(3) ジャン・ボードリヤール『象徴交換と死』今村仁司・塚原史訳、筑摩書房、一九九二年。

(4) ジャン・フランソワ・リオタール『ポスト・モダンの条件』小林康夫訳、水声社、一九八六年。

(5) エリック・ホブズボウム『創られた伝統』前川啓治・梶原景昭ほか訳、紀伊國屋書店、一九九二年。

ぐる動向であろう。ＥＵでは単一通貨であるユーロの導入や関税障壁の撤廃などを盛り込んだ経済統合、外交・安全保障政策などの政治統合にとどまらず、国境管理も廃止されているが、それを利用するかたちで多くの難民がＥＵ圏へとおしよせるようになっており、これを受けて近年では、イギリスがＥＵ離脱を表明している。このようにＥＵをめぐる動きからは、「国民国家」の枠組みが揺らいでいることを明瞭に見てとることができよう。

④「ポスト・ヒューマン」状況

ブルーノ・ラトゥールが主張するように、近代においてモノ（あるいは自然）は、ヒト（あるいは社会）から切り離されて、ヒトが働きかける単なる対象＝客体とされてきた。[6] しかし現在、そうした「ヒトとモノの区別」そのものが融解するような状況が生まれつつある。これについては、近年、金融業界で展開されている「**フィンテック**」のことを考えてみてもよいかもしれない。[7]「フィンテック」とは金融（finance）と技術（technology）を組み合わせた造語で、ビッグデータ、人工知能（ＡＩ）などの最新技術を駆使しながら行われる資産運用、貸付け、決済など幅広い業務を担う金融サービスを言う。これは、テクノロジー（モノ）がヒトと融合することで、金融における業務を行うというものである。それにより個人や新興金融企業も従来の大手金融機関によって独占されていた業務を遂行することが可能となり、ヒトとモノが融合する「フィンテック」は、金融秩序や社会構造を変えつつある。

（6）ブルーノ・ラトゥール『虚構の「近代」――科学人類学は警告する』川村久美子訳、新評論、二〇〇八年。

（7）①岡本裕一朗『いま世界の哲学者が考えていること』ダイヤモンド社、二〇一六年。②日経コンピュータ『FinTech 革命――テクノロジーが溶かす金融の常識』日経ＢＰ社、二〇一五年。

⑤「ポスト・フォーディズム」状況

近代以降、重化学工業が発展するとともに、規格化され標準化された製品を大量に生産する生産様式が主流となった。このような生産様式は、かつてのフォード自動車会社に典型的に見られたことから「フォーディズム」と呼ばれている。だが消費社会が成熟していくとともに、消費者のさまざまな欲望にこたえられるよう多品種少量生産を効率的に行える生産様式が、「フォーディズム」に代わって求められるようになった。それは次第に、ホスピタリティ産業などの第三次産業にも拡がっていき、「**ポスト・フォーディズム**」状況を生じさせた(8)。この状況においては、フレキシブルな雇用制度のもと多くの非正規労働者が雇用されることが多く、不安定な生活を余儀なくされ、貧困へと追いやられる場合も少なくない。

現代は、以上のような五つの「ポスト状況」がグローバルなかたちで相互に深く影響を及ぼし合っている時代なのである。「ポスト・グーテンベルグ」状況における情報・イメージのフロー、「ポスト・モダン」状況における知・価値観・文化のフロー、「ポスト・ナショナル」状況における人のフロー、「ポスト・ヒューマン」状況における機械・技術のフロー、「ポスト・フォーディズム」状況における資本と労働のフロー――このような人、モノ、資本、情報、知、技術などのフローが絶えず生じ、奔流のように合流しながらも、ぶつかり合い、いま、**グローバルなモビリティの風景**

(8) ①ロベール・ボワイエ&ジャンピエール・デュラン『アフター・フォーディズム』荒井寿夫訳、ミネルヴァ書房、一九九六年。②岡本裕一朗『本当にわかる現代思想』日本実業出版社、二〇一二年、一三九頁。

（スケープ）とも呼ぶべきものを現出させ、それが社会のかたちを大きく変えているのだ。その際、モビリティの風景（スケープ）を構成するものとして、観光は重要な位置をしめている。

観光というモビリティ（ツーリズム・モビリティ）は、数億人もの観光客を移動させるだけではなく、彼らを迎え入れるために、ホスピタリティ産業に従事する労働者を世界各地から集め、移動させる。こうした人の移動は、彼らが手にする荷物などのモノの移動を伴う。また観光は一大産業として、巨額の資本を移動させ、観光地をめぐるさまざまなイメージや情報も移動させていくことになる。この点で観光は、現代社会のすがたが先鋭に現れるフィールドとなっているのだ(9)。

これまで「〝社会なるもの〟は存在する」ということについては自明視され、前提とされてきた。**イマニュエル・ウォーラースティン**が言うように、既存の人文・社会科学は、社会の「存在」（presence：現前性）について無批判的であり過ぎたのである(10)。もちろん、このように述べるからといって、イギリスの元首相マーガレット・サッチャーによる「社会などというものは存在しない（あるのは個人だけだ）」という発言に与《くみ》するつもりはない(11)。だが他方、「社会」という概念が有するコノテーション（意味内容）が大きく揺れ動き、問い直しを迫られ始めているのも事実である。「社会」が内包するもの、すなわち「社会のコノテーション」が、いまやグローバルに展開される「モビリティ」にうながされ、新しいダイナミックな胎動を見せ始めている

（9）M. Sheller & J. Urry, *Tourism mobilities: Places to play, places in play*, Routledge, 2004, p.3.

（10）①イマニュエル・ウォーラースティン『脱＝社会科学』本多健吉・高橋章訳、藤原書店、一九九三年。②川北稔『ウォーラースティン』講談社、二〇〇一年。③相澤哲「I・ウォーラースティンによる「社会科学」批判について」『長崎国際大学論叢』第七巻、二〇〇七年、一―一一頁。

（11）ジョン・アーリ『社会を越える社会学――移動・環境・シチズンシップ』吉原直樹監訳、法政大学出版局、二〇〇六年、二一頁。

のである。

そのことが観光という現象をみることで、五つの「ポスト状況」をふまえつつ明瞭に浮かび上がってくるのではないか。これについてディーン・マキァーネルは、「**ツーリスティック・ソサイエティ**」（Touristic Society：観光的な社会）という言葉を用いている(12)。現代社会は、観光というモビリティからはじめて、そのすがたがあらわになる「ツーリスティック・ソサイエティ」であるといえよう。既存の学問は観光現象を軽率なもの、真剣に取り扱うべきでないものとして充分に研究を蓄積してこなかったが、観光という視点から現代社会を読み解いていくことをうながす「現代観光学」は、人文・社会科学のあり方をラディカルに問い直し、さらに尖鋭化させていく役割をになっているのだ。

（12）ディーン・マキァーネル『ザ・ツーリスト――高度近代社会の構造分析』安村克己・高橋雄一郎・遠藤英樹・堀野正人・寺岡伸悟・須藤廣訳、学文社、二〇一二年、二二七頁。

*

なお本書は、四部から構成されている。「Ⅰ部　観光の歴史と観光学」においては、「観光学とは何か」からはじまり、資本主義社会成立以降の観光の歴史を概観している。次に「Ⅱ部　観光学の視点」では、「観光経験」という観光者「個人」にかかわるミクロな視点から、「伝統の創造」「ポストコロニアリズム」という社会全体にかかわるマクロな視点まで、現代観光の特徴を分析する際に有効な「理論的な視点」を提示している。

「Ⅲ部　観光学のテーマ」では、「オルタナティヴ・ツーリズム」「宗教ツーリズム」「スポーツ観光」をはじめ現代観光学が考察対象とするテーマをいくつか挙げ、そこから何がみえてくるのかを論述している。最後に「Ⅳ部　観光学のフィールド」では、観光社会学、観光人類学、観光地理学を中心に、それらのフィールド・リサーチの成果を概観している。

以上四部の内容を通して、読者のみなさんにはぜひとも「現代観光学」の楽しさにふれていただき、そこからあらわになる現代社会のあり方について思いを巡らせてもらいたいと願っている。では、いよいよ、「ワードマップ」という地図をもって「現代観光学」の旅に出かけよう。

（遠藤）

現代観光学——目次

装幀――加藤光太郎

Ⅰ部　観光の歴史と観光学

観光とは何か

オルタナティヴの試みをのみ込む大衆観光

「危険な観光」――境界を侵犯する大衆観光

観光はあらゆるものを「楽しみ」として呑み込む危険な行為である。十九世紀半ばのトマス・クックをはじめとする「**大衆観光**」は、それまで当然だと思われてきたジャンル間の侵犯を行い、旧勢力から危険視された。孤高のアルプスを、大衆観光者が押しかけて「日常茶飯」にしてしまった。観光は、いまも、それまで別の範疇だとおもわれていた領域を侵犯し、境界を壊し続けている。「**世界遺産**」という名の下にそれまでの信者の領域や、動物の領域に観光者が侵入する。物理的な侵犯のみならず、概念的な境界の侵犯も見られる。神社仏閣が信仰の領域ではなく歴史的建造物として語られ、スポーツも見るだけでなく、観光者自らが練習を積んでシティマラソンで走り、有名な祭りで踊るものになっている。さらには観光的まなざしを向けるべきではないとされてきたアウシュヴィッツなどの戦争遺跡も、「**ダーク・ツーリズム**」の名の下で観光対象となっている。観光は平和な時代にのみ可能な「平和産業」だといわれる。しかしそれは戦争と平和の境界を浸潤し、戦争をも対象にするのである。

観光の定義

「観光とは何か」との問いに対する答えは、何を明らかにしたいのかという設問者の意図によって異なる。十九世紀半ばのトマス・クック社をはじめとする近代の大衆観光（マス・ツーリズム）の特徴を明らかにするのか、狩猟採集民社会も含めて人類に普遍的な「観光的なるもの」を明らかにするのかによって、扱う範囲が異なり、定義の幅も異なってくる。大学の研究者と行政機関、観光業者、そして地域の人々とでは、扱う範囲と対象、そして設問の意図が異なってくるのである。

全世界の観光者の動向などを明らかにするという目的でよく引き合いに出されるのが、「国連世界観光機関」（ＵＮＷＴＯ）による**観光の定義**である。「観光とは、個人的またはビジネスなどの目的で、日常的環境から離れて他の国や場所へ向かう人々の移動を伴う社会的、文化的、経済的な現象である。〔観光者とは〕日常的環境から一年以内離れて、ビジネスや余暇、その他の個人的な目的をもって主要な観光地へ旅行する者であるが、訪問した国や地域に居住して働く者は除外される」と定義されている。この場合一年以内と期間を限定する明確な理由はない。統計データの処理上の都合によるものである。またビジネスや職業的な目的をもつ出張は業務であり、観光ではない。次に示す近代観光の根本的な特徴である「余暇にあること」に抵触することになる。一方、観光事業者（交通・宿泊・飲食関係者など）の立場からは、顧客が余暇目的の観光者かビジネス目的の旅行者かを区別して観光を定義する必要はないことになる。

観光研究者の立場からは、大衆観光の特徴を明らかにしたいのか、普遍的な**「観光的なるもの」**を明らかにしたいのかによって定義が異なってくる。前者の立場の**ヴァレン・スミス**(1)と後者の立場の**デニソン・ナッシュ**(2)では扱う範囲が異なる。スミスは「一般的に観光者とは、一時的に余暇にある人物で、何らかの変化を経験するために家から離れた場所を自発的に訪問する者である(3)」と定義する。すなわち観光とは、労働と余暇を区別する近代産業社会で、労働から離れた時間帯に、自由意志で自ら選択した訪問によって、馴染みのない空間での何らかの変化を経験することになる。それに対してナッシュは、余暇は産業社会だけに限定されるものではなく、通文化的に主要な義務から自由になることだと範囲を広げて考え、観光者を「主要な義務から離れた余暇状態にあり、自ら所属する社会の外に移動し、日常の生活からの何らかの変化を求めるが、他社会への移住者ではない(4)」と定義した。狩猟採集民のブッシュマンも他の集団を訪ねて食事をし、キャンプで安らぎ、ダンスを踊る。隊商は道中の各村で接待を受けるなど、仕事と知人への訪問の楽しみが混在している。巡礼にも観光の要素がみられ、社会・文化複合のあらゆるレベルで「旅行を伴う余暇行動」として定義される観光が存在するという立場をとっている。

(1) Valene L. Smith, *Hosts and Guests The Anthropology of Tourism*, University of Pennsylvania Press, 1989. ヴァレン・スミス編『ホスト・アンド・ゲスト――観光人類学とはなにか』市野澤潤平・東賢太郎・橋本和也監訳、ミネルヴァ書房、二〇一八年。

(2) Dennison Nash, "Tourism as an Anthropological Subject," *Current Anthropology* 22, 1981, pp. 461-481.

(3) Valene L. Smith, *op. cit.*, p. 2.

(4) Dennison Nash, *op. cit.*, p. 462.

大衆観光

広範な社会における比較をおこなって、人類にとっての「余暇行動」の意味を探るという目的を持つ場合には先のナッシュの定義は有効である。しかしながら、学問的にも国家政策的にも観光が注目されているのは、世界で年間一〇億人以上が海外旅行をし、観光産業が世界経済の一〇％近くを占め、巨大な社会現象となっているからである。今日の観光現象の代表である大衆観光の調査・研究がまずは必要とされている。『トマス・クック物語』の著者**ピアーズ・ブレンドン**は「観光とはよく知られたものの発見」であると定義し、よく知られたものであれば難破船でも観光対象になると説明する。(5) **ジョン・アーリ**は『観光のまなざし』(6)で、観光のまなざしは社会的背景の影響を受け、非日常的なものに向けられることを指摘した。そしてポストモダン的現象として、観光対象の客観的「真正性」の議論を超えて、観光者がにせものやまがいものをも楽しみ、それにまなざしを向けている実態を明らかにした。余暇と労働を区分する近代産業社会と消費社会の大衆観光をあきらかにした後に、今後の「ポスト大衆観光」の分析に取り組むべきであると考える。

近代産業社会における大衆観光とは、「自ら異郷に赴き」、「よく知られているもの」を、本来の文脈から離れて「ほんの少し垣間見る」だけで、観光の時間という「一時的な」期間において、学習や研究ではない「楽しみ」(7)として、提供されるサービスを「購入・消費する」ことであるとの定義が可能になる。前近代のエリート観光

(5) ピアーズ・ブレンドン『トマス・クック物語――近代ツーリズムの創始者』石井昭夫訳　中央公論社、一九九五年。

(6) ジョン・アーリ『観光のまなざし――現代社会におけるレジャーと旅行』加太宏邦訳　法政大学出版局、一九九五年。

(7) 橋本和也『観光経験の人類学』世界思想社、二〇一一年、九頁。

者が「ロマン主義的まなざし」を注いだ対象は、それに憧れる大衆観光者の「集合的まなざし」を集め、交通手段の発達とともに一九六〇年代後半からマス化していった。その課題が明らかになった一九八〇年代から「**オルタナティヴ観光**」が唱えられた。大衆観光ではない別の観光形態（エコ・ツーリズム、グリーン・ツーリズムなど）が提案され、「責任ある観光」や「持続可能な観光」という理念が提案されることになった。しかしながら、大衆観光の大きな流れは、オルタナティヴとして提唱されたさまざまな形態の観光を、大衆観光のひとつのオプションとして回収している。

「地域文化観光」(8)とは

いまや観光をとりまく重要な動きとなっているのが「**観光まちづくり**」である。観光の現場では、これまで観光関連の業者（輸送、宿泊、観光施設、エージェントなど）が提供してきた「従来型の大衆観光」とは別に、地域の人々が主体となった活動と外部への働きかけを基盤にした「地域観光」を抜きにしては、これからの展開を考えることができなくなっている。「発地型観光」に対してこれを「**着地型観光**」と分類する立場もあるが、これは地元の観光業者による安易な発想だけに、大衆観光の従来の流れに回収されることになる。それに対し「観光まちづくり」は、地域の行政・企業・住民が相互の人的・産業的ネットワークを形成しつつ、主体的、内発的に観光の展開をはかっていき、既存の施設や文化遺産などを活用して自然・社会の環境許容量に適

（8）橋本和也『地域文化観光論』ナカニシヤ出版、二〇一八年。

合した規模の事業を目指すことになるので、いわゆる「持続可能な観光」の概念と重なり合うものとなる点が異なる。(9) これは観光業者以外の地域の人々の活動で、地域の課題を解決するための住民による「まちづくり」からはじまっている。しかし、農山村漁村や地方都市が抱える過疎化・高齢化の問題は自らの地域だけでは解決できないものであった。地域の人々が自ら魅力を発信し、その魅力に惹きつけられて訪問・交流をおこなう地域外の人々の存在を抜きにしては、地域が生き延びられない現実に気がついたときに、「観光」による「まちづくり」にまなざしが向けられたのである。

地域の人々が発見・創造した地域の文化資源を、観光資源として育て、外部に提示するものを「**地域文化観光**」(10) という。そこでは、「地域性」の刻印を打たれた「地域文化」が主題となる。その「**地域性**」には、地域の伝統のみならず、地域で活動する人々が恣意的に選択・創造し、提示するものも含まれる。「地域性」は必ずしも地域に所与のものによって構成される必要はなく、地域で活動する人々が「創出」するものである。「地域性の生産」はローカルな主体の生産だけでなく、ローカルな主体を組み入れる「地域」を生産することにもなるのである。人々による「地域性」の生成過程で「地域」というものが浮かび上がってくるのである。しかし、地域での努力が他者の関心を惹くものにはならなかったり、また「よく知られたもの」になっても大衆観光の大きな流れに呑み込まれるという危うさがあることに注意しなければならない。

（橋本）

(9) 堀野正人「観光まちづくり」大橋・橋本・遠藤・神田編著『観光学ガイドブック』ナカニシヤ出版、二〇一四年、一七〇頁。

(10) 橋本、前掲『地域文化観光論』一六頁、前掲『観光経験の人類学』二〇二頁。このなかには先の「観光まちづくり」も「持続可能な観光」も含まれる。

観光の近代

資本主義社会における時間／空間の特徴とマス・ツーリズム

観光の誕生と時間／空間の分化

観光は、十八世紀後半からのイギリスにおける**産業革命**を通じて誕生したと考えられている。その大きな理由の一つとして、産業革命による工業化によって、**余暇時間**が形成されたことがある。十九世紀初頭までの西洋社会において、農民や職人を中心とする労働者の時間は、強制されることが少ない、偶然の出来事や気晴らしのために中断がなされることもある不連続な時間であった。しかしながら、産業革命による工業化の進展にともない、十九世紀中頃には、出来高払いであった仕事が工場労働という時間によって定められるものになっていき、労働時間は秩序立てられ、効率と生産性に駆り立てられた時間へと変容していった。そして、このような社会的時間の再配分による労働時間の新しい様相は、一方で自分のための自由時間という余暇時間を明確に創り出していったのである。(1)

この余暇時間の過ごし方としては、イギリスにおいては産業革命による工業化以前

(1) アラン・コルバン『レジャーの誕生』渡辺響子訳、藤原書店、二〇〇〇年、七―二〇頁。

から、「パブリック・ハウス」（パブ）などにおける飲酒が主なものであった。しかしながら、十八世紀にオランダから伝わった蒸留酒のジンが人気を集めたことで、飲酒による酩酊者が増加し、それが社会問題化するなかで一八二〇年代に禁酒運動が始まった。こうしたなかで、工場経営者、行政改革家、禁酒運動家などの一部は、飲酒のような粗野なものではなく、もっと上品で合理的な余暇活動を労働者に与えるべきだと考えるようになった。そのため一八四〇年代には、公園、運動場、図書館、博物館などが設置され、工場経営者たちの一部は従業員に聖歌隊、合唱団、ブラスバンドなどを推奨していった。このように新しい余暇活動が模索されるなかで、人気を集めたのが**トマス・クック**（図1）による**パック旅行**であった。禁酒運動家であったクックは、禁酒大会への参加者を運ぶために、一八四一年にイギリスのレスターからラフバラまでの団体割引鉄道旅行を組織し、大成功を収めた。そしてクックは、この取り組みを皮切りに、飲酒に代わる健全な余暇活動としての観光旅行の普及に奔走するようになったのである。(2)

観光のための空間も、観光時間と同様に産業革命にともない生み出されている。十九世紀のイギリスにおける工業都市は、工業化による大気や水の汚染といった環境問題を抱えており、また農村部から多くの労働者が流入してきたため、住民の増加による住居の過密や不衛生な生活環境が生じていた。そのため、十九世紀半ばに鉄道網が整備され、移動のための時間短縮と料金の低価格化が成し遂げられると、工業都市に

図1　トマス・クック（ブレンドン、後掲『トマス・クック物語』より）

（2）①ピアーズ・ブレンドン『トマス・クック物語——近代ツーリズムの創始者』石井昭夫訳、中央公論社、一九九五年。②荒井政治『レジャーの社会経済史』東洋経済新報社、一九八九年。

住まう多くの人々は、都市を逃れて近郊の**海浜リゾート**に押しかけるようになった(3)。産業革命によって労働時間が明確化されて**観光の時間**が誕生したように、都市という労働のための空間が出来上がる一方で、そこと異なる場所が観光のための空間として形づくられていったのである。

観光における均質化と矛盾

産業革命を通じて本格化した資本主義社会においては、生産効率の向上を図るために運輸・通信技術が発達して、空間的な障壁が減衰していくという特徴がある(4)。先述の海浜リゾートの成立において**鉄道**の発達が重要な役割を果たしているように、**観光空間**の形成にも、資本主義社会における**空間の均質化**が大きな影響を与えている。こうした傾向としては、対外的な投資と貿易を拡大するための帝国主義の進展が、世界空間を再編していったことが重要である。それによって、実際に旅行できる空間が拡張されると同時に、博覧会、新聞、ラジオなどのメディアによって世界が展示されるなかで、人々の欲望の空間も拡大していったからである。ここで参考になるのが先のトマス・クックの事業である。禁酒旅行を企画した後のクックは、さまざまなパック旅行を実施するようになった。特に、一八五一年に開催された**ロンドン万博**へは、鉄道を利用した団体旅行で大量の観光客を送り込んでいる。さらに、一八五五年のパリ万博で海外に進出し、その後、イタリア、スイス、アメリカ、中東へとパック旅行の

(3) ジョン・アーリ『観光のまなざし――現代社会におけるレジャーと旅行』加太宏邦訳、法政大学出版局、一九九五年。

(4) デヴィッド・ハーヴェイ『ポストモダニティの条件』吉原直樹監訳、青木書店、一九九九年。

範囲を広げ、一八七二年には**世界一周旅行**を主催している。[5] まさにクックによるパック旅行の誕生と発展は、近代資本主義による空間の均質化とともにあったといえるだろう。

ここでは空間の均質化について指摘したが、時間についても十八世紀末からはじまる機械時計の普及によって、均質で測定できるものとなっている。[6] 先に指摘した労働時間や余暇時間という分化された時間の創造には、クロック・タイムと呼ばれる均質化された時間が密接に関係している。そうすると、近代観光について検討する際には、資本主義社会における時間や空間の**差異化（分化）と均質化**という、相反する動きとの関係を考える必要があるであろう。**アンリ・ルフェーブル**は、資本主義社会において創り出される空間には、もろもろの現存の差異や個別性を縮減する均質化と、あらゆるものを断片化して差異化をすすめるという、**矛盾した特徴**があることを指摘している。[7] 産業革命を通じて誕生した観光は、この矛盾した性質を有しているのである。

ジョン・アーリが非日常を求める観光客のまなざしについて論じたように、[8] 観光には日常との差異が重要である。しかしながら、**ダニエル・ブーアスティン**が**擬似イベント**[9]に関する議論で言及したように、観光は日常生活で慣れ親しんだ環境において執り行われているという点も指摘されている。これについては、**クリス・ロジェク**が、観光地に非日常性と日常性という対照的な二つの性質を見出しており、[10] またアーリは

（5）ブレンドン、前掲『トマス・クック物語』参照。

（6）アンソニー・ギデンズ『近代とはいかなる時代か？――モダニティの帰結』松尾精文・小幡正敏訳、而立書房、一九九三年。

（7）アンリ・ルフェーブル『空間の生産』斉藤日出治訳、青木書店、二〇〇〇年。

（8）「観光客のまなざし」の項参照。

（9）ダニエル・ブーアスティン『幻影の時代――マスコミが製造する事実』星野郁美・後藤和彦訳、東京創元社、一九六四年。なお擬似イベントとは、現実との関係があいまいな、作為的に創られた出来事のことを言う。

観光におけるそのような性質を半日常や日常化された非日常性と表現している。[11] 観光という実践、そしてそれがなされる時間や空間は、このような近代における矛盾した特徴をよく示すものとなっているのである。

観光の組織化とマス・ツーリズムの進展

これまで、産業革命によって生じた資本主義社会の特徴として、差異化と均質化に注目してきたが、他の重要な観点として**組織化**がある。**スコット・ラッシュ**とジョン・アーリは、十九世紀末までに、**組織化資本主義**と呼ばれる資本主義の形態が生じ、組織化された**マス・ツーリズム**がイギリスで成功を収めた点について論じている。[12] そこでは、近代的なマス・ツーリズムの幕開けとして、社会学‐地理学的現象としての近代のはじまりを告げるとされる一八四一年が注目されている。この年に、国家の鉄道時刻表が現れ、ヨークにおいてヨーロッパ初の駅舎ホテルが開業し、最初の大西洋横断蒸気船事業が開始され、そしてとりわけ重要なこととして、先述のようにトマス・クックの**パック・ツアー**がはじまったのである。クックは、鉄道などの交通機関、ホテル、そして観光の内容などを組織化し、観光を、リスクと不確実性に満ちたものから、豊富な専門知識に支えられた、組織化され合理化された人間活動に変えたのである。

ここでとりわけ注目すべきこととして、イタリアやスイスなどへの旅行、さらには

(10) C. Rojek, "Indexing, Dragging and the Social Construction of Tourist Sights," in C. Rojek & J. Urry, eds., *Touring Cultures: Transformations of Travel and Theory*, Routledge, 1999, pp. 52–74.

(11) アーリ、前掲『観光のまなざし』参照。

(12) スコット・ラッシュ&ジョン・アーリ『フローと再帰性の社会学――記号と空間の経済』安達智史監訳・中西眞知子ほか訳、晃洋書房、二〇一八年。

一八七二年の世界一周旅行へと、クックが組織化された海外旅行を推進したことがある（図２）。近代の特徴の一つに、社会関係がローカルな文脈から切り離され、より広い時空間のなかで再結合されるという「**脱埋め込み化**」が挙げられるが、それは専門家の知識への信頼に基づいているとされる(13)。まさにクックによる海外旅行は、専門家の知識によって組織化された旅行システムが、人々に信頼されるなかで実現されたものであったといえる。また海外旅行が拡大していった背景の一つに、帝国主義の時代に世界が植民地化され、ヨーロッパ中心のシステムにおいて世界が組織化されていったことも見逃せない。トマス・クック社についていえば、一八八〇年代に、とりわけイギリスの植民地統治下にあったインドへの観光を積極的に展開し、「帝国のトラベル・エージェント」と呼ばれるようになっていた(14)。

また、組織化資本主義の特徴としては、鉄道の発達を含め、主にナショナルなレベルが注目されている(15)。これは先述の近代リゾートの発達に代表されるものであるが、さらに国家の政治的な側面が観光開発に深く関与したものとして**国立公園**が注目される。国立公園は、一八七二年にアメリカ合衆国でイエローストンが指定されたのが世界で最初であるが、ここでは日本における状況を紹介したい。日本においては、外国人観光客の集客による外貨獲得が企図されるなかで、アメリカ合衆国における国立公園制度を参考にしつつ、一九三四年と一九三六年に、阿寒、大雪山、十和田、日光、

図２　クックのポスター（ブレンドン、前掲『トマス・クック物語』より）

(13)　ギデンズ、前掲『近代とはいかなる時代か?』参照。

(14)　ブレンドン、前掲『トマス・クック物語』参照。

(15)　ラッシュ＆アーリ、前掲『フローと再帰性の社会学』参照。

富士箱根、中部山岳、吉野熊野、大山、瀬戸内海、阿蘇、雲仙、霧島という計一二カ所の国立公園が指定されている。観光による外貨獲得という目的のもとで、特定の地域が国家の観光資源として組織化されたのである。

そしてここで興味深いのが、そこで観光客が何をまなざし、何を感じるべきかという点も組織化されていたことである。当時、日本の国立公園は、同国の象徴的な自然風景とされていた山岳風景地が主として選び出されていた。例外としては瀬戸内海国立公園と吉野熊野国立公園の熊野地域における海岸風景があったが、それも「海国日本」を象徴する風景地を加えるべきだという一九三一年頃からの議論を受けたものであった。このように、特定の風景地が見るべき対象となり、またそこで国家の偉大さを感じるべきだというように組織化されていたのである(16)。なお、観光対象およびその意味の組織化は、国立公園に限られるものではなく、近代的な観光地全般で確認できるものである。かかる点は、観光客のまなざしが組織化されたものであるという、ジョン・アーリの指摘と結びついたものである(17)。

組織化されたマス・ツーリズムは、第二次世界大戦後に急速に発達し、国や観光対象によっていくぶんかの違いはあるものの、おおよそ一九六〇年前後に隆盛を極めることになる。英国の海浜リゾートについては、一九五〇年代に発達するが、一九七〇年代から一九八〇年代に多くの場所で衰退をみている(18)。他の国でいえば、フランスにおいては、一九六〇年代に国民の余暇時間が増大したことによって、既存のリゾート

(16) 神田孝治『観光空間の生産と地理的想像力』ナカニシヤ出版、二〇一二年。

(17) 「観光客のまなざし」の項参照。

(18) アーリ、前掲『観光のまなざし』参照。

で観光客を吸収することができなくなったことに対応するため、大衆向けのリゾートとして、一九六三年からランドッグ・ルシヨン沿岸リゾートが国家主導で開発され、成功事例として世界的な注目を集めた(19)。しかしながら、かかるリゾート開発などを参考に、日本でも一九八七年に総合保養地域整備法（リゾート法）が制定され、国の承認のもとで都道府県が策定した計画に基づいてなされる民間事業者を活用したリゾート開発が各地で行われたが、結果的に失敗におわっている。こうしたリゾートの盛衰にみられるように、おおよそ一九七〇年頃から組織化されたマス・ツーリズムは次第に機能しなくなっていくのである。

（神田）

(19) 畔柳鎮「フランス地中海沿岸地域のリゾート開発の歴史的軌跡」『岡山商大論叢』二八巻二号、一九九二年、一九一三四頁。

現代における観光とポストモダン

流動化する社会における新たなる展開

現代社会の特徴とポストモダン

現代社会の特徴について考える際に、ポストモダンが重要なキーワードとなる。このポストモダンについて語る際にしばしば言及される書物として、**ジャン・F・リオタール**が一九七九年に著した『ポスト・モダンの条件』がある。ここでリオタールは、現在における知の状況をポストモダンと呼び、そこでは科学がみずからの依拠する規則を正当化する際に用いる「**メタ物語（大きな物語）**[1]」に対して不信感が生じていることを指摘している。ここでいうメタ物語の枢要は、十七世紀後半にヨーロッパで生じた啓蒙思想、すなわち、宗教的な伝統的権威を合理的精神のもとで批判し、理性の啓発によって人類の進歩を求める思想である。ポストモダンと呼ばれる状況においては、近代的な知を支える基盤そのものが掘り崩されているのである。リオタールは、国や領域ごとで異なるものの、かかる状況は少なくとも一九五〇年代の終わり頃からはじまっていると論じている。

（1）ジャン・F・リオタール『ポスト・モダンの条件』小林康夫訳、星雲社、一九八六年。

このポストモダンについては、とりわけ一九八〇年代に入ってからさまざまな議論がなされている。**デイヴィッド・ライアン**は、啓蒙が関与したすべてのものを疑問視する文化的・知的現象を**ポストモダニズム**、そしてかかる動向と関連して生じている社会的現象を**ポストモダニティ**であるとしつつ、この点について概観している。(2) 彼によれば、西欧思想の主流は、神の「摂理」にはじまり、啓蒙思想の影響のもとでその世俗版ともいうべき「進歩」の観念に置き換えられ、やがては真理や本質的な価値を否定する「ニヒリズム」に変化している。そうしたなかで近代とは、理性の啓蒙から生じた「進歩」の観念と結びついたものである。その様相をあらわすキーワードとしては、合理性や普遍性、均質化や標準化、専門化や分化、さらには、固定、安定、永遠、秩序、統制、組織、構造といったものが挙げられる。一方のポストモダンは、それとは異なるニヒリズム的なものである。そこで強調されるのは、流動化、多様化、断片化であり、不確実性、不安定性、不規則性であり、またカオス、パスティーシュ(模倣)、戯れ、無関心といったものである。そして社会的には、それは工業社会ではなく、消費社会や情報社会と結びついており、また組織化資本主義ではなく**脱組織化資本主義**(3)と呼ばれる資本主義の形態と連動していると考えられている。そのためポストモダンとは、必ずしも明瞭な時代区分として機能するものではないが、現代社会を特徴づけるものとして理解されているのである。

また、こうしたポストモダンに特徴づけられる現代社会を考究するにあたって、**再**

(2) デイヴィッド・ライアン『ポストモダニティ』合庭惇訳、せりか書房、一九九六年。

(3) スコット・ラッシュ&ジョン・アーリ『フローと再帰性の社会学――記号と空間の経済』安達智史監訳・中西眞知子ほか訳、晃洋書房、二〇一八年。

帰性という考え方が近年注目されている。**ウルリッヒ・ベック**は、工業社会という一つの時代全体の創造的（自己）破壊を意味するものとして、「**再帰的近代化**」という考え方を提示している。(4) この再帰的近代化とは、工業社会において産出されてきた脅威が限界を超え、そのシステムのなかで対処することができなくなったリスク社会のもたらす結果に、自己対決することを指している。このようにベックは、単純な近代化（工業社会）から、近代化自体を批判的に問い直すことになる再帰的近代化（リスク社会）へと、モダニティの段階が移行していると考えているのである。かかる再帰性について、これが時代区分と関係しているというよりも、近代の特徴そのものであるということが、**アンソニー・ギデンズ**によって指摘されている。(5) 彼は、モダニティのもつダイナミズムの三つの源泉を、グローバル化をもたらす均質な「時空間の拡大化」、ローカルな文脈からの社会関係の「脱埋め込み」、そして見境なく働く「再帰性」であるとし、現代社会とは、モダニティの彼方のポストモダニティへ移行したのではなく、モダニティが徹底化したのだと主張する。こうした観点からすると、現代社会とは、再帰性がより増大した時代として理解されよう。

ポストモダン時代の観光

現代社会における観光について考えると、まさにポストモダン時代の観光ともいえる新たな様相を確認することができる。観光研究の記念碑的書籍である『観光のまな

(4) ウルリッヒ・ベック＆アンソニー・ギデンズ＆スコット・ラッシュ『再帰的近代化――近現代の社会秩序における政治、伝統、美的原理』松尾精文・小幡正敏・叶堂隆三訳、而立書房、一九九七年。

(5) アンソニー・ギデンズ『近代とはいかなる時代か?――モダニティの帰結』松尾精文・小幡正敏訳、而立書房、一九九三年。

ざし』[6]において**ジョン・アーリ**は、それをとりわけ「境界の融解」や「脱分化」という観点で論じている。かかる特徴は、近代観光に関する前項で論じたリゾートの衰退と密接に関係がある。イギリスにおいて一九七〇年代以降に顕在化したこうした状況についてアーリは、海外を中心に海や砂が多くの場所で見られるようになったこと、宿泊施設が都市でもつくられるようになったこと、そしてレジャー施設のようなものがどこにでも発達してしまったことを指摘している。それまでリゾートの魅力を支えていた境界が融解してしまったのである。

なお、こうした脱分化にともなうリゾート衰退の背景として、デイヴィッド・ハーヴェイが指摘する「**時間－空間の圧縮**」[7]の影響は見過ごせない。資本主義の発達過程において空間的障壁が減衰する**グローバル化**が進展するなかで、リゾートは他の場所との激しい競争環境に置かれるようになったのである。そうしたなかで、さまざまな場所が文化資本を充実させて他所との**差異化**を図っており、そこに観光が深く関係している[8]。あらゆる場所が差異化を図るとともに観光地化していく、という状況が生じているのである。このように考えると、現代における観光をとりまく状況は、均質化と差異化をともに進めるという、矛盾した性質をもつモダニティの徹底化として理解される。観光地としての魅力を持つためには、均質化が進む現代社会において、さらなる差異化が求められるのである。

また、こうした差異化の追求は、前述の再帰性とも深く関係している。例えばリゾ

(6) ジョン・アーリ『観光のまなざし――現代社会におけるレジャーと旅行』加太宏邦訳、法政大学出版局、一九九五年。

(7) デヴィッド・ハーヴェイ『ポストモダニティの条件』吉原直樹監訳、青木書店、一九九九年。

(8) ステファン・ブリトン「ツーリズム、資本、場所――ツーリズムの批判的な地理学にむけて」畠中昌教・滝波章弘・小原丈明訳、『空間・社会・地理思想』四号、一九九九年、一二七―一五三頁。

ートであれば、都市―リゾートのような二項対立的な近代的構造がさらなる近代化の進展で壊されてしまうなかで、自らの場所の立ち位置をモニタリングし、再帰的になる必要に迫られているのである。こうした再帰性の問題が如実に表れているのが、パック・ツアーのような組織的観光の衰退と、脱組織化した**個人旅行**の増大である。これがまさに、行為主体が社会構造の他律的な統制や管理からますます自由になり、自己に対して再帰的になる傾向を強めて個人化が進むという、現代社会の特徴を反映しているのである。ここでとりわけ重要になるものとして、美的再帰性が指摘されている。(9) これは感情の水準で作用するもので、行為主体はさまざまな場所や旅行スタイルなどがもつ違いを省察して美的に判断し、そのなかで自己をモニタリングしているのである。そしてこうした再帰性の増大は、ネットワーク化された情報コミュニケーション構造の浸透や、それにともなう知識の増加と密接に結びついている。これについては、インターネット上の膨大な情報のなかで自己をモニタリングし、自らの旅行を組み立てる個人旅行者を想像するとその様相がわかりやすいであろう。

なお、かかる再帰的な観光のあり方は、マス・ツーリズムへの批判と往々にして結びついている。マス・ツーリズムによって自然・文化などの破壊を被った発展途上国に配慮した、**オルタナティヴ・ツーリズム**がその象徴的なものとして挙げられる。(10) ただし、**エコ・ツーリズム**が、先進国主導の新たな開発形態であるとしてしばしば批判にさらされるように、そうした新しい観光自体も再帰的に問い直され続けている。

(9) ラッシュ&アーリ、前掲『フローと再帰性の社会学』参照。

(10) 同前『フローと再帰性の社会学』参照。

また、こうした再帰性のなかで、家から離れずにヴァーチャルに旅行したり、模倣品と戯れたり、子供扱いのツーリストごっこを楽しむという、ポストモダン的な遊戯的要素を有したポスト・ツーリストと呼びうる人々が生じていることも注目されている[11]。

「ツーリズムの終焉」の諸相

観光に注目した際に、アーリがポストモダンにおける「境界の融解」や「脱分化」といった特徴に焦点をあてたことを先に論じたが、その大きな理由として、近代の観光が既にかかる特徴を有していた点を明示するという意図があったことが考えられる。これに関して彼が特に論じているのが、ポストモダンにおける表象と現実の区分に対する懐疑である。先述のライアンも、この現実に対する問いがポストモダンに関する議論での主たる論点であることを指摘しているが[12]、種々のメディアが創りだすイメージが重要な役割を果たす観光においては、そもそも表象と現実を区分して考えることはできないのである。そうした観点の延長でラッシュとアーリによって主張されたのが、「ツーリズムの終焉」である[13]。脱分化を特徴とするポストモダン社会において、観光とそれ以外の社会活動の区分が融解している、というのである。そうすると、ツーリズムというものは他と区別されるものでなくなり、そもそもポストモダン的要素を有していたツーリズムが全域化する、ということになる。

(11) ラッシュ&アーリ、前掲『フローと再帰性の社会学』およびアーリ、前掲『観光のまなざし』参照。

(12) ライアン、前掲『ポストモダニティ』参照。

(13) ラッシュ&アーリ、前掲『フローと再帰性の社会学』参照。

こうした例の興味深いものとしては、二〇一六年七月に発表され、世間の耳目を集めたスマートフォン用ゲームアプリである『Pokémon GO』がもたらす移動がある[14]（図1）。これは、世界的に人気のあるポケモンというコンテンツに、AR（拡張現実）技術、GPS（全地球測位システム）、そしてグーグルのデジタル地図情報を、スマートフォンというモバイル・メディアにおいて組み合わせることで成立している。かかる移動体は、こうした非人間の組み合わせに人間が結びついた、「『Pokémon GO』ースマートフォンープレイヤー」の移動する集合体として理解することができる。そこで重要なのは、虚構と現実の融解である。『Pokémon GO』が描く世界（フィールドマップ）にある虚構の情報は、現実をトレースしたデジタル地図情報とGPSを通じてスマートフォン上で連動し、拡張現実を創り出している。そしてプレイヤーは現実世界で移動するとともに、自身の分身である「ポケモントレーナー」を虚構の世界でも移動させる。このように、虚構と現実の区分はますます不明瞭になり、それによってわれわれは新たなる移動を行うようになっているのである。

　こうした『Pokémon GO』がもたらす移動は、非日常的なものをまなざしているという点で観光客と同じであり、実際に同ゲームはしばしば観光振興にも活用されている。しかしながら、現実世界と結びついているものの、プレイヤーがまなざしているのは虚構のフィールドマップ上における世界である。そのため、現実世界でそこが観光地であるかどうか、さらには同ゲーム以外においてそこがどのように記号化されて

図1　『Pokémon GO』をプレイして移動する人々（二〇一七年一一月二四日筆者撮影。「Pokémon GO Safari Zone in 鳥取砂丘」開催時における鳥取砂丘）

いるのか、という点についての結びつきは希薄である。『Pokémon GO』の世界はどこにでも現れるのであり、観光地とその他の場所の区分は融解している。こうしたなかでプレイヤーは、時として観光客であり、時として通勤客や遊歩者であり、また時としていずれともつかない移動体である。ある意味では、すべての場所が観光地的であり、すべてのプレイヤーが観光客的なのである。

また観光は、近代においても既にポストモダン的な要素を有していたが、組織化されたマス・ツーリズムのように、いわゆる近代的な要素も有している。ラッシュやアーリの書籍では指摘されていないが、こうした点に注目した場合にも「ツーリズムの終焉」が起きている。先述のマス・ツーリズムの衰退や個人旅行の隆盛は、まさにツーリズムが再帰的に問い直され、それが切り崩されていく過程なのである。こうした点で興味深い事例として、鹿児島県最南端に位置する**与論島**における観光の展開を見てみたい(15)。同地は一九四六年から米国海軍軍政府の統治下におかれたが、一九五三年に日本に復帰しており、それから沖縄が一九七二年に日本に返還されるまで、南西諸島における日本最南端の島になっていた。そのため、一九六〇年代中頃から観光地化が進行し、一九七〇年代前半に日本を代表する観光地になっていた。そうしたなかで、遺骨やサンゴの盗難事件、物価の高騰、水不足、ゴミ公害、島民の心の退廃などのいくつもの悪影響が現地にもたらされることになった。とりわけ、「自由」を求める若者によって生じた、同地の道徳観を逸脱した観光客の男女関係が地元住民の反感

(14) ①神田孝治・遠藤英樹・松本健太郎編『ポケモンGOからの問い——拡張される世界のリアリティ』新曜社、二〇一八年。②神田孝治「『Pokémon GO』が生みだした新たなる観光客についての考察」『立命館文學』六五六号、二〇一七年、二〇五—二一九頁。

(15) ①神田孝治『観光空間の生産と地理的想像力』ナカニシヤ出版、二〇一二年。②神田孝治「観光地と歓待——与論島を事例とした考察」『観光学評論』三巻一号、二〇一五年、三—一六頁。

を買い、「ブームの与論島の聞きしにまさる性解放」と題した記事が一九七一年発行の週刊誌に掲載されると、地元住民は強く反発することになった。観光がもたらす問題が顕在化したのが、この与論島だったといえるであろう。

かかる島において、近年では新しいタイプの観光をみることができる。二〇〇七年に公開された映画『**めがね**』(16)は、同島をロケ地とし、そこを「自由」を取り戻すために「たそがれる」ことのできる島として描き出している。この映画のロケ地が与論島であることは公式には発表されていないが、観光客はＩＣＴ（情報通信技術）を用いたりするなかでその情報を得て同島を訪れている。多いのは、主に一人旅の二〇代から三〇代の女性である。ここで興味深いのが、同映画のなかで「**たそがれる**」という行為が、「観光」と明確に対比され、それを否定するものとして提起されることである。地域にネガティヴな影響をもたらすような、組織化された観光がここでは拒否されている。一方の「たそがれる」という行為と関連づけられ提起されるものは、現代社会におけるあらゆるルールから逸脱したものである。その世界では、観光客向けのサービス、職業上の適切な振舞い、資本主義社会、異性愛、人々の社会的位置づけ、さらには意味そのものの構造も否定されている。あらゆるものからの自由がそこで探究されており、「たそがれる」ということが具体的に何を意味するのかもはっきりとは提示されないのである。

ただし、こうした新しいあり方を観光と単純に対比することもできない。現地にお

(16)『めがね』荻上直子監督、小林聡美主演。

いては、観光施設に同映画で使われた自転車を展示するなど（図2）、映画『めがね』を観光振興に活用しようとしてもいる。さらに、「たそがれる」ことに惹かれて同島に訪れる人々も、他の観光客と同様の交通機関や宿泊施設を利用して、観光客向けのサービスを受容し、多くの行動で一般の観光客と異なることはない。映画『めがね』はむしろ、新たなタイプの観光客を増やしたということで、与論島の観光の増進に寄与しているのである。そうすると、同映画が生じさせているのは、ある意味では「ツーリズムの終焉」であるが、他の見方をすれば「ツーリズムの拡大」なのである。現代における観光を考えるにあたっては、こうした多角的な視座がより一層求められるであろう。

（神田）

図2　サザンクロスセンターにおける映画『めがね』の自転車展示（二〇一〇年九月二一日筆者撮影）

ポストモダン以降の観光

シンクロする「現実」と「虚構」

ポストモダン以降の時代――モバイル＝デジタルな時代

ポストモダン以降、社会はどのように変化しているのだろうか。**アンソニー・エリオットとジョン・アーリ**によると、現代社会は「モバイル」な特徴を有するに至っており、私たちはそれに伴って「**モバイルな生**」を生きつつあるとされる。彼らは次のように述べている。(1)

人びとは、今日かつてないほどに「移動の途上」にある。大規模な社会変動――グローバリゼーション、モバイル・テクノロジー、絶えの間なき消費主義、さらに気候変動――が、地球規模で人、モノ、資本、情報、観念の移動をますます拡大し続けることに内在している。今や人びとは、毎年延べ二三〇億キロメートル旅していると推定されている。〔…〕目も眩むような可能性と恐ろしいほどのリスクをもって、モビリティの黄金時代がまさに訪れている。

(1) アンソニー・エリオット&ジョン・アーリ『モバイル・ライブズ――「移動」が社会を変える』遠藤英樹監訳、ミネルヴァ書房、二〇一六年、i頁。

図1 アンソニー・エリオット
(http://www.anthonyelliott.org/ 2018.8.23 アクセス)

人、モノ、資本、情報、観念、技術などは世界中を縦横に駆けめぐり移動しながら相互に重層的に絡み合い、ときに乖離的に反発し、ときに相互に結びつきながら、複雑なかたちで既存の現実をつねに揺るがせ変化させ、〈新たな現実〉を絶えず生成させ続けているのである。

以上のような社会のモビリティを現出させていくうえで、「**デジタル革命**」を経たメディアが果たしている役割は大きいと言えるだろう。「デジタル革命」とは、メディアの仕組みがデジタル・テクノロジーを用いた仕組みに移行することを意味するにとどまらず、メディアがデジタル・テクノロジーを用いることによって、そのテクノロジーを支えていた社会システムを大きく変えてしまうことをも意味している[(2)]。

たとえば音楽を例にあげるならば、現代の音楽聴取のしかたはスマートフォンから音楽配信アプリにアクセスし、ストリーミング配信されたデジタル音源を聴取するという方法が一般的になっている。こうしたテクノロジーが音楽市場を変え、人びとのライフスタイルにもインパクトをあたえ、ウォーキングやランニングをしたり、飛行機、電車、自動車に乗って移動しながら、〈モバイルに聴取するもの〉へと音楽のあり方そのものを変えてしまっているのである。

映像においても同様である。かつてアナログ・テレビによって放映されビデオテープに録画されていたものが、デジタル・テレビによって放映されＤＶＤや Blu-ray に

（2）石田英敬『大人のためのメディア論講義』ちくま新書、二〇一六年。

録画されるようになった。そして現在では、ウェブを通じてスマートフォンなどでモバイルに動画を視聴できるようになっている。これによって映像ビジネスも影響を受け、そうしたビジネスを通して私たちのライフスタイルそのものも大きく変容するようになっている。モバイル決済などに代表されるようなフィンテックもまた、金融市場を変えると同時に、それによって人びとのライフスタイルをよりモバイルなものへと促し誘導している。

ツーリズム・モビリティと、デジタルな「プラットフォームとしてのメディア」

人、モノ、資本、情報、観念、技術などのモビリティは、いまや観光や旅を抜きに考えることができなくなっている。

世界の観光状況をみると、世界中で海外を旅行する人びとの数は、二〇一一（平成二三）年にはじめて一〇億人を突破し、その後も伸び続けている。国土交通省『平成30年版・観光白書』に記されている直近の五年間では、二〇一三年で一一億人、二〇一四年で一一億四〇〇〇万人、二〇一五年で一一億九〇〇〇万人、二〇一六年で一二億四〇〇〇万人、二〇一七年で一三億二〇〇〇万人である。国連の「世界人口白書」によれば世界人口は約七〇数億人と推計されているから、それにもとづくならば、世界人口の約六分の一の人びとが延べで海外を旅している計算になる。日本でも海外旅行者数は、二〇一七年には一七八九万人と毎年一五〇〇万人以上の日本人が海外に渡

表　「メディアの「デジタル革命」におけるいくつかの具体例

	アナログ	デジタル化	デジタル革命
文書作成	紙、鉛筆	ワープロ、パソコン	クラウド・コンピューティング
音楽	レコード、テープ	CD、DVD、レーザーディスク	音楽配信
映像	フィルム、ビデオテープ、アナログ・テレビ	DVD、BD、デジタル・テレビ	映像配信
金融	店頭取引	電子取引	フィンテック

（https://www.eyjapan.jp/industries/technology/column/2016-04-25.html をもとに筆者作成）

航している。訪日外国人観光客の数も右肩上がりに伸び、二〇一七年には二八六九万人と毎年数字を更新している。

観光は、こうした人の移動ばかりではなく、土産物やスーツケースをはじめとするモノの移動も含んでいる。また、人びとは観光情報誌やウェブ、スマートフォンなどといったメディアを用いて、情報やデータを検索し、観光地に関する多くのイメージをもって観光へ出かける。それゆえ、情報、データ、イメージの移動も生じている。さらに観光地においてさまざまなモノや事柄を見聞きしたり経験したりすることによって、記憶を形成し、思い出へと変えていく（記憶、あるいは思い出の移動）。他に観光は、旅行代理店、航空産業などの交通業者、ホテルなどの宿泊業者をはじめとする諸産業と結びついて成立しているがゆえに、当然のことながらカネの移動を伴う。

モビリティを考察するうえで、観光は不可欠なのである。これについて、ミミ・シェラーとジョン・アーリは「**ツーリズム・モビリティ**」という概念を提示している。彼らは次のように言う。

> われわれが「ツーリズム・モビリティ」について言及するのは、明白なこと（観光がモビリティの一形態であること）を単に述べるためだけではない。そうではなく、様ざまなモビリティが観光を形づくり、観光がパフォームされる場所を形成し、観光地をつくったり破壊したりするといったことに焦点を当てるためなの

である。人やモノ、飛行機やスーツケース、植物や動物、イメージやブランド、データシステムやサテライト、これらの移動すべてが観光という行為へと結びつく[3]。

ところで、観光客が観光地を訪れようとする際に、重要となるのがメディアの役割であろう。彼らは旅の情報や観光地のイメージをもって観光に出かける。そうした情報やイメージによって、どのような観光地が選択されるのか、どのような観光行動が行われるのかが変わってくることも少なくない。訪日外国人観光客の場合も同様である。彼らが接するメディアによって提示される情報やイメージは、日本のどういう場所を訪れるのか、そこでどのような観光行動をするのか、そして土産に何を買うのかを大きく左右するのである。

国土交通省『訪日外国人の消費動向　平成29年　年次報告書』によると、日本を訪れた外国人観光客が「出発前に得た旅行情報源で役に立ったもの」のうち、回答数が最も多かったのが、「個人のブログ」（三一・二％）であった。ついで「ＳＮＳ」が二一・四％であり、それに対して「ガイドブック」一四・六％、テレビ番組九・四％である。これをみると、観光において重要な情報・イメージをつくりだす上で、**ガイドブック**や**テレビ**といった「モノとしてのメディア」の役割が弱まりつつあることがわかるだろう。かつては、こうしたメディアが果たす役割は大きいものであった。観光

（3）M. Sheller & J. Urry, *Tourism mobilities: Places to play, places in play*, Routledge, 2004, p.1.

客が『地球の歩き方』や『るるぶ』などガイドブックというモノを手にして旅行する光景が、よくみられたものである。あるいはテレビというモノから発信されてくる番組が、観光情報やイメージを与えてくれていた。

だがいまや、観光において重要な情報・イメージをつくりだす上で大きな役割を果たしつつあるのは、**ブログ**、**SNS**、**動画共有サイト**などのデジタルなウェブ上の**プラットフォーム**である。プラットフォームとは「土台」を意味する英語だが、ウェブ上のプラットフォームとは「情報、サービス、商品が集積する土台となる環境」を指す。フェイスブック、ツイッター、インスタグラムなどのSNSも、アマゾンや楽天などのネットショッピングサイトも、料理のレシピや動画を集めたクックパッドもウェブ上のプラットフォームとなる。

モノとしてはスマートフォンであろうと何であろうとかまわない。そこが重要なのではなく、ウェブ上のプラットフォームこそが重要なのである。このように、観光においては「モノとしてのメディア」ではなく、「**プラットフォームとしてのメディア**」にメディアのフォーカスを移していくことが必要となってきているのである。(4)

「虚構」の世界を拡張するデジタルな「プラットフォームとしてのメディア」が、観光をいっそう身近で「現実」的なものにしているのである。近年、話題となることがあった「**インスタ映え**」も、その一例である。観光者はスマートフォンを用いてインスタグラムへ写真を投稿することによって、観光の状況についてパフォーマティヴ

(4)「モノとしてのメディア」ではなく「プラットフォームとしてのメディア」に注目した議論は、ほかにもスコット・ラッシュたちも展開し始めている。スコット・ラッシュ&ジョン・アーリ『フローと再帰性の社会学——記号と空間の経済』安達智史監訳、晃洋書房、二〇一八年。

(5) 人とモノの関係性を問い直すうえで、「マテリアリティ」に関する議論は近年、人文・社会科学において非常に注目されている(ブルーノ・ラトゥール『科学が作られているとき——人類学的考察』川崎勝・高田紀代志訳、産業図書、一九九九年)。

な装飾をほどこし、非日常性を演出しようとするのである。

モノが旅をするとき

現代の観光状況を明白に特徴づけているものをさらに浮き彫りにするため、以下ではとくに、「プラットフォームとしてのメディア」によって「現実」化される、モノのモビリティに注目してみることにしよう。(5) その具体的な事例の一つに、東京ディズニーリゾートにおける「**ぬい撮り**」がある。

「ぬい撮り」とは、ぬいぐるみを主役に撮影し楽しむことを言う。ぬいぐるみにパフォーマティヴなポーズをつけさせ、デジタル機器を用いて、その写真をSNSにアップすることが、主たる観光目的の一つとなっているのである。東京ディズニーシーでは、「ダッフィー」「シェリーメイ」「ジェラトーニ」「ステラ・ルー」といったキャラクターが人気を博しているが、観光者は自分が所有するキャラクターのぬいぐるみとともに旅をし、それらをわざわざ持ち込み、ディズニーリゾートで「ぬい撮り」することを楽しんでいる。

そうした観光では、「人のモビリティ」が前景化されているわけではない。そうではなく、デジタル・メディアを通じインスタグラム、ツイッター、フェイスブックなどにモノのパフォーマンスを撮るために、「モノのモビリティ」が前景化されているのだ。こうした状況のなか、ディズニーリゾートでは、ポ

図2　ぬいぐるみの旅1
（https://tabizine.jp/wp-content/uploads/2014/02/6134-07.jpg 2018.8.23 アクセス）

図3　ぬいぐるみの旅2
（https://tabizine.jp/wp-content/uploads/2014/02/6134-02.jpg 2018.8.23 アクセス）

ーズをつけやすく「ぬい撮り」がしやすいぬいぐるみが販売されるようになっていたりする。

同様の事例として、ぬいぐるみ専門の旅行代理店の事例を挙げることができる。現在、旅行代理店のなかに、人の旅行をコーディネートするのではなく、人が所有するぬいぐるみの旅行をコーディネートする会社が現れている。そこでは、顧客が所有するぬいぐるみを預かり、スタッフが一緒に旅先をまわり、宿泊や食事を行う。そして、ぬいぐるみがまるで旅を楽しんでいるかのような写真を、デジタル機器を用いてSNSにアップして顧客に見せるというサービスを行っている。このようにデジタルな「プラットフォームとしてのメディア」によって「現実」化されるモノのモビリティが、現代の観光においては生じているのである。(6)

その回路を経てはじめて、「喜び」「楽しさ」といった、観光に不可欠である「情動」もまた、誘発されるに至っている。デジタル・デバイス上のインスタグラム、ツイッター、フェイスブックなどをはじめとするプラットフォームを用いて、モノが旅することが観光の目的となり、そのことを通じて、ぬいぐるみを所有する人の楽しさ、喜びなど情動的な部分が満たされていくのである。このときモノのモビリティは、人びとの「情動のメディア（媒体）」となっているのだと言えよう。

その際、観光の「主体」となるのは、人間ではなく、ぬいぐるみというモノである。モノこそが、ツーリズム・モビリティの「主体」（subjects）なのである。(7) 人間

(6) デジタル・メディアによって「現実」化される観光について、近年では、ホテルのフロント業務がAIにとって代わられているケースを挙げることもできる。そのケースではAIの提供するホスピタリティ（もてなし）が果たしてホスピタリティ（もてなし）と言えるものなのか、といった問いかけも含まれてくることになるだろう。

(7) ラトゥール、前掲『科学が作られているとき』。

は、その情動を誘発される「対象」（objects）に過ぎない。観光産業、メディア産業、行政、地域などが、相互に連関し合い、モノをめぐってさまざまなモビリティの「ライン」（ティム・インゴルド）を現出させ、アクター間の布置連関のもとで、人びとの情動を創りだしていくのである。[8] 人びとは「情動」をもつ「主体」として呼びかけられるほど、より「客体」化していくのだ。[9]

しかしながら、自分が旅をするのではなく、モノが旅をする観光は、観光と言えるものなのだろうか。その答えについては、読者の一人ひとりにゆだねたいと思う。何よりも、ポストモダン以降の観光のすがたを各自が問い続けることが大事なはずだ。いまは答えを安易に書いてしまうのではなく、以下の問いかけをもって、本項を閉じることにしたい。

――では、そもそも観光とは何なのか？

（遠藤）

（8）ライン（line）とは、すべてのものが線のごとく結びついていることを表す、文化人類学者ティム・インゴルドの概念である（ティム・インゴルド『ラインズ――線の文化史』工藤晋訳、左右社、二〇一四年）。

（9）このとき、ルイ・アルチュセールによる「イデオロギー」論における「主体」観が有効であろう（ルイ・アルチュセール『再生産について（下）』西川長夫・伊吹浩一・大中一彌・今野晃・山家歩訳、平凡社ライブラリー、二〇一〇年、二三二―二三三頁）。

観光学の特徴

動的な最先端の知的議論の場

観光研究の隆盛と文化／空間論的転回

人文・社会科学における観光研究は、一九九〇年代以降に活発化している。こうした状況を生じさせた重要な研究として、**ジョン・アーリ**（図1）が一九九〇年に著した ***The Tourist Gaze***(1)（邦訳『観光のまなざし』）を挙げることができる(2)。同著においてアーリは、「**観光客のまなざし**」がいかに社会的に組織化されているのかを検討したが、あわせて観光について学術的に研究することの意義も提起している。彼は、観光とは逸脱行為であり、それを考察することは、非観光的形態によって構成される「正常な社会」で何が生起しているのかを理解するために優れた方法であると論じた。そしてそれがために、これまで軽視されてきた観光についての研究が学術的に意味あるものだと主張したのである。こうしたアーリの研究は、広く人文・社会科学における観光現象への注目を促したのであり、同書は一九九五年に邦訳され、日本の観光研究にも大きな影響を及ぼした。

図1　ジョン・アーリ
(https://jirirezac.photoshelter.com/image/I0000weVU9jwtgVI 2018.8.23 アクセス)

（1）　ジョン・アーリ『観光のまなざし――現代社会におけるレジャーと旅行』加太宏邦訳、法政大学出版局、一九九五年〔J. Urry, *The Tourist Gaze : Leisure and Travel in Contemporary Societies*, SAGE Publications Ltd, 1990〕。

（2）　「観光客のまなざし」の項参照。

しかしながら、同時期における観光研究の活性化は、アーリの研究によるものばかりではない。例えば筆者が専門とする地理学における観光研究について、「**文化論的転回**」（cultural turn）の影響によって一九九〇年代以降に研究が活発になったことが指摘されている(3)。文化論的転回とは、一九八〇年代後半からの学際的な文化的次元への知的シフトのことを指しており、かかる研究は一九六〇年代末からの記号論や構造主義の延長線上で生じたものである。そこで文化は、記号によって構成され、また解釈されるものであるという考えのもとで、さまざまな不平等、差別と排除をともなって政治的に構築されている「表象の戦場」と理解された(4)。

こうして、文化はとりわけ権力との関係で検討されるようになり、カルチュラル・スタディーズやポストコロニアル批評、そしてジェンダー研究を中心に、「文化の政治学」と呼ばれる研究が盛んに行われるようになった。また、文化と経済の関係性も焦点となっている。これは資本主義の発達過程が空間的障壁を減らして空間を再編したこと、すなわち**デイヴィッド・ハーヴェイ**が指摘する資本主義社会における「**時間 ‐ 空間の圧縮**」が大きく関係している(5)。空間的障壁が重要でなくなるにつれ、資本は空間内における場所の差異に対して敏感になったのであり、そうした資本を惹きつけるように場所を差異化しようとする動きが強まった。こうしたなかで文化は、差異化のための記号となって商品化されたのであり、現代の資本主義社会を考える上での焦点となったのである。加えて、旅、亡命、観光客、ディアスポラ、ノマドなどの移

（3）P. Jackson, "Geography of Tourism," in R.J. Johnston, D. Gregory, G. Pratt & M. Watts (eds.), *The Dictionary of Human Geography*, Forth edition, Blackwell, 2000, pp. 840-843.

（4）吉見俊哉『カルチュラル・ターン、文化の政治学へ』人文書院、二〇〇三年。

（5）デヴィッド・ハーヴェイ『ポストモダニティの条件』吉原直樹監訳、青木書店、一九九九年。

動する現象が注目を集めるようになったのも、文化に焦点をあてた近年の人文・社会科学における議論の特徴である。「旅する文化」[6]と呼ばれるように、移動するなかで他の文化と出会い、ハイブリッドなものとなる流動的で複数的な文化の様相に焦点があてられるようになったのである。また、このような文化論的転回における議論は、権力やアイデンティティの問題における地理的空間の重要性、均質化するグローバリゼーションの一方でローカリゼーションという差異化が進行するといった資本主義の空間性、そして流動的でグローバルな空間的移動のあり方といったものを浮き彫りにしている。そのため、文化論的転回とは、「**空間論的転回**」と呼ばれる「空間」に対する注目と連動する議論でもあった。

文化／空間論的転回において注目された**政治**・**経済**・**移動**といった点は、アーリが著した先の『観光のまなざし』においてすべて言及されていたことであったが、かかる議論の影響を受けた観光研究においてその考察が深まっている。政治的な側面については、例えば**ジェイムズ・ダンカン**と**デレク・グレゴリー**が、帝国主義時代の紀行文をとりあげ、それを住民にとっての場所の象徴的な意味を他のものに置き換える翻訳空間であるとし、この象徴を転換する政治により主体に欲望とファンタジーを与え、征服を正当化している点について論じている。[7] また経済的な側面では、**ステファン・ブリトン**が、現代の資本主義社会における消費文化の隆盛と観光との関係性を考察し、他所と差異化して場所を商品化するために象徴資本ないしは文化資本が重要な

(6) J. Clifford, "Traveling Cultures," in L. Grossberg, C. Nelson & P. Triechler (eds.), *Cultural Studies*, New York : Routledge, 1992, pp. 96-112.

(7) J. Duncan & D. Gregory, Introduction,in J. Duncan & D. Gregory, D (eds.), *Writes of Passage : Reading Travel Writing*, London : Routledge, 1999, pp. 1-13.

役割を果たしていること、そしてそうした場所の意味や物質性の生産への観光の関わりなどについて検討している(8)。移動の側面については特にアーリが考察しており、『観光のまなざし』の五年後に発行された *Consuming Places*（邦訳『場所を消費する』）において、空間に注目した議論を検討した上で、移動をモダニティを象徴する現象として論じている(9)。そしてなかでも特徴的なものとして、都市の遊歩者ではなく自動車の運転手やジェット機に乗っている旅行者を挙げ、かかる長距離旅行の社会的組織化の意義を強調したのである。

文化や空間、そしてそれらに注目した研究において焦点があてられた政治・経済・移動といった側面は、それぞれが観光現象と深く関係するものである。そのため観光とは、文化／空間論的転回の影響を受けた研究で検討すべき重要な対象となったのであり、こうしたなかで観光研究が盛んになったのである。

移動への注目と観光学

文学理論家の**ジョナサン・カラー**は、**カルチュラル・スタディーズ**を評して、「実は**構造主義**の未完のプロジェクトが変装し、これまで無視されてきた構造主義のいくつかの側面を強調しながら帰還したものである」と論じている(10)。また彼は、ポスト構造主義の流れのなかで傍流へと追いやられた構造主義が、「**ミシェル・フーコー**の著作に決定的な影響を受け」て戻ってきたものがカルチュラル・スタディーズであると

(8) ステファン・ブリトン「ツーリズム、資本、場所――ツーリズムの批判的な地理学にむけて」畠中昌教・滝波章弘・小原丈明訳、『空間・社会・地理思想』四号、一九九九年、一二七―一五三頁。

(9) ジョン・アーリ『場所を消費する』吉原直樹・大澤善信監訳、法政大学出版局、二〇〇三年〔J. Urry. *Consuming Places*. Routledge, 1995〕。

(10) ジョナサン・カラー『文学と文学理論』折島正司訳、岩波書店、二〇一一年。

も指摘している。たしかに、文化の政治学に代表されるカルチュラル・スタディーズの諸研究は、われわれが生きる社会に織り込まれた知＝権力を浮き彫りにし、それを批評するものが主となっている。また**ミシェル・フーコー**のまなざしの議論を受けたアーリの観光客のまなざしについての研究[11]も、それがいかに社会的に構造化されているかを論じたものであり、構造主義的な研究であるといえる。こうした構造への注目が、文化／空間論的転回における議論の一つの特徴であったといえるであろう。

しかしながら、一九九〇年代後半から二〇〇〇年代初頭の人文・社会科学において、構造ではなく出来事を重視した研究への転換が見られるようになる。こうした研究においては、**ジャック・デリダ**や**ジル・ドゥルーズ**といった思想家がしばしば注目されており、それを構造主義からポスト構造主義への移行として理解することもできる。かかる転換のなかで、構造から**出来事**へ、必然性から**偶然性**へ、表象・記号から**身体・行為**へと焦点が移ると同時に、静的で固定したものから**動的なもの**へと関心が変化したのであり、例えば情動や感情といった表象に先立つ心的な運動が注目されるようになっている[12]。そして、出来事の生成の過程を関係論的に理解することや、静的な法則の発見ではなく動きに注目しながら**複雑性**を把握することが目指されるようになったのである。

以上のような潮流は、物事に線を引き固定化する二項対立的な思考の問い直しを伴っているが、それはさらに人間中心主義を脱却して人間を超えた世界を理解しようと

(11)「観光客のまなざし」の項参照。

(12) ナイジェル・スリフト「感情の強度——情動の空間的政治学にむけて」森正人訳、『空間・社会・地理思想』一一号、二〇〇七年、五八—八二頁。

するポスト・ヒューマニズムの企てとなっている。(13) そうした点で重要な研究としては、**アクター・ネットワーク理論（ANT）**の名で知られる、人間と非人間をともに行為者（アクター）として理解しそのネットワークについて考察した**ブルーノ・ラトゥール**のものがある。彼は近代のうちに二つの異なる実践を認識する。一つは人間／文化と非人間／自然という存在論的に分断された領域を生み出す純化の過程で、これは近代論者の立場を表している。もう一つがその水面下で起きている人間／文化と非人間／自然が混じり合うことによって**ハイブリッド**という存在を生じさせる翻訳の過程で、これはラトゥールが**ネットワーク**と呼ぶものである。そして彼は、分離されてしまっているこの二つの実践の関係を解明しようと努めるのであり、とりわけ近代論者たちが等閑視してきたハイブリッドやネットワークに注目するのである。(14)

こうしたなかで、文化／空間論的転回と呼ばれる議論において注目されつつも、表象に注目する研究においてしばしば後景に退いていた、旅や観光などの移動の問題が前景化する。例えばアーリは、『場所を消費する』において、近代社会は移動によって著しい変化を遂げていることを指摘し、特に**グローバル化**が進んだ現在において多様な**フロー**を考えることが重要であると説いている。こうしたフローによって現代は「領土の国境、明確な国民的あるいはその他の社会的アイデンティティが浸蝕されている時代」(15) であると彼は論じている。そして彼は、グローバル化とは、領域のメタファーはなく、フローのような移動のメタファーにおいて理解されるべきものだと述べ

(13) 森正人「言葉と物——英語圏人文地理学における文化論的転回以後の展開」『人文地理』六一巻一号、二〇〇九年、一—二二頁。

(14) ブルーノ・ラトゥール『虚構の「近代」——科学人類学は警告する』川村久美子訳、新評論、二〇〇八年。

(15) アーリ、前掲『場所を消費する』二七〇頁。

るのである。[16] こうしたなかで、都市のなかでのフラヌールではなく、国境を越えて移動する観光のような移動現象がとりわけ重要なものとして浮上したのである。

そしてこの二〇〇〇年の *Sociology beyond Societies*（邦訳『社会を越える社会学』）のなかでアーリは、身体、出来事、ネットワーク、複雑性などについての近年の議論を検討して、移動についての考察を深めていく。特にその認識にあたって大きな影響を受け、一九九五年の『場所を消費する』における議論と大きく異なるのは、人間と非人間の**ハイブリッド**に注目するようになっていることである。彼は社会関係を「機械、テクノロジー、モノ、テクスト、イメージ、物理的環境」といった「非人間的なモノ」を通して形成され再構成されるとし、多様なモノと人間の「複合的かつ可動的なハイブリッド」に焦点をあてる。[17] こうした考えを、出来事やネットワークをはじめとする近年の議論と結びつけ、「不均質で予測できないハイブリッドな移動」[18] に関心を向けたのであり、アーリは『社会を越える社会学』を「**移動論的転回**」を出現させた重要な研究に位置づけている。そしてこのような彼の研究において注目されたのが、自動車と運転手、カメラと観光客といった移動する機械と人間の複合体であった。観光は、移動するモノと人のハイブリットという観点からもその焦点とされるようになったのである。

移動に注目したかかる視座からすると、グローバルに移動するハイブリッドとしての観光は、資本主義の近現代社会について理解を深めるための意義ある研究対象であ

（16）ジョン・アーリ『社会を越える社会学——移動・環境・シチズンシップ』吉原直樹監訳、法政大学出版局、二〇〇六年〔J. Urry, *Sociology beyond Societies : Mobilities for the Twenty-First Century*, Routledge, 2000〕。

（17）アーリ、同前、二四—二五頁。

（18）アーリ、同前、六八頁。

るといえる。そしてまた同時に、移動に注目することで、**観光学**は一つの学問分野であるのか、それともいくつかの学問分野が関わる学際的な領域に過ぎないのかといった見解の違いについて[19]、新たな理解が生じる。例えばアーリは、場所をダイナミックな動きの場であるとし、人、モノ、イメージなどの関係性が織りなす差異のシステムとして捉えている[20]。このような考えを観光学に当てはめると、それはさまざまな知的ネットワークのなかを動きながら諸関係のなかで立ち現れる学として理解される。こうした考えは、いわゆる学問として固定された領域があるかどうかという発想とは異なるものであると同時に、移動する関係性の場という、学問のあり方の新しい理解を提示するものである。

またアーリは、学問分野の境界を横断する知の移動によって生じる、生産的なハイブリッドを生み出す**境界性**に注目しており、それは学問分野を横断する研究者によってもたらされることを指摘している[21]。まさにこの境界性の状態たることが、観光学に創造性をもたらすといえるだろう。そこで重要なのは、境界性におけるさまざまな知の「**出会い**」だと考えられる。例えばドゥルーズはこの移動によってもたらされる偶然であり偶発的な出会いによって、思考するという行為が強制されることを指摘している[22]。創造的な思考をもたらすさまざまな知との出会いの場であるということが、観光学の可能性を生じさせているといえる。またこの出会いは、観光現象の特徴でもある。人やモノとの出会いとそれによるハイブリッドは、まさに現代社会の特徴であ

(19) 大橋昭一「ポスト・ディシプリナリ論の進展過程――ツーリズム論(観光学)の方法論的確立を視点において」『経済理論』二六九号、二〇一二年、二〇―四九頁。

(20) アーリ、前掲『社会を越える社会学』二三六―二三七頁。

(21) アーリ、同前、三六八頁。

(22) ジル・ドゥルーズ『差異と反復(上)』財津理訳、河出書房新社、二〇〇七年。

り、それがために観光を研究する意義が生じているといえるのである。

またこうした視点から観光学というものについて考えると、一九九〇年代に入って注目されたそれは、一九八九年を社会における人とモノのハイブリッドが認識しやすくなった年と説明するラトゥールの指摘にあるように[23]、学問分野で生じているハイブリッドを理解しやすいという特徴があることに気がつく。すなわち、ラトゥールが「虚構の近代」というように、他の学問分野と区別される純然たる独自の領域を有した学問分野というものの存在が虚構であることが浮き彫りになるのである。例えば地理学という学問分野を考えても、そこには社会学や人類学をはじめとするさまざまな学問分野からの知の移動とそれによるハイブリッドが存在している。そう考えると観光学は、学問分野で実際に生じているこうしたハイブリッドな状態が前景化しているだけであって、根本的には既存の学問分野と変わることがないともいえる。

これらから、観光学とは、観光という現象の特徴からも、その学問分野としてのあり方からも、現在の人文・社会科学における最先端の議論の場であり、挑戦的な領野であるといえるだろう[24]。

（神田）

(23) ラトゥール、前掲『虚構の「近代」』一二三―一二六頁。

(24) 本項の内容は、神田孝治「文化／空間論的転回と観光学」（『観光学評論』一巻二号、二〇一三年、一四五―一五七頁）において詳述してあるので、あわせて参照されたい。

コラム　ジェンダーとツーリズム

観光について考える際に、**性差**は重要な観点の一つである。例えば、観光地のイメージはしばしば女性と関連づけられているし、観光客の志向やその行動のあり方には往々にして性別による違いが認められる。

こうした性差について検討するにあたって、人文・社会科学においては**ジェンダー**という概念が注目されてきた。かかる概念は、特に一九七〇年代初め頃からフェミニストが積極的に使用したものであり、それは生物学上の**セックス**とは区分された、社会・文化的な性差であるとされた。こうしたなかで、特定の事項の男性と女性の区分が、生物学上の違いによるのではなく、社会・文化的に創り出されたものであること、とりわけ男性優位の権力関係のなかで構築されたものであることを浮き彫りにしようとしたのである。

このジェンダーと観光との関係について、ここでは「現代における観光とポストモダン」などの項で紹介している**与論島**で生じた状況を紹介したい。同島はとりわけ一九七〇年頃に観光地として人気を博したが、当時、新聞・雑誌などのメディアで強調されていたことの一つに女性観光客の多さがあった。そこにはしばしば男性観光客による女性への性的欲望が投影されており、特に一九七一年に発行されたある男性向け週刊誌では、「島の娘をモノにするのは簡単や」とか、「もっと簡単なのは、島の娘より観光客の若い女性…観光客の八割は若い女で、しかもみんな遠い〝異国〟に来た開放感か、セックスしとうてムズムズしてる感じ」などといった男性観光客の声を取り上げ、「かくてこの島の浜辺では、いたるところで性の狂宴がくりひろげられ」ていると言及している。与論島は、性に開放的な女性のイメージが投影されるなかで、男性にとっての楽園という場所神話が創られていたのである。

こうしたイメージに対して、地元住民は大きく反発するようになる。とりわけ先述の一九七一年発行の雑誌が出ると、「夜ばいだの、フリーセックスだの、週刊誌の記事はまるで〝南洋の土人〟扱いではないか。未開の土地を探険する文明人の発想ではないか」という批判の声が挙がっていたことが当時の新聞で報じられている。男性に性的に消費される開放的な女性という構図は、文明側の観光客と南洋の野蛮な地元住民という関係と結びつけられ、まさに不平等な権力関係として理解されたのである。こうした観光にみられる性と権力関係の結びつきは、先進国の男性が発展途上国の女性を買春することが多い、**セックス・ツーリズム**においてとりわけ顕著に見られるものである。こうした**セクシュアリティ**と権力が関係する問題は、女性の権利向上を目指すフェミニストによるジェンダー研究において、特に批判的に取り上げられるものである。

ただしここで注意が必要なのは、観光客には男性ばかりでなく女性も含まれているということである。与論島においても、当時のマスメディアで女性の多さが喧伝されているが、それは男性を誘引するために誇張されている面があると考えられるものの、聞き取り調査の結果から、実際に若い女性の比率がかなり高かったと推察される。そして当時の女性雑誌などを見ると、女性の一部も男性との性的な関係を期待していたことを認めることができる。この女性観光客の性的な欲望の点については、**ロマンス・ツーリズム**と呼ばれる女性によるセックス・ツーリズムの形態が注目される。主として先進国の女性が、恋愛感情を介在させつつ発展途上国の男性を買っているのである。また、与論島で地域住民が観光客に反発した理由の一つに、肌を晒して闊歩する女性観光客の振舞いが、地元住民の倫理観に抵触していることがあった。観光対象とされる現地との関係に注目すれば、女性は必ずしも弱者ではないのである。

このように考えると、観光現象におけるジェンダーの問題は、単に女性に対する男性の優位という観点だけでは捉えきれないものであることがわかる。さらに、この女性というカテゴリー自体も再考が必要である。与論島の事例でも、観光客の女性と、現地の女性では立場が異なっている。加えて、男性と女性の区分や、異性愛という観念からは外れた存在、すなわち、LGBT（レズビアン・ゲイ・バイセクシャル・トランスジェンダーの略）の人々の存在も見過ごせない。観光産業においても、例えば男性の同性愛者を対象としたものが存在しているように（吉田道代「同性愛者への歓待――見出された商業的・政治的価値」『観光学評論』三巻一号、二〇一五年、三五―四八頁）、こうした人々への関心を認めることができる。

また、観光現象を理解するにあたっては、ジョン・アーリの観光客のまなざしに関する検討にあるように（「観光客のまなざし」の項参照）、何が観光客を惹きつけるのか、その魅力のあり方について検討することが重要な観点である。この観光客のまなざしについても、往々にしてそこに何らかの権力の問題が関与していることを認めることができるが、かかる観点を中心に据えると実際の現象の理解が困難な場合もある。ジェンダーについても、政治的な側面ばかりに焦点を当てることは、少なくとも観光に注目した場合は問題含みとなるのである。この象徴的な事例として、与論島における映画『**めがね**』とそれが生み出す観光がある（「現代における観光とポストモダン」「ホスピタリティ」の項参照）。同映画の主人公は女性であり、それを歓待する立場にあるのは男性の民宿オーナーである。ただし、これが男性と女性の権力関係の逆転で、男性が女性に従属しているかといえばそうは描かれていない。他の項で詳述したように、権力関係とは無縁な自由な関係性が提起されているのである。そしてそこでは異性愛に関しても描写されておらず、男性と女性という性差そのものが後景に退いている。また、かかる映画をきっかけに与論島を訪れる観光客の多くは女性であるが、それを男性社会における女性の周縁化に着目して解釈したり、逆に女性の権力の増加といった観点で論じたりしようとしても、一定程度の言及はできたとしても、なぜ女性観光客が多いのかという点についての説得的な説明は難しい。

こうしたなかで、かつてのジェンダー研究は、フェミニストによっても再帰的に問い直されている。男性と女性の区分に基づくフェミニストによる二元論的なジェンダー研究が批判的に再考されるようになり、**ポストモダン・フェミニズム**と呼ばれる研究の潮流が生じているのである（スーザン・J・ヘックマン『ジェンダーと知——ポストモダン・フェミニズムの要素』金井淑子ほか訳、大村書店、一九九五年）。またかかるポストモダンと呼ばれる発想からすれば（「現代における観光とポストモダン」の項参照）、生物学上の性である セックスと社会・文化的な性であるジェンダーを単純に区分して二元論的に考えることも問い直される。ジェンダーに焦点をあてる研究は、多角的な視座から、多様な立ち位置を考慮しつつ、複雑な関係性を読み解く必要に迫られているのである。

そして、こうした考えをすすめていけば、たしかにジェンダーという概念はフェミニストによって主として検討がすすめられてきたが、政治運動の枠だけに捕らわれない、もっと奥行きと広がりのある概念であることがわかる。かかる観点からすれば、ポストモダン的な特徴を持ち、さまざまな次元・要素・立場といったものが複雑に絡まり合う観光という現象は、ジェンダーに関しても多角的な視座を要請しているのであり、ジェンダー研究の新しい可能性を切り開く重要な研究対象だといえるだろう。

（神田）

Ⅱ部

観光学の視点

観光者の観光経験

「真正性」の議論を超えて「真摯な」交流へ

観光者の観光経験は、観光対象の「**客観的真正性**」と観光者の「**主観的真正性**」との間の相関的なバランスのなかで、その「**真正さ**」(1)の判断・評価がなされる。二つのケースが考えられる。観光対象に「客観的真正性」が欠如していたとしても、観光者がそれを承知の上で楽しんだのなら、その観光は楽しい「経験」として受け入れられる。しかし、「にせもの」と知らずにだまされたとしたら、その観光経験は台なしになる。これが第一のケースである。次のケースでは、現代の観光者は民族儀礼や舞踊などが、本来の文脈から切り離されて観光の場に提示された時点で、「真正性」が喪失していることを承知している。しかしながら演者が誠実に、真摯に上演しているのを感じとった場合、その観光経験を主観的に「真正」だと判断することがあるというのが、第二のケースである。以上のような二つのケースにおいて「観光経験」の「真正性」をどのような観点から判断すればよいのか検証する。

(1) 「真正性」の項も参照。

真正なる観光経験をもとめて

観光者を「**擬似イベント**」の体験を求める存在と考える**ダニエル・ブーアスティン**(2)に対して、**ディーン・マキァーネル**(3)は疎外された近代人を観光に「真正な経験」を求める存在であると捉える。後者は、自らの実生活を生きるべき現実とは見なせなくなり、遠くに存在する他者の「実生活」に魅惑されることによって、近代の観光がはじまったと考える。その他者を代表する「未開人」は、おそらく、自らの真正性に悩み煩うことはなく、真正性を問題にすることもないと観光者は考えて自社会を離れるという。しかし、どこに行ってもその「真正なるもの」には出会えず、あるのは近代化の影響を受けた「**演出された真正性**」だけである(4)。そして現在の大衆観光、とくに「**ポストモダン観光**」の現場では、まがいものでも「よく知られたもの」にまなざしが向けられ、もはや「真正性」が問題にされない。「ほんもの」とも「一回性」とも無縁になり、遊戯的で、ハイカルチャーから脱し、次から次へと関心とまなざしを移し、通俗的なもの、にせもの、土産物などあらゆるものと戯れて楽しむのが、現代の観光者の観光経験である(5)。先の第一のケースである。そこに客観的な「真正性」を求めるならばだまされることになるが、ポストモダン観光者のようにはじめからまがいものをも楽しむつもりであれば、自らの観光経験における「主観的真正性」は保持できることになる。

第一のケースでは、客観的真正性と**実存主義的な真正性**を分ける必要性を説くセル

(2) ダニエル・ブーアスティン『幻影の時代――マスコミが製造する事実』星野郁美・後藤和彦訳、東京創元社、一九六四年。

(3) ディーン・マッキァーネル『ザ・ツーリスト――高度近代社会の構造分析』安村克己ほか訳、学文社、二〇一二年。

(4) マキァーネル、同前書、一一〇―一三一頁。橋本和也「近代社会の構造分析のための観光研究(MacCannell, D『ザ・ツーリスト――高度近代社会の構造分析』)」『観光学評論』二巻二号、二〇一四年、一七〇―一七一頁。

(5) ジョン・アーリ『観光のまなざし――現代社会におけるレジャーと旅行』加太宏邦訳、法政大学出版局、一九九五年、一七九―一八一頁。橋本和也『観光人類学の戦略』世界思想社、一九九九年、五二頁。

ウィンとワンの議論が参考になる。彼らは「真実の世界」を経験する「知識としての真正性」を「クールな真正性」とし、それに対して「真実の自己」を経験する「感覚としての真正性」を「ホットな真正性」と名づける。(6) この議論は「観光対象の真正性」から「観光経験の真正性」を分離し、観光経験の実存的分析に導く。ここでは観光経験を「気ばらし型」「レクリエーション型」「体験型」「実存型」に分けた**エリック・コーエン**の四分類(7)が参考になる。「気ばらし型」の観光者は日常からの憂さ晴らしを求め、真正性についての問題意識を持たない。「レクリエーション型」の観光者は娯楽を求め、心身の疲労を癒し元気を取り戻そうとするが、真正性に対する基準はゆるい。「体験型」の観光者は他者の「真正なる生活」を体験しようとし、真正性に対する自分なりのかなり「厳格な」基準をもっている。「実存型」の観光者は近代性から距離を置き観光対象に本来の真正性を見出そうとし、その「真正なる世界」に入り込んでいくが、「演出された真正性」の餌食になりやすいという。以上の議論は、「気ばらし型・レクリエーション型」観光経験から「体験型・実存型」経験への転換をはかる旅行者や企画立案者にとって有効である。

「観光コミュニタス経験」——実存的経験か擬似的経験か

第二のケースにおける観光経験の「真正性」を判断・評価する基準としては、「**コミュニタス経験**」がある。これは、旅先で経験する「ホストとゲスト」「ゲストとゲ

(6) Tom Selwyn, "Introduction," Tom Selwyn ed., *The Tourist Image : Myths and Myth Making in Tourism*, John Wily & Sons, 1996, pp. 21-28 ; Ning Wang, "Rethinking Authenticity in Tourism Experience," *Annals of Tourism Research*, 26(2): 351, 359, 1999.

(7) Erik Cohen, "Authenticity and Commoditization in Tourism," in *Annals of Tourism Research*, 15(3): 377, 1988.

スト」の親密な出会いによって可能になると考えられている。典型的には、伝統的な社会において通過儀礼を受ける新入者が、これまでの身分・地位から切り離され、集団で隔離された「**リミナリティ**」（移行・境界領域）状況下で、新たな身分・地位を獲得するためにさまざまな試練と呪術的儀礼をうけるときに体験するものである。新入者同士の間で高い情緒的連帯と人間性に基づく平等で純粋な関係を体験・体得するのがこの「コミュニタス」経験である。(8) もし、観光者が身分や地位から離れた人間同士の出会いという「本当の生」以上に「本当」の実存的「コミュニタス」経験ができたならば、高い評価をえられることになる。しかしながら、この議論では、「伝統的」社会で厳粛な通過儀礼を迎える新入者と、日常からほんの少し離れるだけの近代の大衆観光者とが同一視されているとの批判を受けることになる。

それに対し**ヴィクター・ターナー**は、伝統的部族社会における「リミナリティ」と、産業化により出現した資本主義社会における「**リミノイド**」（擬似リミナリティ）とを分けることを提案した。(9) 個別的な契約によって成立するより複雑な構造をもつ現代社会で、人々の自発的な関係が余暇の領域で結ばれ、機能組織の周縁や裂け目で発展するのが「リミノイド」である。通常の大衆観光者が観光の時間・空間で経験するのがこの「リミノイド」経験である。たとえばカリブ海でのクルーズ観光などでは、日常的な地位や身分から一時的に離れて「本来の」自分を取り戻し、他者との「コミュニタス」的関係を構築・経験できたように感じる。しかしそれは一時的な幻想にす

(8) ヴィクター・ターナー『儀礼の過程』冨倉光雄訳、思索社、一九七六年、一二七―一二九頁。

(9) ヴィクター・ターナー『象徴と社会』梶原景昭訳、紀伊國屋書店、一九八一年、三三九―三四三頁。橋本、前掲『観光人類学の戦略』八〇―八一頁。

ぎず、観光の時間を終えて日常生活に戻ると、ここでの関係は霧散するのである。(10) それが「リミノイド」的な「コミュニタス経験」であり、一生を通じて親密な信頼関係が維持される伝統的社会における「コミュニタス経験」とは様相を異にするのである。しかしながら現代の「ホストとゲスト」「ゲストとゲスト」同士の出会いにおいて、両者の間に信頼関係が生まれることも事実である。この出会いを「真正なもの」と判断する基準を次に検討する。

「真摯さ」の経験――交流への糸口

「真摯さ」の概念を導入すると、観光経験の評価においては「真正性」の議論を超えて、ゲストとホストとの「間人的」関係の質が問題になる。第二のケースでは「**実存型経験**」に焦点があたり、重要なのは客観的真正性ではなく、観光者自身が抱く観光経験の「真正さ」になる。この主観的真正性は、ホスト側が示す「真摯さ」によって観光者の観光経験が「**真正なものがたり**」として構築されていく過程で検証される。「真摯さ」への注目は、観光経験における「真正性」の議論を大きく進展させる。「実存型」観光者が求めるものは、観光経験を豊かなものにし思い出深い「真正なものがたり」にする地域の人々との出会いや、彼らの「真摯」な対応である。通り過ぎるだけの大衆観光者でも、みやげもの購入の場面において店主とのやりとりをよい思い出として評価できる場合には、「真正」な経験となることもある。ましてや、

(10) 江口信清『観光と権力――カリブ海地域社会の観光現象』多賀出版、一九九八年。

「実存型」観光者の地域の人々との「真摯な」交流は思い出深い経験となり、交流の「ものがたり」が語られるたびに「真正な」よい観光経験としてよみがえることになる。「真摯さ」は地元の人々（ホスト）と観光者（ゲスト）との相互交流を「真正な観光経験」にし、思い出深い観光の「ものがたり」を構築する。観光経験は、観光者が事前に、旅行中に、そして事後に自ら紡ぎ出す「ものがたり」にしたがって構築される。それが「真正な」観光経験になるかどうかは、どれだけ豊かな「ものがたり」に仕立て上げられるかにかかっているのである。(11)

観光者が「自分なりの納得のいく」観光経験、「ものがたり」を求めていることは確かである。なかには、「自分なりの」「真正なものがたり」を構築できたと評価する観光者も多くいる。その評価には、地域の人々との出会いや観光者同士の出会いが基準となっている。「自分なりの」「真正なものがたり」を、観光における「自己発見」や他者との間に構築される（「真正な」というよりはむしろ）「真摯な」人間関係のなかに、観光者は見出しているのである。

観光者の観光経験は目的によって異なる。よく知られたものを確認するだけの大衆観光から、地域の人々が発見・創造した資源を地域文化として育てあげ、「体験型・実存型」観光者との交流を目的とする「**地域文化観光**(12)」まで、さまざまな観光が経験されている。本項は、どのような観光経験が、過剰になるばかりのこのモビリティ社会にとって望ましいのかを判断する契機になることを望む。

（橋本）

(11) 橋本和也『観光経験の人類学――みやげものとガイドの「ものがたり」をめぐって』世界思想社、二〇一一年、二三七―二三九頁。

(12) 橋本和也『地域文化観光論――観光学への展望』ナカニシヤ出版、二〇一八年。

観光客のまなざし

観光学における基本かつ最前線の視座

ジョン・アーリの「観光客のまなざし」という視座

「観光客のまなざし」(1) は、社会学者のジョン・アーリが一九九〇年に著した *The Tourist Gaze* (2)（邦訳『観光のまなざし』）において提起した概念である。ここで焦点があてられている「まなざし」について、アーリはミシェル・フーコーが論じた医学的まなざし(3)を紹介している。視覚は、過去数世紀にわたって、西洋の社会思想や文化において中心的な役割を担ってきたものであり、感覚のうちで最も地位が高く、近代的認識論の土台をなすものとみなされてきた。フーコーはこの視覚に注目し、臨床医学において、病をその真相を明らかにする可視的な徴候によって分類するという医学的まなざしが成立することにより、医師が観察し、識別し、認識し、比較し、治療することができるようになったことを明らかにした(4)。アーリはこうしたフーコーの議論をもとに、「まなざし」に注目することによる観光現象の考察を試みたのである。

観光という体験の一部には、日常から離れた異なる風景などに対して、まなざしを

(1) 一般的には邦訳書のタイトルに従い「観光のまなざし」として知られている。しかしながら、「観光客のまなざし」と訳した方が、まなざす主体が観光客であることが明示されるので誤解がないと考えられる。邦訳書においても、文中では「ツーリストのまなざし」や「観光客のまなざし」としても訳されている。

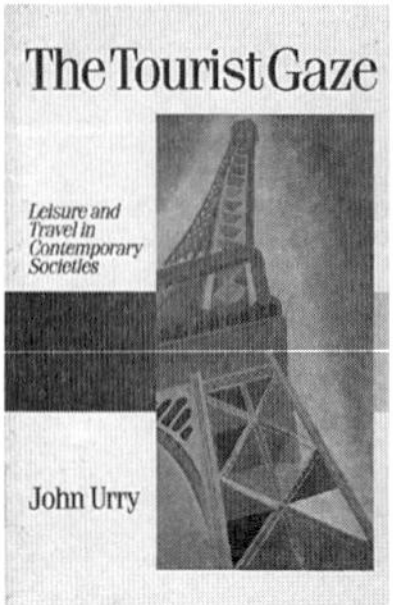

図1 *The Tourist Gaze*. 第1版

投げかけることが含まれている。このような観光客のまなざしは、社会的に構造化されているものであり、その点において医学的なまなざしと同じであるとアーリは指摘する。また彼は、観光客のまなざしには、それを構成し発展させることを後押しする多くの職業専門家がいることも、医学的なまなざしと類似していると論じている。

そしてアーリは、観光客のまなざしとは、社会によっても社会集団によっても多様なものであるが、どんな時代のまなざしもその反対概念である非観光的形態との関係性から構成されていると指摘する。こうした観光客のまなざしの特徴について、アーリは他にもいくつかの観点から論じている。それをまとめると、観光客のまなざしの対象とされるのは、日常との対照性を有する非日常のものであり、通常は労働と明確に対比されるものであって、強烈な楽しみが期待されるものである。そして、このような観光客のまなざしの対象は、アーリによれば三つの二項対立に分類される。孤独が重視されるロマン主義的まなざしの対象か、集合的まなざしの対象か。歴史的か現代的か。そして、対象が本物かまがいものか、である。またアーリは、観光客のまなざしが記号を通して構築されるという点も強調している。映画やテレビといったメディアが生産する記号が、観光客のまなざしを作り、強化しているのである。

アーリが著した『観光のまなざし』は、かかる認識のもとに、多様な歴史上の異なった社会集団における観光客のまなざしの発展と歴史的変遷を検討することで、観光現象の考察を行うことを目指したものである。具体的には、理論的な検討がなされる

図2 *The Tourist Gaze*. 第二版

（2）ジョン・アーリ『観光のまなざし——現代社会におけるレジャーと旅行』加太宏邦訳、法政大学出版局、一九九五年〔J. Urry, *The Tourist Gaze: Leisure and Travel in Contemporary Societies*, SAGE Publications Ltd, 1990〕。

（3）ミシェル・フーコー『臨床医学の誕生』神谷美恵子訳、みすず書房、一九六九年。

第一章に続き、「大衆観光と海浜リゾート地の盛衰」「変わりゆく観光産業の経済学」「観光のまなざしのもとで働く」「文化変容と観光のリストラ」「歴史へまなざしを向ける」「観光、文化、社会的不均等」と題した章で同書は構成されている。これらのタイトルからも伺われるように、アーリは観光客のまなざしの形成や歴史的変容に注目しながら、それに関係する行為、産業、権力、科学技術などの多様な領域を縫い合わせるなかで、さまざまな観点から観光現象について分析を加えているのである。

「観光客のまなざし」の新展開

こうしたアーリの研究は、**文化論的転回**と呼ばれる一九八〇年代後半からの人文・社会科学における議論と密接に結びついたものであった。この文化論的転回、そしてそれと連動した空間論的転回については「観光学の特徴」の項で詳述したが、そこで焦点とされた政治、経済、移動といった問題は、アーリが著した『観光のまなざし』において言及はされていたが、その考察は十分にはなされていないものであった。それが、かかる議論の影響を受けるなかで、アーリもこうした考えを後の研究でさらに展開している。政治については、例えば二〇〇〇年に発行された*Sociology beyond Societies*(5)（邦訳『社会を越える社会学』）において、帝国主義やジェンダーの問題と関連づけつつ、観光客のまなざしにみられる権力の問題を浮き彫りにしている。また、経済については、一九九五年発行の*Consuming Places*(6)（邦訳『場所を消費する』）に

（4）ジョン・アーリ『社会を越える社会学――移動・環境・シチズンシップ』吉原直樹監訳、法政大学出版局、二〇〇六年〔J. Urry, *Sociology beyond Societies : Mobilities for the Twenty-First Century*, Routledge, 2000〕。

（5）アーリ、同前書を参照。

（6）ジョン・アーリ『場所を消費する』吉原直樹・大澤善信監訳、法政大学出版局、二〇〇三年〔J. Urry, *Consuming Places*, Routledge, 1995〕。

おいて、資本主義社会における空間の特徴についての諸々の議論と結びつけるなかで、自然の消費と観光客のまなざしに関して論じている。

そして、「観光学の特徴」の項で論じたように、なかでも**移動**の点についてはアーリが人文・社会科学における議論を先導しており、『場所を消費する』において、モダニティを象徴する現象として移動に焦点をあて、自動車の運転手やジェット機に乗っている旅行者に注目するなかで、長距離旅行の社会的組織化について論じている。そしてこの移動の問題は、『社会を越える社会学』においてさらなる検討がなされ、アーリは同書を「新しい移動パラダイム」を出現させた重要な研究として位置づけている。こうしたなかで、二〇〇二年に発行された『観光のまなざし』の第二版においては、「観光客のまなざしをグローバル化する」という章を加え、グローバル化による空間の変容とそこにおける移動の問題に注目し、観光客のまなざしの移動について検討したのである。(7)

また、こうした移動への注目の背景として、一九九〇年代後半頃から、構造から出来事へ、必然性から偶然性へ、表象・記号から物質・身体・行為へ、そして静的で固定したものから動的なものへと、人文・社会科学における議論の焦点が移行したことがある。(8)そしてかかる議論を背景としつつ、この移動に関する検討において、それがモノと人間との複雑な**ハイブリッド**によって生じているという考え方がなされるようになる。これは、人間の能力の大部分が非人間的な構成要素との相互接続によっても

(7) J. Urry, *The Tourist Gaze*, Second Edition, SAGE Publications Ltd., 2002.

(8) 「観光学の特徴」の項参照。

たらされていることを指摘しつつ、移動研究を先導したアーリが特に強調したことの一つである。そしてこうした考えから彼は、例えば自動車の移動については、自動車と運転者のどちらか一方ではなく、両者の独特なハイブリッドである「自動車―運転者」によって生み出されるのだと理解するのである。その他にも、「電車―乗客」「自転車―ライダー」「風景―見物人」など、人とモノとのハイブリッドによって生み出されたさまざまな移動のあり方をアーリは提示している。(9)

観光客のまなざしについても、ヨーナス・ラースンとともに著した二〇一一年発行の第三版では、かかる潮流における議論に呼応するなかでその認識を変え、刷新された観光客のまなざしについての理解を明確に提示している。(10) 彼らは、五感を用いた場所の経験への注目といった、近年の観光研究における**行為論的転回**を指摘する。こうした研究を受けてアーリらは、まなざしから行為へという単純な転換を図るのではなく、観光客のまなざしを身体化された実践である行為として再概念化することを主張する。また観光客のまなざしは、ビデオカメラ、映画、テレビ、カメラ、デジタル画像によって構築された、技術と密接に関係したものであると考え、その身体化されたハイブリッドな行為という点に彼らは注目する。特に焦点があてられたのは「視覚と写真」という新たな章で検討された、写真の撮影者としての観光客であり、さらに「行為」という章を設けて、五感と連動した写真撮影という行為について考察している。

(9) ①アーリ、前掲『社会を越える社会学』参照。②ジョン・アーリ『モビリティーズ――移動の社会学』吉原直樹・伊藤嘉高訳、作品社、二〇一五年〔J. Urry, *Mobilities*, Polity, 2007〕。

(10) ジョン・アーリ&ヨーナス・ラースン『観光のまなざし［増補改訂版］』加太宏邦訳、法政大学出版局、二〇一四年〔J. Urry & J. Larsen, *The Tourist Gaze 3.0*, SAGE Publications Ltd, 2011〕。

図3 *The Tourist Gaze*. 第三版

このような刷新された観光客のまなざしについての認識は、例えば「現代における観光とポストモダン」の項で紹介した『Pokémon GO』が生じさせる観光客について考える際にも必須である。『Pokémon GO』が生じさせるプレイヤーの移動は、非人間の「スマートフォン」と人間である「プレイヤー」のハイブリッドとして理解することができる。さらには、『Pokémon GO』というソフトウェアの重要性を鑑みて、「『Pokémon GO』―スマートフォン―プレイヤー」という集合体として考えることもできる。そしてこの『Pokémon GO』について、初版の観光客のまなざしの観点で考えるのであれば、そのソフトウェアの描く仮想の世界（フィールドマップ）におけるポケモンなどの非日常性を喚起する記号群について考察することが主となるであろう。しかしながら、第三版の認識によれば、主としてプレイヤーの行為のあり方に関心が寄せられる。プレイヤーはゲームを行うために視線を手に持ったスマートフォンの画面に向けるが、それは歩行による移動の途上でなされるため、安全のために周囲の現実の環境にもまなざしを向けなくてはならない。また、ゲームとの連動で、そうしたまなざす主体であるプレイヤーは、移動と停止を繰り返す。さらに、ゲームを行うにあたって、画面上の視覚情報に加え、画面を指でなぞったりタップしたりという触覚と結びついた行為を行うことが必須である。加えて、音楽やバイブレーションといった、スマートフォンを経由した多様な情報も駆使するなかで、かかるゲームは実現される。(11) このように、人間と非人間のハイブリッド、そして五感と結びついた

(11) 神田孝治「新たなるモバイル・ハイブリッド――ポケモンGOが生みだした虚構と現実の集合体」神田孝治・遠藤英樹・松本健太郎編『ポケモンGOからの問い――拡張される世界のリアリティ』新曜社、二〇一八年、一〇四―一一五頁。

行為に注目することを通じて、観光客のまなざしに焦点をあてた観光現象の理解がより前進するのである。

ただし、観光客のまなざしについて考える際に、初版の『観光のまなざし』で議論していた視座が等閑視できるものではないことには注意が必要である。例えば、初版において、「大衆観光と海浜リゾート地の盛衰」を事例の最初に検討しているが、こうした都市と対比される近代リゾートについて考える際には、いかに観光客が非日常的なものをまなざしているのかを理解することは重要である。第三版においても、初版と同様、まずはフーコーの研究を紹介しつつ社会的に構造化される観光客のまなざしについて言及しているのであり、また事例として最初に検討しているのも海浜リゾートである。第三版においては、構造主義的な認識論と、偶有的な行為に注目した存在論が併存しているのである。ただし、これら二つの視座について、同書において必ずしも明確に関係づけられているわけではない。こうした点についての探究が、観光客のまなざしの検討において、今後より求められると考えられる。(12)

（神田）

(12) 観光客のまなざしについては、「メディア」の項もあわせて参照。

真正性

めくるめく「本物」の不思議

観光の真正性はメビウスの輪のごとく

米国の社会批評家である**ダニエル・ブーアスティン**は、『幻影の時代――マスコミが製造する現実』[1]という本のなかで、現実よりも雑誌、テレビ、映画、広告といった複製技術メディアで描き出されたイメージの方が力を持つという現象を「**擬似イベント**」と名づけている。メディアは現実を再構成したものであるにもかかわらず、そのメディアによって再構成されたイメージが一人歩きしだし、現実以上の力を持つにいたっている。

現実やオリジナルではなく、現実やオリジナルを分かりやすくドラマティックに演出しながら伝えてくれる「擬似イベント」のほうに私たちは深いリアリティ（現実感）を抱き始めるようになっている。複製技術メディアの発達によって、私たちの日常の世界に、こういった「擬似イベント」の〝倒錯した意識〟が入り込んでいるのである。ブーアスティンは、このような現実感覚の揺らぎが進行していることを指摘し

（1） ダニエル・ブーアスティン『幻影の時代――マスコミが製造する事実』星野郁美・後藤和彦訳、東京創元社、一九六四年。

図1 ダニエル・ブーアスティン
（https://www.loc.gov/item/n79065337/daniel-j-boorstin-1914-2004/ 2018.8.19 アクセス）

た。
その際、彼は観光を事例のひとつにとりあげ、観光地の本当の姿、本当の文化よりも、観光パンフレット、観光情報誌、映画、テレビなどのメディアによるイメージの方にツーリストは惹かれるようになっており、そうしたイメージを確認するために現実の観光地へ出かけているのだと言う。たしかに観光には、このような「擬似イベント」の要素がつきまとっていると言えるだろう。たとえば京都へ観光に行く時には、観光情報誌で描かれているような「はんなり」「ゆったりした風情」のある京都を探そうとする。たとえ私たちの目の前には人ごみでいっぱいの都会的な繁華街が広がっていようとも、そうした風景は決して目に入らないのである。

だが果たして、観光とはメディアによってつくりあげられた「擬似的なもの」に過ぎないのだろうか。観光社会学者[2]**ディーン・マキァーネル**は、その著『ザ・ツーリスト――高度近代社会の構造分析』においてブーアスティンの主張を批判している。

マキァーネルによれば、ツーリストたちは、つくりあげられ飾り立てられた観光空間を望んではおらず、観光地で暮らす人びとの本物の暮らし、本来の何も手が加えられていない真正な文化を経験したいという、**真正なもの**に対する願望に駆りたてられているとされる。心躍るような地域の祭り、農村における静かな暮らし、パノラマのように広がる雄大な自然――ツーリストはそうしたものを経験したがっているとマキァーネルは言う。彼はそうした状況を**アーヴィング・ゴフマン**という社会学者の用語

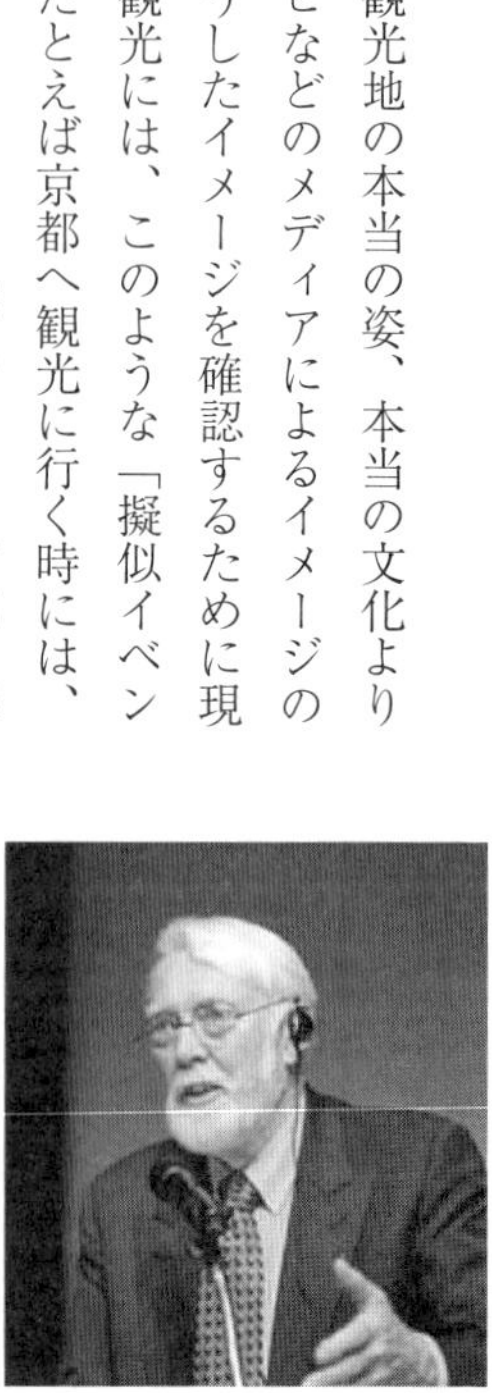
図2 ディーン・マキァーネル
(https://humanecology.ucdavis.edu/dean-maccannell 2018.8.19 アクセス)

(2) ディーン・マキァーネル『ザ・ツーリスト――高度近代社会の構造分析』安村克己・須藤廣・高橋雄一郎・堀野正人・遠藤英樹・寺岡伸悟訳、学文社、二〇一二年。

をかりて、「表舞台（front region：表局域）」ではなく「舞台裏（back region：裏局域）」をツーリストが求めているのだと表現する。(3)

観光の「**表舞台**」とは、ゲストであるツーリストの誰もが見ることのできる場所であり、つねに観光用にディスプレイされ飾りたてられている。それに対して、観光の「**舞台裏**」とは、観光用に演出されてはいない現地の人びとだけが知っている場所、文化のことである。ツーリストは訪問した場所でそれを見たいと思っているのだと、マキァーネルは述べている。

しかしながらツーリストが見たり経験したりしたものがはたして本物かどうかは、結局のところ確かめられはしない。これこそが本当の暮らしぶりや文化だと思っていたのに、実は、ツーリストが訪問しても良いように演出された「表舞台」であるといった場合もある。

アメリカ・フロリダ州にある「**ケネディ・スペース・センター**」という観光地を事例にしつつ考えてみよう。「ケネディ・スペース・センター」はスペース・シャトルやロケットを打ち上げるための施設であり、現在も、多くの人びとがスペース・シャトル・プロジェクトのために働いており、その姿を間近に見ることができるツアーが組まれていたりする。実際に働いている姿を見るという意味では、ツーリストは「舞台裏」を観光しているのだが、しかし実のところツーリストが見ることができるエリアは限られており、ツーリストが目にすることができるのは観光用にディスプレイさ

（3）アーヴィング・ゴフマン『行為と演技――日常生活における自己呈示』石黒毅訳、誠信書房、一九七四年。

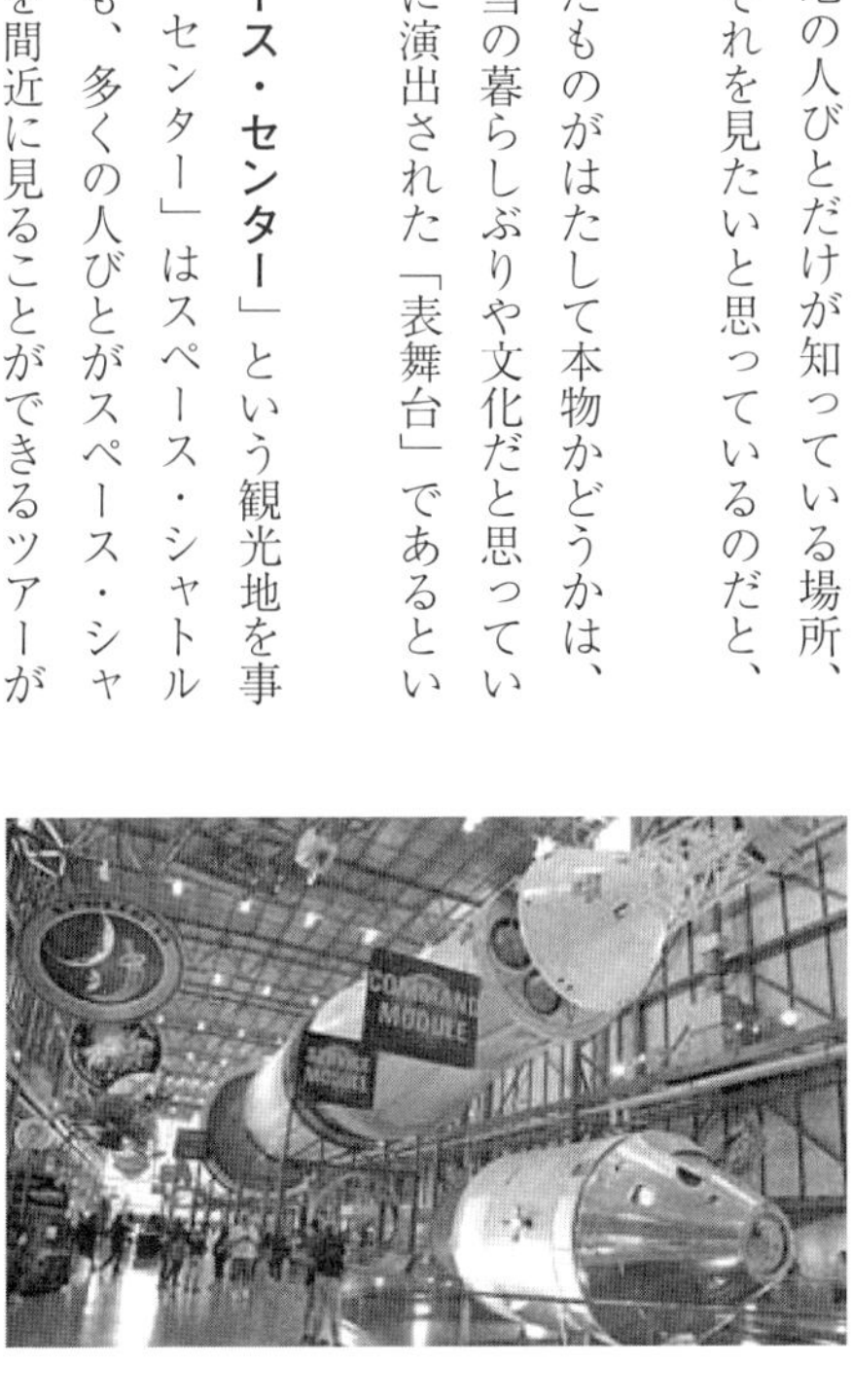

図3　ケネディ・スペース・センター

（https://welove.expedia.co.jp/destination/usa/12715/2018.8.19 アクセス）

れた場所なのである。このように現代の観光状況においては、本物（舞台裏）に触れたと思ったとしても、本物（舞台裏）風に演出されているだけである場合が少なくない。

大学のオープン・キャンパスも（観光とは言えないかもしれないが）、分かりやすい具体例であろう。受験生は大学の本当のすがた（舞台裏）を知ろうと思ってオープン・キャンパスに参加するが、そこで彼らが見たり経験したりするのは、決して、大学生活そのもの（舞台裏）ではない。そこでは、つねに演出がほどこされており、質問すると先生や先輩は何でも優しく教えてくれる。だがいざ入学してみると、あれほど優しかったはずの先生が気難しい顔で講義していたりする。大学生活の「舞台裏」を知ろうと思ってオープン・キャンパスに参加すると、いつの間にか、それが演出された「表舞台」に反転している。とはいえ、それが〝真っ赤な嘘〟なのかと問われると、そういうわけでもない。そこには、ある種の真実も含まれている。

マキァーネルはこうした状況を「**演出された真正性**」（staged authenticity）と呼ぶ。ツーリストは、擬似的な「表舞台」と真正性に満ちた「舞台裏」が交差する、メビウスの輪のようにねじれた空間を旅している、と彼は言う。真正な「舞台裏」が演出された「表舞台」へと反転し、逆に演出をほどこされた「表舞台」が真正な「舞台裏」につながっている。観光では「真正性」がとてもあやふやとなり不安定なものとなるのだ。

現代社会では、事態はさらに複雑さを増す。現在、新たな観光のかたちとして「**持続可能な観光**」が展開されるようになっている。たとえば**エコ・ツーリズム**では、演出がほどこされていない真正な自然が観光対象となっている。屋久島の天然杉をツーリストが見に来るのは、それが真正であるからである。つまりエコ・ツーリズムでは、「自然を演出している」のではなく、「自然を〝演出していない〟ということを演出している」のである。それは「演出された真正性」ではなく、「「真正性」という記号性の演出」である。

構築される真正性

観光の真正性に対して、観光人類学者である**エドワード・ブルーナー**は米国イリノイ州の中央部にある歴史名所**ニュー・セイラム**を事例として、「文化はすべて絶えず創造され続ける」とする構築主義の立場からアプローチしようとする。[4]

ニュー・セイラムは、一八三〇年代にエイブラハム・リンカーンが暮らしていた土地であり、その当時を再建した村とミュージアムから成り立っている観光施設である。この場所は、イリノイ州が所有する公共施設で、二三のログハウスがあり、ほとんどのログハウスにはインタープリター（解説者）がいる。彼らはリンカーン当時の衣服をまとい、ツーリストたちを迎えいれ、一八三〇年代の生活について語り、その家にもといた住人について話をし、ツーリストたちの質問にこたえる。

（4）エドワード・ブルーナー『観光と文化——旅の民族誌』安村克己・遠藤英樹・堀野正人・寺岡伸悟・高岡文章・鈴木涼太郎訳、学文社、二〇〇七年。

彼によるとニュー・セイラムでは真正性に四つの意味が認められるという。それは、①「本物らしさ」(verisimilitude)、②「真実さ」(genuineness)、③「オリジナリティ」(originality)、④「オーソリティ」(authority)である。「**本物らしさ**」(verisimilitude)とは現代の人間がニュー・セイラムの村に入り、「まるで一八三〇年代のようだ」と言うときの意味で、たとえ時代考証的には不正確であっても当時のアメリカの雰囲気を伝えているかどうかが重要となる。これに対し「**真実さ**」(genuineness)とは時代考証的に正確で、当時の人間がもし生きていれば彼らに「まるで一八三〇年代のようだ」と言われるかどうかが重要となる。次に「**オリジナリティ**」(originality)とは、コピーではないオリジナルなものであるということを示している。最後に「**オーソリティ**」(authority)とは正式にオーソライズされ認可されていること、法的に妥当なことを意味している。

ブルーナーは、このように真正性の意味を四つに分けるが、それ自体はとくに重要ではない。重要なのは、これら四つの意味がニュー・セイラムにおいて人びとにどのように運用され構築されているのかという視点から、彼が真正性の問題にアプローチしようとしていることなのである。ニュー・セイラムというテクストに書かれている真正性の意味は、ツーリストたちに前もって本質的に「与えられている」ものではなく、それは、ツーリストたちがニュー・セイラムというテクストをいかに「読み解いていく」のかという彼らの実践にかかっており、真正性の意味は、ツーリストがお互

図4　エドワード・ブルーナー（筆者撮影）

い同士や観光地のスタッフと相互作用することを通じて構築していくものなのだ。

このように真正性をとらえるならば、観光地が真正か真正でないか、オジリナルかコピーかという対立は意味をなさなくなるであろう。真正なものもいつか真正でなくなり、その逆もありうる。たとえば、一九三〇年代にはニュー・セイラムにいるインタープリターたちは、ジーンズ、綿毛のシャツ、皮のブーツを着て、当時の住民たちの役を演じていた。ジーンズ、シャツ、ブーツは一九三〇年代の人びとにとっては昔風の服装として受け入れられるものであったのだ。しかし現代では、たいていの学生や訪問客自身がそういった服装をしているため、そうではなくなっている。「本物らしさ」(verisimilitude) の観点からいって、一九三〇年代には昔風の真正な服装であったものが、現代ではそうではなくなったのだ。

観光地が真正か真正でないか、オジリナルかコピーかという対立には、意味がない。真正なものもいつか真正でなくなり、その逆もありうる。真正性は「存在」するのではなく、それは観光地というテクストをいかに「読み解いている」のかという人びとの実践活動のなかで絶えず「構築」されるものなのである。

「私」にとっての真正性、そしてその先へ

以上のような「真正性」をめぐる多様な議論に対して、**ニン・ワン**という観光研究者は整理を試みている。彼によると、観光学が議論してきた真正性は、「客観的真正

図5　ニュー・セイラム（筆者撮影）

性」「構築的真正性」「実存的真正性」の三種類に分類できると言う(5)。

「**客観的真正性**」とは、文化、自然、宗教など観光対象が客観的基準に照らして本物であることを意味している。ブーアスティンが観光を「擬似イベント」に過ぎないと告発するとき、問題としているのはこれである。それに対しブルーナーが問題としたのが、「構築的真正性」である。「**構築的真正性**」とは、ツーリスト、旅行代理店などの観光業者、観光スタッフ、地域住民たちが相互作用することを通じて、その都度、その意味が書き換えられていく真正性のことを言う。

だが観光の文脈においては、この二つだけでは不足であるとワンは言う。客観的に真正でなくても、そして社会的に真正であると構築されていなくても、ツーリストがそこで充実した経験をえるならば、それを〝嘘〟であるとは誰にも言えないはずである。ほかならぬツーリスト本人にとって、それは〝かけがえのない経験〟＝本物の経験なのだ。「私」にとって本物であること――そうした経験を観光がもたらすとするならば、それもまた真正性と呼んでもよい。ワンはこのように主張し、それを「**実存的真正性**」と名づける。

このように観光学では、真正性はさまざまなかたちで論じられてきた。そして現在も、欧米圏をはじめとする世界各地で、真正性の議論は続けられている。たとえば**ジリアン・リックリー＝ボイド**という観光研究者は、**ヴァルター・ベンヤミン**による「アウラ」の概念をきたえなおし、現代社会における「本物」がどこへ向かおうとし

(5) N. Wang, *Tourism and Modernity: A Sociological Analysis*, Elsevier Science Ltd., 2000.

ているのかを観光の領域において考えようとしている。(6)

その際に、観光学が議論しようとしているのは「本物が存在していることは当然である」とか「それなのに観光ではないがしろにされている」といった議論では決してない。観光学が真正性を議論するとき、それは、「現代において人びとが真正性を信じていないにもかかわらず、どうしてある次元になると真正性をよみがえらせ必要としてしまうのか」、「それはどういう次元においてそうなのか」、「そのときの真正性の内実とはどういうものなのか」などといった人文・社会科学的に高度な問題を扱おうとしているのである。

（遠藤）

(6) J.M. Rickly-Boyd, "Authenticity and aura for tourism studies : A Benjaminian approach to tourism experience," *Annals of Tourism Research*, 39 (1) : 269-289, 2012.

シミュレーション

ディズニーランドに象徴される世界

「シミュレーション」の世界

一九五五年七月一七日、世界ではじめての**ディズニーランド**がアメリカのロサンゼルス郊外に開園した。アナハイム・ディズニーランドである。その時にウォルト・ディズニーが行った演説はあまりにも有名だ。

この幸せあふれる場所においでくださった方々、ようこそ。ディズニーランドは、あなたの楽園です。

これは、ディズニーのアニメ映画などで描写されるアメリカの夢や理想が、ディズニーランドというかたちで三次元化された記念すべき瞬間の演説である。その後、フロリダのディズニーワールド、東京ディズニーリゾート、ディズニーランド・パリ、香港ディズニーランド、上海ディズニーランドへと拡がり、ディズニーはアメリカの価値観・世界観を全世界に発信し続けることになる。

東京ディズニーランドが千葉県浦安市に開園したのは、一九八三（昭和五八）年四月一五日のことだ。ディズニーランドが開園する以前の浦安市は閑静であるものの、スーパーマーケットさえほとんどないような不便な住宅地（さらにその前は小さな漁村）だったが、今はその面影もない。ディズニーランドが開園するとともに、JR京葉線の開通と相まって都市開発が加速し、近辺にはショッピングモールやホテル、レストランなど、多くの施設がいっせいに建てられていった。現在は東京ディズニーランドに加え、二〇〇〇（平成一二）年七月七日にイクスピアリ、二〇〇一年九月四日に東京ディズニーシーが開業し、ホテルも一層林立するようになり、「東京ディズニーリゾート」として、より大きな複合リゾート施設へと発展し始めている。

ディズニーランドという場所は、観光現象とメディアの関係性を考えるうえで展開すべき論点が数多く存在している。たとえば「**シミュレーション**」という言葉も、そうした論点のひとつである。これは、ポストモダンの思想家と言われる**ジャン・ボードリヤール**が呈示した概念である[1]。彼は、**オリジナル（本物）**に対する**コピー（偽物）**のあり方を「**シミュラークル**」として総称し、ルネサンス以降のヨーロッパ社会を事例にとって「シミュラークル」の段階を三つに分けている。

①模造

「模造」は、ルネサンスから産業革命の時代までのシミュラークルである。この

図1　ジャン・ボードリヤール
（http://www.famousphilosophers.org/jean-baudrillard/2018.8.19 アクセス）

（1）　ジャン・ボードリヤール『シミュラークルとシミュレーション』竹原あき子訳、法政大学出版局、一九八一年。同『象徴交換と死』今村仁司・塚原史訳、ちくま学芸文庫、一九九二年。

時代には、安価に模造できる漆喰という素材をとりいれたりすることで、封建的な身分秩序や宗教的な秩序が厳格であった時代にはあり得なかった、衣服や調度品、宗教的な絵画や彫刻の模造品が出現し始める。

②生産

しかしながら「模造」の時代は、なおも手工業的な複製の時代である。それが、産業革命をへて資本主義社会に突入するようになると、機械制大工業が始まり、大量の複製品が「生産」され世に送り出されるようになる。**ヴァルター・ベンヤミン**という思想家は、こうした状況を「**オリジナルの消滅**」＝「**アウラ（オーラ）の消滅**」と述べている。

③シミュレーション

それでも機械制大工業による「生産」の時代には、やはり、どこかに「オリジナル」や「本物」といった基準点が存在していたと言えよう。だが一九七〇年代後半から一九八〇年代にかけて、社会は**メディア社会**になっていく。私たちはメディアをぬきに思考することもできなくなっており、メディアを単なる道具として、それを操っているというのではなく、私たち自身がメディアの世界の住人となっているのである。もはや私たちはメディアをぬきに思考することもできなくなっており、その意味でメディア化された社会にいるのだ。そうなっていくにつれて、「オリジナル」や「本物」といった基準点も次第に失われ、すべてはメディアのなかで複製

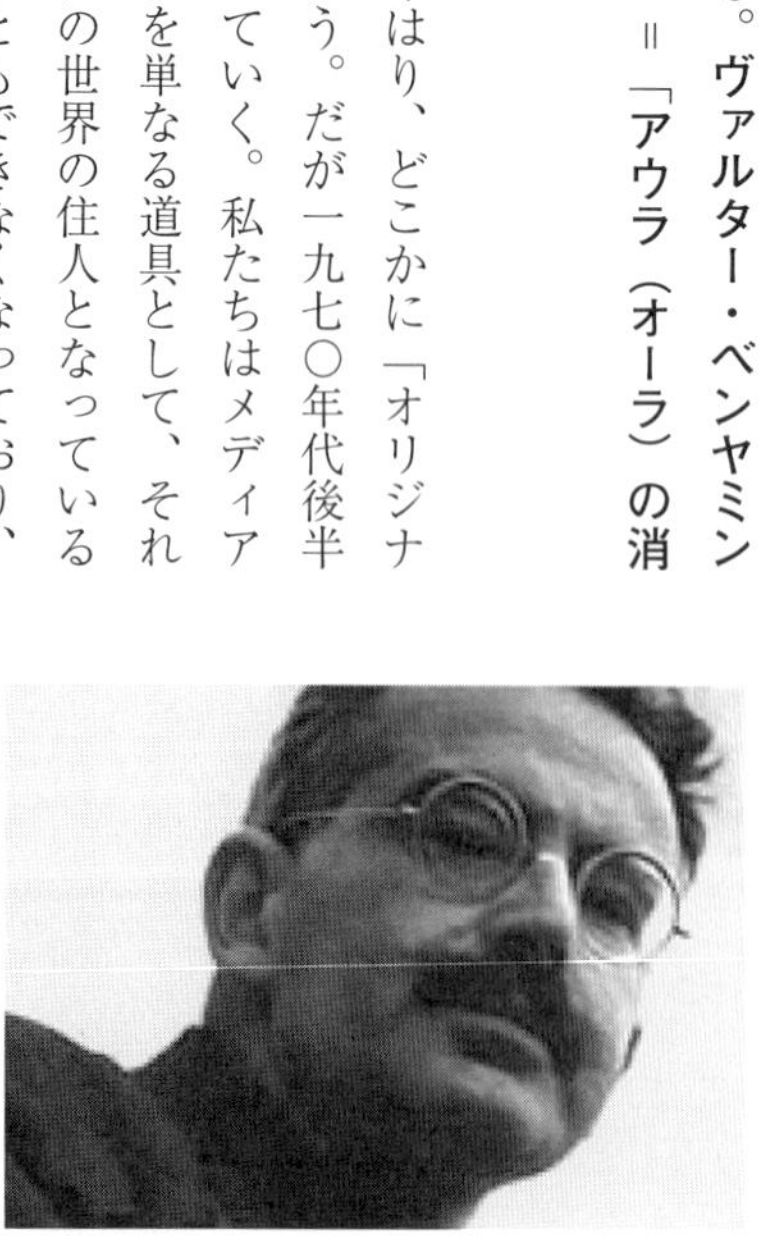

図2　ヴァルター・ベンヤミン
(http://www.famousphilosophers.org/walter-benjamin/2018.8.19 アクセス)

された情報のなかの出来事となっていく。

このように、すべてがメディアと密着した世界の内側にあって**オリジナルなきコピー**となった現代版「シミュラークル」を、ボードリヤールは「シミュレーション」と呼んでいる。彼は、ディズニーリゾートもまた「シミュレーション」に彩られた世界の事例として挙げる。

たとえば園内では、ミッキーマウスやミニーマウス、スティッチたちが歩いて手をふってくれるが、彼らがどこかある地域に生息していて「本当に」存在しているのだなどとは誰も考えてはいない。彼らはあくまで、メディアで描かれた夢の存在である。東京ディズニーランドの「シンデレラ城」も、「アドベンチャーランド」や「ウエスタンランド」をはじめとするテーマパークも、これらは、もともと、ディズニーのアニメ映画などで描かれた二次元の世界、ファンタジーの世界を三次元化したものである。ディズニーランド全体が、ディズニー・メディアで描き出されたファンタジーのイメージに沿って創造＝再編されているのである。

東京ディズニーリゾートに行って「本物のミッキーマウスなど、どこにも存在しない！」と叫んでみても、何の意味もありはしない。観光客は、ディズニーリゾートの世界すべてが現実のものではないファンタジーの領域にあることを承知していて、そのことを楽しんでいる。観光客はそうしたファンタジーの世界を、〝あえて「本物」と見なしている〟のであって、「本物／偽物」「オリジナル／複製」という区別に何の興味ももってはいない。彼らがミッキーマウスからではなく、ミッキーマウスの着ぐるみを着たキャストから、サインをもらって喜ぶことができるのはそうした理由からである。

ディズニーランドに代表されるように、現代の観光は「シミュレーション」に彩られた様相をはっきりと映し出している。ユニバーサル・スタジオやサンリオピューロランドなどもその例と言える。さらにいうと、中国**石景山遊園地**という〝ディズニーランドの海賊版〟も生みだされているが、これなどは、「シミュレーション」の著作権、海賊版のあり方をはじめ、「シミュラークル」のあり方そのものをあらためて問わずにはいられない現象であり、現代観光のあり方を考える際には興味深い事例となっている。

シミュレーション論を超えて

ディズニーランドはたしかに、ファンタジーに彩られた「シミュレーション」の世界を形成している。しかしながら、この場所は、単にメディアによって形成された「シミュレーション」であるというだけにはとどまらない要素を数多くもっている。ディズニーランドには、この場所のファンタジー性を支えるための仕掛けが、ファンタジーの世界、「シミュレーション」の世界の背後にあって、蜘蛛の糸のようにさまざまなかたちで縦横にはりめぐらされている（ディズニーランドの仕掛けについて考える場合、**アラン・ブライマン**『ディズニーランド化する社会』(2)は必読であろう。ブライマンは、「テーマ化」「ハイブリッド消費」「マーチャンダイジング」「パフォーマティヴ労働」という四つの特徴を挙げてこれを論じている。

たとえば周りの道路や鉄道、住宅などが見えないように盛り土をされ木が植えられ（これは「バウム」と言われる）、訪問者が日常の世界に引き戻されないでファンタジーの世界だけに浸れるようにされている。また、人びとがあちらこちらから入ってくることが絶対にできないように、入口はエントランス・ゲートの一カ所のみにとどめられている。園内に入るときには必ずここを通らなくてはならないようにされ、日常世界との接点が必要最小限に抑えられているのだ。

「ワールドバザール」エリアには、建物の大きさについてもある仕掛けがある。そこでは遠近法による錯覚を用い実際よりも通りを長く見えるように、中に入っていけばいくほどに建物が小さく造られている。さらに「シンデレラ城」が必ず通りの真正面に見えるように配置され、それを目指して遠近法の錯覚で長く見える通りを歩きながら、訪問者たちは、少しずつ日常の世界を離脱しファンタジーの世界へと没入していくことができるようになっているのである。

それぞれのテーマパークの空間配置についても、工夫がなされている。**ルイ・マラン**という哲学者はその著『ユートピア的なもの』(3)において、ディズニーのテーマパークにおける空間の意味を図4のようにまとめている。

図3 ルイ・マラン
(https://alchetron.com/Louis-Marin-(philosopher) 2018.8.19 アクセス)

(2) アラン・ブライマン『ディズニー化する社会――文化・消費・労働とグローバリゼーション』能登路雅子監訳、森岡洋二訳、明石書店、二〇〇八年。

(3) ルイ・マラン『ユートピア的なもの――空間の遊戯』梶野吉郎訳、法政大学出版局、一九九五年。

この図を見れば分かるように、ディズニーのテーマパークは、日常世界の接点であるエントランス・ゲートから中に入り、シンデレラ城に近づくにつれて、日常性からファンタジー性へと変化している。エントランス・ゲート附近のワールドバザールでは、お土産物を購入したり、レストランに入ったりして、お金を使う機会も多く、まだ日常世界の彩りが残っているが、そうしたショップも、セントラル・ゾーンを越えたあたりから少なくなり、ファンタジー性が強まっていく。また、シンデレラ城に向かってセントラル・ゾーンを左側に行くと「アドベンチャーランド」「ウエスタンランド」などの「過去」をイメージさせるテーマパークが、右側に行くと「トゥモローランド」などの「未来」をイメージさせるテーマパークが配置されている。このように「日常世界―ファンタジー世界」「過去のイメージ―未来のイメージ」という二つの軸をクロスさせながら、ディズニーのテーマパークが造られており、その空間に意味を付与しているのだとマ

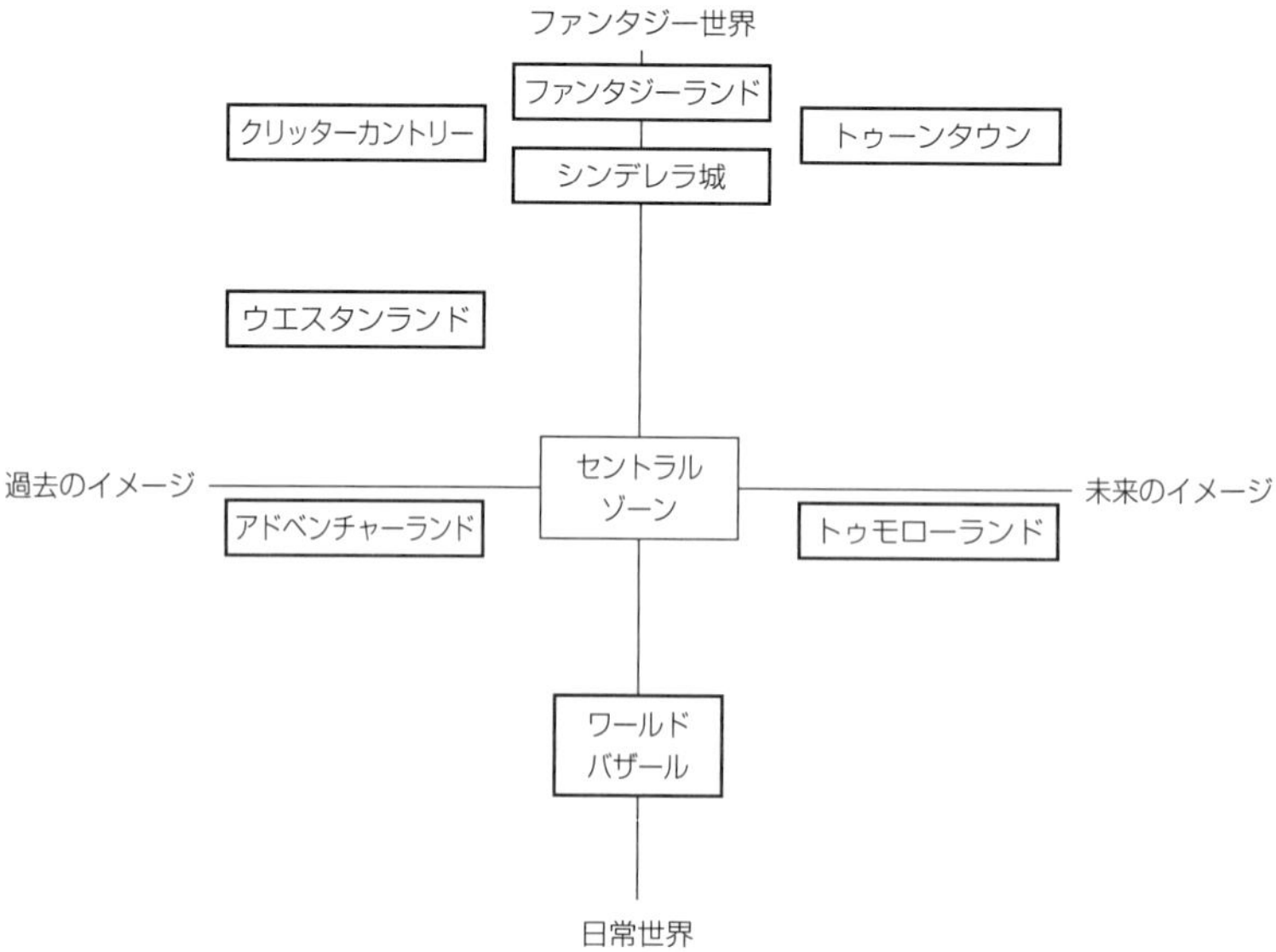

図4　ディズニーランドにおける空間の意味
（ルイ・マラン『ユートピア的なもの』353頁をもとに作成）

ランは言う。

このように見てくれれば、ディズニーランドの**ファンタジー性**はリアルな仕掛けにつねに支えられていることが分かる。「シミュレーション」は、必ず実在的でリアルな部分を介在させているのである。ただし、ここで注意しておきたいのだが、「**リアルなもの**」と「シミュレーション」を分け、「リアルなもの」の方を重視すべきだと述べたいのではない。

そうではなくここで述べたいのは、次のことである。すなわち、ディズニーランドにおいて象徴的なかたちでみられるように、現代における「シミュレーション」＝ファンタジー性は、「リアルなもの」と絡み合いながら実現されているということ（逆からいえば「リアルなもの」がありのまま剝き出しのかたちにおいてではなく、「シミュレーション」＝ファンタジー性と絡み合いながら実現されているということ）、したがって「シミュレーション」をとらえようとするときには、その背後にあるリアルな仕掛けをつねにとらえていく必要があるということ、これである。

ディズニーランドを訪れる観光客自身も、そのことをよくわきまえている。彼らは、ファンタジーを額面通りに受けとっているわけでは決してないし、そこにリアルな仕掛けが存在していることも分かっている。ただし、彼らにとって、ディズニーランドという場所が、リアルな仕掛けに支えられた「シミュレーション」＝ファンタジーであるというのは、付随的なことに過ぎない。訪問客らにとって大切なことは、自分たちがその空間をいかに自由に楽しく遊ぶかということでしかないのである。

制服ディズニーもその一つのあらわれであると言える。制服ディズニーとは、大学生たちや会社員たちが高校時代の制服を着て、東京ディズニーリゾートに行くことを言う（その場合、個人よりも、友だち同士、大学のイベント・サークル、カップルなど、グループで行くことが多い）。制服ディズニーを実践する人びとは、ディズニーリゾートを舞台に、一種のコスプレを楽しみ高校生になりきって遊ぶのである。

とはいえ、訪問客が空間の遊び方を創出することも、ディズニーリゾート側は既に折込み済みである。観光客がまったく予期・許容できないような遊び方を始めてしまった場合には、そのような遊びを即刻中止させるだろう。その意味で、観光客が空間を遊んで楽しんでいるときに感じている「**自由**」とは、ディズニーの「コントロール」下にあるものである。さらにいえば、予期・許容できる範囲であれば遊び方を自由にしてもらった方が、**管理（コントロール）**をすみずみまで根本的（ラディカル）に行きわたらせることができるのだ。

ディズニーのテーマパークにおいては、自由と管理（コントロール）の関係も、「リアル」と「シミュレーション」の関係と同じくお互いが深く絡まり合っており、〝自由としての管理（コントロール）〟、あるいは〝管理（コントロール）としての自由〟とでも言うべきあり方を現出させているのである。

（遠藤）

メディア

「型通り」のパフォーマンスの快楽

観光をするとき、人はどれほどメディアと接触するだろうか。たとえばテレビ、映画、雑誌、新聞、そしてインターネットなどを通じて、人は新たな場所のイメージと出会う。そこへの旅行を考えた人は、ガイドブックや紀行書を入手し、インターネットのさまざまなサイトなどを参照するかもしれない。またインターネットで交通手段やホテルやレストランの情報を集め、予約を自ら手配する人も増えている。旅行会社の店舗、駅や空港のカウンターには、旅先のイメージを伝えるパンフレットやポスターが溢れている。そして旅行中には紙やアプリの地図を用いて、ときにカメラで写真を撮り、スマートフォンで更なる情報を検索するかもしれない――もはや「メディア抜きの観光」は、それ自体を考えることさえ難しい時代に入って久しい。

おそらく人は、イメージが無い場所へ移動することはできない。いいかえれば、移動に先立って入手したイメージによって、「観光」というかたちの移動（mobility）は可能になり、さまざまに駆動されていく。そうしたイメージの主要な供給源として、メディアの存在感は増すばかりである。

メディア化された観光

こうした観光とメディアの関係に注目し、そこに生成するイメージの独特なメカニズムを考察した先駆的な研究の一つに、**ダニエル・ブーアスティン**の**『幻影の時代』**(原著一九六二年、邦訳一九六四年)[1]がある。その原著のタイトルは*The Image*であり、文字通りイメージが先行する社会現象を考察した同書では、その顕著な一例として観光が取り上げられている。よく知られるようにブーアスティンは同書で「**擬似イベント**」(pseudo-events)という概念を提唱し、メディアが製造するイメージが氾濫する社会では、旅先の「本物の出来事」よりもメディアが描き出す「擬似イベント」、すなわちイメージが先行する「偽物の出来事」を追い求める人びとが大量に出現し、やがて彼らが「旅行者から観光客へ」と姿を変えていく状況を批判的に論じた。

ブーアスティンの議論は明解であり、その事例を多用した記述も理解しやすいことから、同書は観光研究における古典の一つと目され、それだけに批判も多く寄せられてきた。とくに「**本物の旅**」(travel)に対して「**偽物の観光**」(tourism)がある、という二項が対立する図式を用いて、後者をメディアのイメージが捏造した「偽物の出来事」と見なし、その観光客をメディアに操作されるばかりの無力な大衆として問題視する同書のエリート主義的思考に対し、批判が集中してきた。

(1) ダニエル・J・ブーアスティン『幻影の時代――メディアが製造する事実』星野郁美・後藤和彦訳、東京創元社、一九六四年。

それでもブーアスティンが着眼した「イメージが先行する観光」は、彼の著作から半世紀あまりを経た今日でもその事例を見つけることは容易く、むしろ増殖し続けているようにも思える。そしてインターネットの登場をはじめとして、イメージを供給するメディアも劇的に変化し続けている現在では、観光とメディアが取り結ぶ関係は多くの研究者の注目をさらに集めつつある。

たとえば**『観光のまなざし』**（原著一九九〇年、邦訳一九九五年）[2]を著した**ジョン・アーリ**は、同書を三度も改訂した二〇年あまりの間に、**「メディア化されたまなざし」**という概念を提起し、その議論を深化させていった。アーリの同書はブーアスティンの『幻影の時代』とならぶ観光研究の必読の書と見なされてきたが、その初版（一九九〇年）には「メディア化されたまなざし」という記述はなく、第二版（原著二〇〇二年）において初出した概念だった。ただし第二版では最終章に数行の記述が認められる程度であり、アーリが列挙した多数の「観光のまなざし」の一変種に過ぎなかった。しかしアーリより二〇歳あまり若い地理学者の**ヨーナス・ラースン**が共著者に迎えられ、二人の共同作業によって大幅に加筆修正された『観光のまなざし』第三版（原題は *The Tourist Gaze 3.0*、原著二〇一一年、邦訳二〇一四年）[3]では、「メディア化されたまなざし」は第五章の主題として論じられ、新たに書き加えられた第七章と第八章でも繰り返し検討されている。

こうして三度の改訂を経て『観光のまなざし』の重要テーマに昇格した「メディア

（2）ジョン・アーリ『観光のまなざし』加太宏邦訳、法政大学出版局、一九九五年。

（3）ジョン・アーリ＆ヨーナス・ラースン『観光のまなざし（増補改訂版）』加太宏邦訳、法政大学出版局、二〇一四年。

化されたまなざし」だが、そこでは観光とメディアが取り結ぶ関係をどのようにとらえているのだろうか。たとえば同書の第三版によれば、「メディア化されたまなざし」とは「集合的まなざしの一つで、何らかのメディア的な「表象」によって有名になった独自の観光地を観るもの」であるとされ、その第五章には次の記述がある。

人がいままで「画像・書物知識の中で」一度も旅したことのないような場所へは、実際にも行くことは不可能なのだ。ニューヨークを舞台にした『NYPD ブルー』『スピンシティ』〔などのテレビドラマや映画を通して〕まず、だれでもニューヨークへ行ったことがあり、だから実際のニューヨーク旅行が可能になるのだ。ニューヨークの街を歩けば、数知れぬメディアがいままで流布したイメージの思い出が想起されるのだ。(4)

メディアのイメージが先行することで、ニューヨークを訪れる人々の「まなざし」は初めて可能になり、その観光的移動を駆動する――これはイメージ先行の観光を問題視したブーアスティンの「擬似イベント」論と、よく似た発想にもみえる。

しかし『観光のまなざし』の第三版に新たに加筆された第七章と第八章を読めば、その「メディア化されたまなざし」は「擬似イベント」とは異なり、メディアが一方的に供給して観光者の体験をコントロールできる性質を持たないことが、繰り返し述

(4) アーリ&ラースン、同前書、一八一頁。

べられていることに気づく。さらには観光者たちの個々のパフォーマンスが「まなざし」の構築の過程に深く関与していること、そしてメディアも観光者たちの移動の体験をさまざまに注意して「まなざし」を改変し続けていること、などが数多の事例を示しつつ論じられている。こうしてメディアと観光者のあいだで「まなざし」が循環していくプロセスに着目するアーリとラースンは、**ポール・リクール**の論考に倣い「**まなざしの解釈学的循環**」という概念も提起している。

このとき観光は、メディアが作り出した「擬似イベント」あるいは「偽の出来事」へと駆り立てられた大衆たちの余暇行動ではなく、むしろ個々の観光者たちが自らメディアを駆使し、また自身の身体を用いて実践する社会的なパフォーマンスとして捉え返されていることに、注目したい。すなわち前者が観光に対するブーアスティンの視座とすれば、アーリとラースンが提起したのは後者の視座であり、そこでは「メディア化されたまなざし」は確かに「台本」として参照されるものの、その「台本」の「演じ方（ドラマトゥルギー）」は個々の観光者によって多様であり、そして「台本」とパフォーマンスのあいだには「解釈学的循環」が生じ得ることが指摘されている。

いいかえれば、メディアと観光者の関係を一方向から双方向に読み換えることだけでなく、その両者のあいだに循環の過程を見て取ることで、観光をより社会的でありながら個別具体的なパフォーマンスとして捉える視座が、アーリとラースンの議論から読み取ることができる。そうして観光とメディアが取り結ぶ多様な関係は、観光研

図　さまざまなガイドブック

究の重要テーマの一つとして浮上するだけでなく、それをより広く深く社会に根ざした社会現象の一つとして捉え、現代社会のメカニズムを解明する恰好のフィールドとして分析することの可能性が示されている。(5)

ここでアーリとラースンの視座を理解するため、現代日本の社会文脈に事例を求めて考えてみたい。たとえば**東京ディズニーランド**の中央に建つシンデレラ城の前庭では、多数の来場者たちが同じようなポーズをして、写真を撮っている。笑顔で横に並び記念撮影をする家族や友人たちも多いが、なかにはお揃いの制服や同じ装身具を身につけ、一緒にジャンプしたり寝そべったりして、いつかメディアで見たことのあるイメージを自らの身体を使って写真に記録する、「**型通り**」のパフォーマンスを楽しむ観光者たちもいる。

このとき彼らは、「擬似イベント」に踊らされた無力な大衆というよりも、「メディア化されたまなざし」が提供する「台本」を参照しつつ、自分たちがシンデレラ城の前で実践すべき最適な「演じ方」を検討し、納得のいく「イメージ」を作り出すために写真というメディアによって試行錯誤を繰り返す、**観光的パフォーマー**として見ることができる。ここで重要なのは「台本」を参照して自らの身体とカメラを駆使して写真を撮るというパフォーマンスの体験であり、その結果として得られる写真のイメージではない。それゆえ撮影したイメージが「型通り」で、SNSで公開されている他の写真と「似たり寄ったり」であっても問題にはならず、むしろ「型通り」である

(5) アーリとラースンによる『観光のまなざし』第三版(二〇一一年)には、この他にも多数の新しい論点が加筆修正されている。そのため第三版と前の二つの版を比較検討する作業は、観光研究の課題を改めて考える一助になるだろう。その詳細については、本書「観光者のまなざし」の項を参照。

ことが期待される。

　なぜならシンデレラ城の前庭で「メディア化されたまなざし」をパフォーマンスする観光者たちは、画期的で芸術的なイメージを求めて写真を撮っているのではなく、テレビやインターネットなどのメディアで予め見たことのある友情や恋愛や家族のイメージを「型通り」に演じることで、一緒にパフォーマンスを実践するメンバーの間の関係性を可視化し、そのイメージを定着させるために写真を撮っているからである。こうして観光は「仲良し五人組」や「相思相愛のカップル」や「幸せな家族」を生み出し、その関係性を相互に保障するためのパフォーマンスとなり、そしてメディアは特定のパフォーマンスの「台本」を提供し、ときに個々のパフォーマンスそのものを可能にする装置となる[6]。

「型通り」の快楽

　このような観光とメディアの関係は、たとえば**料理とレシピ**の関係に似ている。具体例を挙げれば「カルボナーラ」や「親子丼」や「肉じゃが」を作る人は、メディアが提供する「台本」（ここでは料理レシピ）を参照しつつ、それぞれのパフォーマンス（調理）を実践するかもしれない。とくにインターネットからさまざまなレシピを簡単かつ無料で入手できるようになった時代には、レシピを見ながら「型通り」に調理するパフォーマンスは、いままで以上に広く普及したと考えられる。このときレシ

（6）「関係性の保障」のための観光的移動は、個人レベルだけでなく、国家レベルでもおこなわれている。たとえばＧ７（先進国首脳会議）のクライマックスは、各国の首脳がメディア関係者の前で一列に並んで静止画と動画の撮影に応じる「記念撮影」にある。むしろＧ７の議題と「落としどころ」は、首脳たちの会議に先立って開催される各国の官僚たちの会合で予め合意されているため、多忙を極める七人の首脳たちが一カ所に移動する目的は、「同盟関係の保障」をパフォーマンスし、それを世界中にアピールするための「記念撮影」にある、といえる。

ピ共有サイト「クックパッド」などの「台本」を参照しながら「親子丼」や「肉じゃが」を調理したからといって、「その親子丼は偽物だ」「クックパッドに踊らされている」とは批判されないだろう。(7)

むしろ「台本」を参照しないで、あるいは独自のアレンジを加えてオリジナルな「肉じゃが」を作るよりも、「クックパッド」の人気ランキングで上位に入るレシピの写真に「似たり寄ったり」で「型通り」の「肉じゃが」を作ったほうが、その「肉じゃが」を食べる人だけでなくその調理をパフォーマンスした人も、「私にもできた」と喜ぶかもしれない。

おそらくアーリとラースンが論じた「メディア化されたまなざし」は、観光だけではなく、料理など他のさまざまな社会的イベントにも作用していると考えられる。それだけに観光とメディアの関わる現象を分析することは、他のフィールドにも適用可能な知見を提起することにつなげることができるだろう。(8)

こうした観光とメディアが取り結ぶ関係は、決して固定的ではなく可変的であり、そして移動的である。なぜなら現代社会では新しいメディアの技術とその文化が続々と誕生し、それらが常に観光と新たな関係を取り結んでいくからである。そうして新たな複数の「メディア化されたまなざし」のイメージとパフォーマンスが出現し、それらが独自の解釈学的循環と社会的イベントを生み出す契機となるならば、やがて観光は社会の在り方そのものを変えるきっかけ（契機）になり得るだろう。

(7) 料理では歓迎される「型通り」のパフォーマンスが、観光では「擬似イベント」として批判されてきた歴史は、改めて問うべき興味深いテーマとなり得る。

(8) ここでは料理と観光を比較したが、「型通り」の快楽はこれらに留まらず、受験勉強や就職活動、結婚式や葬式、そして恋愛関係やダイエットなど、数多の社会的な儀礼や実践において観察できるだろう。

コンテンツからパフォーマンスへ

まとめれば、観光とメディアが生み出す社会的イベントの事例は、これからさらに多様化し、そして増加していくだろう。このとき問うべきは、メディアが供給するイメージの中味（コンテンツ）だけではなく、それを観光者たちが自ら実践しようとするパフォーマンスであり、その解釈学的循環である。

そうした問いを深化させる方法の一手として、それぞれのフィールド（事例、現場）から問いを立てる事例研究を重ね、そこで得られた知見を理論的考察に接続して新たな議論を提起する道がある。前述した東京ディズニーランドはもちろん、パワースポット、アニメ聖地巡礼、絶景など、観光とメディアをめぐる事例は数多く、取り組むべきフィールドはたくさんある。

（山口）

文化産業

欲望の四次元化《フォー・ディメンションズ》

文化産業論とは

あなたが日曜日、きらめくように輝くガラスでおおわれたショッピングモールに遊びに行ったとしよう。そこで、あなたは、はやりの音楽がバックミュージックで流され続けているのを耳にする。

大音量の音楽が流れるなか、たくさんの洋服のなかからお気に入りの一着を試着し、その服を包装してもらい店をあとにする。その後、小さくてかわいい工芸品のお店を見て回りながらCDショップに向かう。そこで、好きなバンドが最近発表した新譜を手に入れる。友だちとの待ち合わせのため時間をつぶそうと入った本屋では、流行小説を立ち読みする。あなたは興味をそそられ、その小説をレジに持っていくことにする。友だちとおちあって、モール内のシネマコンプレックスで話題の映画を見ようと相談する……。これは、あなたにとって、それほど特別な光景ではないはずだ。ショッピングモールではやりの音楽をバックミュージックにかけ、多くの消費者を

図1　マックス・ホルクハイマー

図2　テオドール・アドルノ

（https://www.theguardian.com/commentisfree/2013/apr/08/frankfurt-school-dialectic-of-enlightenment 2018.8.20 アクセス）

誘う。CD、洋服、工芸品、小説などの文化的なアイテムを消費者に購入させる。シネマコンプレックスを併設して、映画を見させる。商品をプッシュする映像が大音量で流れ、消費者の欲求をくすぐる。

バックミュージックの音楽、あなたが購入するCD、洋服、工芸品、小説、友だちと見ようとする映画、ショッピングモールに並ぶあなたの心を躍らせる文化的アイテムは、すべて「**商品**」として売り買いされることが前提となっている。私たちの社会では、そのようなことが当たり前になっている。文化的なアイテムは「商品」として売り買いされ、多くの人びとが楽しめるように流通するようになり、そこではじめて意味をもつ。そんな風に思える社会に、私たちはいま生きているのである。

だが、それは最初から当たり前のことだったわけではない。かつてのヨーロッパ社会では、**文化**は自律性を有したものであり、売り買いされるようなものではなかった。文化が「商品」化され売り買いされるようになるのは、一九四〇年代以降のアメリカを経てからである。一九四〇年代以降アメリカが大量消費社会へと突入し、そのなかで文化は多額のカネが動く巨大産業に変貌をとげていくのである。

カネさえあれば、音楽も洋服も工芸品も本も、どのような文化的なアイテムでも手に入るようになり、逆にどれほど美しい芸術作品であっても、それがどの程度「売れるのか」「貨幣に換算できるのか」が重要となり、「商品」としての交換価値ではかられていく。文化が文化独自の論理だけでは立ちいかなくなり、産業の論理のなかへ呑

図3　アドルノとホルクハイマーがかつて活躍したフランクフルト大学社会研究所（筆者撮影）

みこまれていく。このような事態を前にして、ドイツの社会思想家**テオドール・アドルノ**は同僚の**マックス・ホルクハイマー**とともに、かつて『啓蒙の弁証法』[1]という著書のなかで「文化産業」論を展開し、文化が資本主義社会における商品になっていると批判した[2]。現代の資本主義社会のもとでは、どのような文化であれ**文化産業**と無関係に存在することは困難なのである。

文化産業と観光産業との共犯関係のもとで

ポピュラーカルチャーにおけるコンテンツを提供する文化産業が、これまで注目してきたのは、〈空間〉の移動ではなく、〈時間〉の消費であった。文化産業はでき得る限り魅惑的なコンテンツを生み出すことで、そのコンテンツ自体を商品として購入するだけではなく、スポンサーが提供する商品を購入するよう、人びとを誘惑してきた。

ゲーム、映画、アニメ、マンガ、音楽、これらの文化的なアイテムは、できる限り長い時間、人びとがこれらに接し、そのメッセージに意識を傾けることができるよう腐心してきた。文化産業のもとで、人びとはメディア・コンテンツに多くの時間を奪われ、メディアやその背後にある産業群が要請する欲望をもつように促されてきたのだと、石田英敬は指摘する[3]。このことをふまえ、**ベルナール・スティグレール**は「**象徴的貧困**[4]」という用語を用い、「文化産業が生み出す大量の画一化した情報やイメー

(1) マックス・ホルクハイマー＆テオドール・アドルノ『啓蒙の弁証法――哲学的断章』徳永恂訳、岩波文庫、二〇〇七年。

(2) 一九三〇年にマックス・ホルクハイマーがドイツのフランクフルト大学（ヨハン・ヴォルフガング・ゲーテ大学フランクフルト・アム・マイン）社会研究所の所長に就任し、それ以降、同研究所につどう研究者集団が「フランクフルト学派」と総称されるようになった。フランクフルト学派第一世代には、ホルクハイマー、アドルノ、エーリヒ・フロム、ヘルベルト・マルクーゼらがいた。また少し離れたポジションであるが、ヴァルター・ベンヤミンの存在も見過ごせない。第二世代にはユルゲン・ハーバーマスら、第三世代にはアクセル・ホネット、アレックス・デミロヴィッチらがおり、現在は第四世代になっている。遠藤英樹『現代文化論――社会理論で読み解くポップカルチャ

ジに包囲されてしまった人間が、貧しい判断力や想像力しか手にできなくなること」の危険性を述べていたのである。(5)

しかしながら現在、文化産業は、社会がグローバル化するとともに、ますます大きな力をもつようになり、〈時間〉だけではなく、〈空間〉にも着目し欲望を創出しようとし始めている。これについては、「Pokémon GO」というゲームを事例に考えてみると分かりやすいだろう。このゲームは、GPS機能を活用し、いろいろな場所に隠れているポケモン・キャラクターを見つけ、モンスターボールというアイテムを使ってポケモンを捕まえるというものであり、グーグルの社内ベンチャーとしてスタートしたナイアンティック社が、日本発の多国籍企業である任天堂などと協力して開発・運営しているスマートフォン向けゲーム・アプリの名称である。

「Pokémon GO」では、AR（拡張現実）技術を用い、ポピュラーカルチャーの一形態であるゲームが現実の空間と入り混じるようになっている。ポケモンを捕まえるときに、スマートフォンにはその場所のリアルな風景が映し出されるのだが、それに重なり合うようにポケモンが出てくる。このゲームをするには、人びとはポケモンが隠れている場所にまで「移動」しなくてはいけないのである。

そのため最近では、「Pokémon GO」を活用して、その場所に来てもらい、観光地の活性化をはかろうとする事例も増え始めている。例えば、東日本大震災や熊本地震で被災した地域ではナイアンティック社と共同で、「Pokémon GO」を用いて被災地

ー』ミネルヴァ書房、二〇一一年、参照。

（3）石田英敬『自分と未来のつくり方――情報産業社会を生きる』岩波ジュニア新書、二〇一〇年。同『現代思想の教科書――世界を考える知の地平15章』ちくま学芸文庫、二〇一〇年。

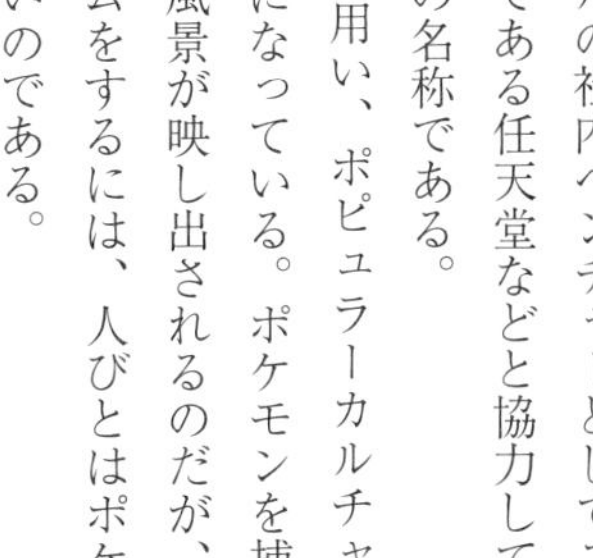

図4 ベルナール・スティグレール
（http://www.samkinsley.com/stiegler/stiegler-bibliography/2018.8.20アクセス）

の観光振興を行うと発表したし、鳥取県もあちらこちらの場所で「ポケストップ」（近くに行くとゲームの経験値などをあげることができるよう設定された場所）をつくるなどして観光に活用しようとした。またレアなポケモンが出現したり、いつもよりも強力な敵と戦えるレイドバトル（複数人で敵に挑むゲームバトル）が発生したりと、さまざまなイベント企画も行われ、少なからぬ人びとが会場へと移動している。

だがゲームをする人がその場所に移動するのは、ポケモンや、ゲームのアイテムが手に入りやすいからである。彼らがその場所に移動するのは、自分たちが行きたいと望んでのことではなく、たまたまゲームでポイントが稼げるからなのだ。「Pokémon GO」において自分たちがどの場所に移動するのか——それを決めるのは自分たち自身ではなくゲームであるのだとすれば、自分たちが望んで行きたいと思う「主体的な空間」が失われていると言うことができよう。ゲームをする人びとは、「主体的に空間を移動する」のではなく、ゲームのプログラミングによって「空間へと駆り出されている」のだ。

このように考えるならば、現在の文化産業は、**観光産業**と重なり合い相互に接続しながら、〈空間〉と絡めながら〈時間〉を簒奪し、そのことによって同時に、〈時間〉と絡めながら〈空間〉を簒奪することがさまざまな場面で展開されるようになっているのである。私たちは、文化産業と観光産業の共犯関係のもとで〈時間〉と〈空間〉を生きる欲望をもつように促されるのである。「Pokémon GO」のプログラムをイン

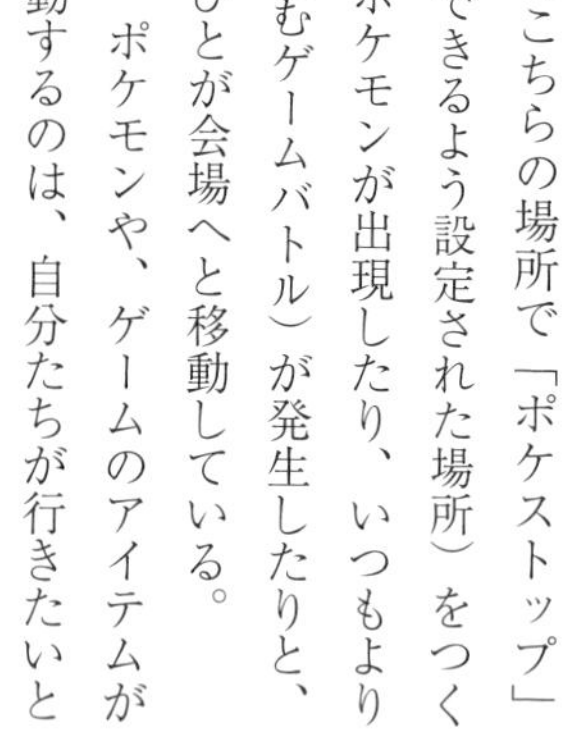

図5　フェリックス・ガタリ

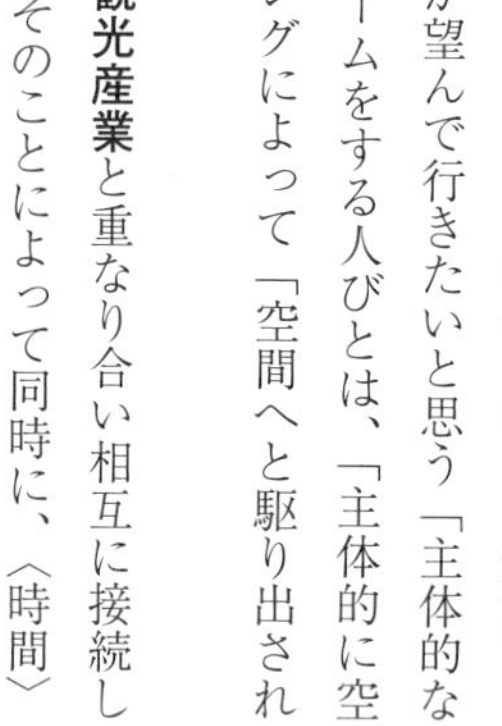

図6　ジル・ドゥルーズ

（http://arjay.typepad.com/vallejo_nocturno/2018/03/deleuze-and-guattari-meeting.html 2018.8.20 アクセス）

ストールすることで、実は、他ならぬ〈時間〉＝〈空間〉に対する自分たち自身の欲望がインストールされ、ゲームが呈示する場所へと移動し、少なからぬ時間をゲームで費やしたいと思い始めるのである。

ただし、ここで注意したいのは、それは決して強制されたものではないということだ。何らかの「大きな力（権力）＝ビッグブラザー」(6)なるものが存在し、その力（権力）によって、私たちはゲームをするように強いられているわけでは決してないのである。私たちはすすんでゲームを行っている。ゲームをすることが心から楽しいと感じるがゆえに、私たちは自発的にゲームを行うのである。ゲームのプログラミングのなかで、自分たちの〈時間〉と〈空間〉を生きる欲望をもつのは強制されてのことではなく、あくまで自発的なことなのだ。とはいえ、それは決して主体的なことではない。「Pokémon GO」では、私たちは「主体的な時間」「主体的な空間」を生きているのではない。私たちはゲームによって〈時間〉を簒奪され、〈空間〉へと駆り出されているのだ――ただし、すすんで自発的に。

現代において文化産業と観光産業はともに、人びとの欲望の生成プロセスを起動（activate）させる「装置」(7)に他ならないのである。だとすれば、かつて**ジル・ドゥルーズ**と**フェリックス・ガタリ**が『アンチ・オイディプス――資本主義と分裂症』において、資本主義社会の欲望の位相を明らかにするために、精神分析を、さらにはその基底にある「エディプス・コンプレックス」を告発したように(8)、現在を生きる私た

(4) ベルナール・スティグレール『象徴の貧困』ガブリエル・メランベルジェ&メランベルジェ眞紀訳、新評論、二〇〇六年。

(5) 石田英敬『大人のためのメディア論講義』ちくま新書、二〇一六年、二三二頁。

(6) 宇野常寛『リトル・ピープルの時代』幻冬舎、二〇一一年。

(7) ルイ・アルチュセール『再生産について（上・下）』西川長夫・伊吹浩一・大中一彌・今野晃・山家歩訳、平凡社ライブラリー、二〇一〇年。

(8) ジル・ドゥルーズ&フェリックス・ガタリ『アンチ・オイディプス――資本主義と分裂症（上・下）』宇野邦一訳、河出文庫、二〇〇六年。

ちは、みずからの欲望の位相を明らかにするために文化産業と観光産業との共犯関係を告発しなくてはならないのではないだろうか。いまや〈時間〉と〈空間〉を再編しつつ「四次元《フォー・ディメンションズ》(9)化」していく「欲望」のあり方こそを捉えていかなければならないのだと言えよう。

（遠藤）

(9) 神田孝治・遠藤英樹・松本健太郎『ポケモンGOからの問い——拡張される世界のリアリティ』新曜社、二〇一七年。

パフォーマンス

観光における行為を解剖すると、観光の社会性が見えてくる

「パフォーマンス」とは演奏や演技といった娯楽を見せること、そしてある任務や働きを行うプロセスを意味する。観光はこの二種類の意味に関わるさまざまなパフォーマンスによって作られる産業である。パフォーマンスは演者《アクター》によって演じられる。観光では観光客たる**ゲスト**と、それらを受け入れる**ホスト**が演者である。

この章では、このゲスト、ホストのパフォーマンスにはどのようなものがあるのかをまず確認しよう。思ってもみなかったことが、実はパフォーマンスという概念で捉えられるかも知れない。しかもこのパフォーマンスは決して自然なものではない。どのようにしてそれらが作られているのか考えてみよう。

ホストのパフォーマンス

ホストのパフォーマンスにはいくつかの種類がある。第一に観光地での歌やダンスを挙げることができる。

柳田国男の民話集『**遠野物語**』で有名になった岩手県遠野市には、その著書に感化され「民話のふるさと」を訪ねてやって来る観光客向けに、**民話語り**のパフォーマンスを提供する場所がいくつか存在する。語り部ホールでは地元の人たちが『遠野物語』の話を語り聞かせるパフォーマンスを提供する。語り部と呼ばれる話者は昔のモンペを身にまとい、この地方の方言で語りかけることで、まるで昔の遠野にタイムスリップしたかのようなノスタルジックな雰囲気が強調される。同じように、秋田県男鹿半島の男鹿真山伝承館も伝統行事「**なまはげ**」をショーとして見せる。本来は大晦日に地元の人たちの家々を訪問するなまはげの儀礼的パフォーマンスが、この場所で一年を通して訪問者にショーとして提示されるのである。

インドネシアの**バリ島**では、バリの伝統舞踊や伝統音楽が演じられる。舞台はホテルに設置されるが、より本物の雰囲気を味わうために、観光客はウブドという場所まで足を運ぶ。古い王国の都だったウブドではバリ・ヒンドゥー教の寺院を模した舞台の上で、バリ島の住民によってケチャやバロンダンスなどの伝統舞踊が演じられるといわれる。

第二に、観光客をもてなすパフォーマンスを挙げることができる。これらは第一の舞踊などに比べると気づきにくいが、観光客の経験を構成する重要な要素である。良好な**接客態度**が提供されるかどうかで、観光客の旅行の経験は大きく変わるからだ。たとえば、私たちが観光ツアーに参加するときのツアーガイドの接客態度、あるいは、ホテルにチェックインするときの受付の態度やウェルカム・ドリンクの提供有無などを考えてみれば、ホストの接客もまた重要であることが理解できるだろう。

第三に挙げられるのは**「雰囲気」の演出**である。舞踊や歌など舞台で演じられるものとは異なり、これらは観光経験の**本物性**、**真正性**を演出する。たとえば、観光地として有名な兵庫県の有馬温泉は竹細工の産地として知られる。この竹細工店では商品を販売する店舗の道を挟んだ向かい側に工房が設けられ、そこでは職人が竹細工を製作する様子を見せている。消費者はこの様子から、竹細工が手仕事で作られた「素朴」で「郷土色」ある商品と解釈するのだ。神戸市や横浜市など異国雰囲気溢れる都市で、夜にジャズをバックミュージックにカクテルシェーカーを振るバーテンダーの行為もパフォーマンスとして捉えられるだろうか。

ゲストのパフォーマンス

こんどは、観光客のパフォーマンスを団体旅行、家族旅行、一人旅といった観光の型式から分けてみよう。団体旅行の場合、観光客同士で会話をしたり写真を撮りあったりする。家族旅行の場合も家族で同様の行為をするが、家族のメンバーの間には意志決定をする両親とそれに従う子どもというように、パフォーマンスを規定する力関係が存在する。言うまでもなく、一人旅の場合は基本的にそうした他者との関係は存在しないが、一人旅をする旅行者同士での関係が生じることがある。

団体旅行の場合、通常、旅行者はツアーガイドの指示に従って行動する。次はどこに行くのか、何を見るべきなのかということを自分で下調べすることは少ない。一方、家族旅行の場合、こうした情報は旅行を立案した家族のメンバーが提供する。多くの場合、父親あるいは母親がこの役割を担う。一人旅の場合、すべては自分で調べなければならない。したがって、移動中の経路確認、観光地の情報確認はもとより、旅行前からの観光の下調べというパフォーマンスは、家族旅行や一人旅に多く見られる。

団体旅行が移動を管理しやすい主にバスを利用するのに対して、家族旅行や一人旅は公共交通機関あるいは自家用車などを利用する。自家用車の運転、あるいは公共交通機関の乗り継ぎなどの確認といったパフォーマンスは、家族旅行や一人旅に多いことは理解できるだろう。

パフォーマンスを解剖する

(a)　メディアとパフォーマンス

こうしたゲストのパフォーマンスは決して自然のものではない。それを長く規定してきたのは**旅行雑誌**や**ガイドブック**であり、近年はインターネット情報やSNSでもある。これらメディアがどこに行って、何をするのか、見るのかを提示する。そもそも観光とは、あらかじめ商品化された他所での経験を消費する産業なのだから、事前に何をすべき、見るべきかを

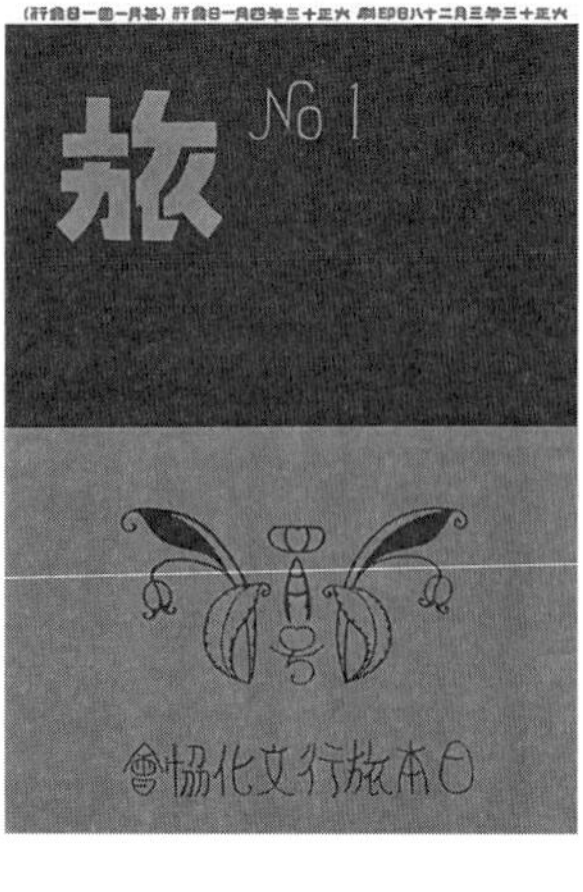

図1　『旅』創刊号の表紙（一九二四年四月）

知っていることは観光において重要なのである。

雑誌から考えていこう。たとえば、一九二四年に創刊された月刊旅行雑誌『**旅**』は、日本人にそうした情報を提供し続けてきた[1]。当初は、都市に住む中産階級、戦後は広く一般大衆にこの雑誌が購読されるようになると、一九六〇年代はじめに女性の旅行者、若者の一人旅といった旅行スタイルの流布を後押しした。一方、一九七〇年に創刊した女性雑誌『**アンアン**』、七一年に創刊した『**ノンノ**』は、都会に住むおしゃれな女性が、最新のファッションを身にまとい、日本の古い町並みを旅する情報を提供した。これらの雑誌は、自分だけの旅を演出するために、イラストマップを積極的に用いたり、文学作品を引用したりすることで、既存のガイドブックとの差異を作り出した。『アンアン』や『ノンノ』に影響を受けて実際に旅する女性たちは「アンノン族」と呼ばれる。彼女らの観光地での振舞いについて、「ガイドブックや週刊誌の切り抜きの写真と同じ場所を見つけては、キャッキャッと騒いでいる。まるで懐かしい故郷を見つけたように」（『旅』一九七八年一〇月号、二三二頁）しているとあるように、これらの女性誌が大きな影響を与えていたと考えられる[2]。

ちなみに、一九六〇年代後半からはアメリカのヒッピー・ブームや日本でのフォークソング・ブームに影響され、北海道を中心に日本の辺境部を、大きなリュックを背負って旅する若者たちが現れた。彼らは「カニ族」と呼ばれ、その多くはユースホステルに宿泊した。アメリカ映画『イージーライダー』や、イギリスのロックバンド

（1）森正人『昭和旅行誌――雑誌『旅』を読む』中央公論新社、二〇一〇年。

（2）原田ひとみ「〝アンアン〟〝ノンノ〟の旅情報」『地理』二九巻一二号、一九八四年。

「ザ・ビートルズ」のインド滞在などに影響を受けたと考えられる。このように、雑誌や音楽・映画によって観光客のパフォーマンスは大きく影響されるのである。

(b)　写真撮影のパフォーマンス

今では、SNSのインスタグラムに掲載し、「いいね」を友人に押してもらうのに適した「**インスタ映え**」のする観光地がインターネットで広く紹介されている。どこの場所で、いつ撮影すればインスタ映えするのか、ということにあわせて人々はその場所を訪れ、スマホで撮影をし、その場でインスタグラムに写真をアップロードするのだ。

ところで、今のようにスマホで撮影ができるようになるよりもずっと以前、かつて**カメラ**は一家に一台であった。写真撮影にはカメラのほかにフィルムが必要で、フィルムは通常、二四枚撮りか三六枚撮りであった。撮影者は予備のフィルムを携行し、フィルムを使用し終えれば交換した。

デジカメやスマホとは異なり、当時のカメラは撮影した写真のチェックがその場ではできなかった。撮影を終えたフィルムを写真屋に持って行き、印刷してもらってはじめて写真撮影の成否が判明したのである。したがって、失敗の許されないかつては写真撮影には入念な準備を要した。ところが、今では撮った写真をその場で確認でき

図2　フジカラーの広告

かけている。

るため、観光地で頻繁に写真撮影が行われる。セルフィーの普及はこの傾向に拍車を

　またかつてのカメラは高額であり、かつ工学・光学的な知識がメンテナンスには必要であった。そのため、カメラの撮影は父親が行うことが多かった。家族旅行の記念撮影をする場合、カメラを操作するのは父親であり、家族をどこにどの順番で立たせるのか、ということを決定してもいた。それゆえ、写真撮影というパフォーマンスは父親がその家庭のなかで持つ力を確認し再生産する契機でもあったのである。

　一九六〇年代後半より、カメラはコンパクトカメラと呼ばれる三五ミリレンズシャッター機が主流になり小型・軽量化し、カラープリントも一般化する。さらに、「使い捨てカメラ」とも呼ばれたレンズ付きフィルムが八〇年代に登場すると、カメラは女性も簡単に使用できる機材となった。一九七〇年代のカメラの広告には撮影者として旅する女性が登場するのである。カメラの技術的発展は、観光地における家庭内の力関係の現れ方、あるいは観光地での女性のすなわちパフォーマンスを変化させた。

　そうして持ち運び可能となったカメラは、しかし決して自由な写真撮影を可能にしたのではなかった。というのも、写真広告に使用される写真は、依然として以前と同じ風景を同じような地点から類似したアングルで撮影したものだからだ。

(c)　パフォーマンスの指示

団体旅行の場合、参加者は観光スポットでガイドの説明に黙って耳を傾ける。一人旅ならその場所でガイドブックを広げたり、解説文が記されたものがあればそれを読んだりするだろう。場合によってはこうした場所にはそれを記念するモニュメントがある。

ガイドの説明やガイドブックなどの解説文がなければ、この場所やモニュメントが何を意味しているのかは分からない。たとえば沖縄戦の悲惨さを伝える沖縄県の南部戦跡はモニュメントや自決の「ガマ」を含むが、沖縄戦の知識がない人には、これらはただの塔や崖や洞窟に過ぎない。特定の形を持つ塔にその由来の解説文が付されることで、その場所は観光地となり、旅行者は足を止めて写真撮影をしたりするのである。こうして旅行者のパフォーマンスは作られる。つまり、ガイドブックや碑文などはその場所の価値を明示し、観光客のパフォーマンスを指示するのだ。

ホストのパフォーマンスがその場所の意味を示すこともある。一九九四年から九五年まで遠野市のとおの昔話村（現在はとおの物語の館）横の物産館内の語り部ホール（現在は遠野座）で、民話の講演を参与観察した川森博司は、「柳田国男の遠野物語」を求める観光客の期待に応えつつ、語り部たちが自らの伝承体験に基づいて語っていることを指摘している。ある語り部は昔話を語るときに、柳田の『遠野物語』という枠組みを借りながらも、自らの父親から聞いた民話の伝承体験に根づいた独自の昔話語りを演じるのだという。話者の身体に刻まれた経験が、「民話のふるさと」が指示する話者のパフォーマンスとは異なるパフォーマンスを作り出しているのである。[3]

ゲストもまた観光地が指示するパフォーマンスと別様のものを実践することがある。たとえば靖国神社のようなアジア太平洋戦争の「英霊」を祀る場所は、愛国主義的な参拝を指示する。しかし、この場所を春の花見を楽しみ、インスタ映えする写真を撮りに出かける行為は、決してナショナリズムでは解釈できない。こうした場所の指示と演者のパフォーマンスがかみ合わない、しかしそれは無意味ではない例はこのほかにも無数に挙げられるだろう。

演者は自らの身体の動きを用いながら、あるときには場所の意味に沿いながら、別のときにはそれとは異なるパフォーマンスを演じながら、その都度、場所の意味を作り替えている。場所や空間の意味を自明のものと考えず、特定の社会関係のなかで、どのように次々と新しい意味が作り替えられているのか、あるいは既存の意味が再生産されているのかを考えるときに、「**行為の遂行性**《パフォーマティヴィティ》」という概念を用いる。

本項は観光におけるさまざまな演者によるパフォーマンスを考えた。どのような立場の人が、どのような制約や枠組み（できること、できないこと、すべきこと、すべきでないこと）のなかで、どのような振舞いを演じるのか、そしてそれがどのような効果を与えているのかを考えることで、観光をより深く知ることができるだろう。

（森）

（3）川森博司「ノスタルジアと伝統文化の再構成――遠野の民話観光」山下晋司編『観光人類学』新曜社、一九九六年。

感情労働

ポスト・フォーディズム時代の労働

ホスピタリティ産業と感情労働

観光関連産業は、旅行業、宿泊業、飲食業、運輸業、観光施設業をはじめ多岐にわたる業種によって成り立っている。旅行業には旅行代理店などが、宿泊業にはホテル業や旅館業などが、運輸業には鉄道会社、航空会社、バス会社、タクシー会社などが、観光施設業にはテーマパーク業や遊園地業などが位置づけられる。このような業種はかつて**サービス業**と考えられていたが、現在では**ホスピタリティ産業**と言われるにいたっている。

ホスピタリティの語源をたどっていくと、「旅人」「異人（まれびと）」を歓待することに行き当たるとされている。(1)「旅人」や「異人」がたとえ「敵対する人」（hostile）でも、その人が傷ついているときは、その人を心からもてなし、癒そうとする——その行為をさして、ホスピタリティとされていたのである。それゆえ、もてなしを意味する「ホスピタリティ」（hospitality）と、歓待する宿泊施設を意味する「ホテル」

（1）ジャック・デリダ『歓待について——パリ講義の記録』廣瀬浩司訳、ちくま学芸文庫、二〇一八年。

(hotel) と、傷ついた人を癒す「病院」(hospital) は、語源として結びついてきたのである。

堀野正人によると、観光関連産業がホスピタリティ産業と言われるようになったのは、比較的近年の産物であるとされる。「第二次大戦後、米国のホテル・レストラン産業において、機能的、均質的なサービスを越える情緒的な満足をもたらす人的応接を、ホスピタリティと呼ぶようになった。現在、日本でも宿泊・飲食等のサービス産業の拡張と競争が激化し、ホスピタリティが経営成功の一つの鍵としてみなされるようになった」のである。(2)

ここで重要なのは、ホスピタリティがそもそも「旅人」「異人（まれびと）」を歓待することを意味しているという、ホスピタリティの「本来的な意味」ではない。現在「ホスピタリティ」と呼びならわされているものが実は「サービス」に過ぎず、ホスピタリティの「本来的な意味」に立ち戻ることが重要だと主張するだけでは、現代社会における観光のあり方を考察するうえで不十分である。そうではなく、重要なのは、堀野もいうように、観光に関連した産業において現在、「ホスピタリティ」という用語を用いることで顧客の**情緒的満足感**が過度に強調されてしまっていることであり、情緒的満足感をひきだす労働のあり方が観光に関連した産業の従事者に求められるようになっていることである。

社会学者**アーリー・ホックシールド**は『管理された心——感情が商品になるとき』

(2) 堀野正人「ホスピタリティ」安村克己・堀野正人・遠藤英樹・寺岡伸悟編著『よくわかる観光社会学』ミネルヴァ書房、二〇一一年、一五八頁。本書「ホスピタリティ」の項も参照。

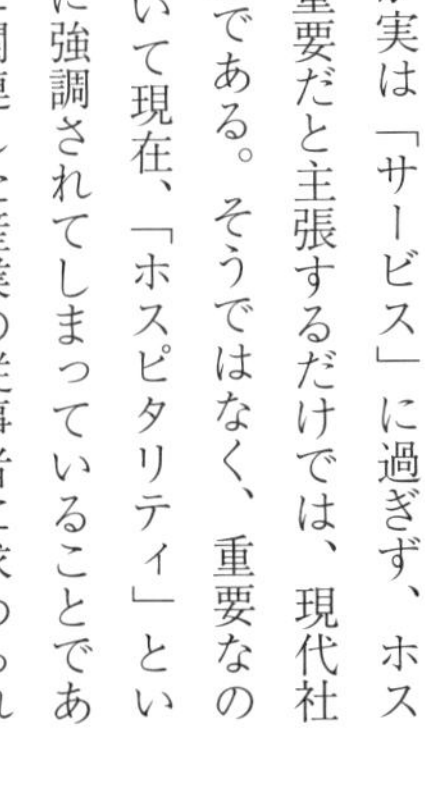

図1 アーリー・ホックシールド
(http://sociology.berkeley.edu/professor-emeritus/arlie-r-hochschild 2018.8.19 アクセス)

において、このような労働のあり方を「**感情労働**」と名づけている。[3]「感情労働」とは、相手（たとえば客）の感情を優先させ自分の感情を抑制（コントロール）することが重要となる労働を言う。ホックシールドは、現代社会の仕事のあり方が、「肉体労働」や「頭脳労働」の要素以上に、「感情労働」的な要素が求められるものになっていると主張する。ホスピタリティ産業は、まさに「感情労働」を通して顧客の情緒にうったえる業種となっているのである。

　観光において、こうした「感情労働」は実は、**ジェンダー**と深く関わっているのではないだろうか。[4]図2を見てもらいたい。これは、ある老舗旅館で宿泊した客を見送るときの光景である。宿泊客に対して「ありがとうございました」と見送る従業員たちのほとんどが、女性であることに気づくであろう。また航空会社で勤務するキャビン・アテンダントも、「感情労働」を要求される仕事であるが、その多くは女性で占められているのではないか。観光関連産業では、「物腰がやわらかいから」「人と話すのが好きだから」「優しく人を包みこめるから」など、女性が顧客との情緒的コミュニケーションに長けているのだとする、何の根拠もないさまざまな言説とともに、「感情労働」を担う役割が女性に付与されてきたのである。

労働を越える労働

このような感情労働は、たとえば**ディズニーランド**においても見ることができる。

図2　旅館で宿泊した客を見送りするときの風景
（http://www.ehealthyrecipe.com/s/company/12/img/ph_02.jpg 2018.8.19 アクセス）

（3）アーリー・ホックシールド『管理される心——感情が商品になるとき』石川准・室伏亜希訳、世界思想社、二〇〇〇年。

これについて**アラン・ブライマン**は『ディズニー化する社会——文化・消費・労働とグローバリゼーション』(5)のなかで「パフォーマティヴ労働」という概念を提示し、ディズニーランドの労働の特徴を論じている。

ディズニーランドのスタッフたちは、そこで働いているとき、決して日常世界を思い起こさせるような「労働」を感じさせないようにする。スタッフたちは「夢の国」「ファンタジーの世界」にふさわしく、いつも笑顔で仕事をする。アトラクションに乗ろうと訪問客が並んでいるときにも、「こんにちは！　楽しんでいますか?」とスタッフが楽しげに語りかけてくるが、それもまるでテーマパーク内のショー・パフォーマンスの一部であるかのようだ。ディズニーランドのスタッフたちが「配役」を意味する「キャスト」と呼ばれているのは、そのためである。

彼らは、魔法の国の舞台でパフォーマンスをする配役の一人なのである。「**パフォーマティヴ労働**」とは、このように、まるでショー・パフォーマンスのように楽しげに行われる仕事のあり方を意味している。ディズニーリゾートでは、「ファンカストーディアル」（ファンカスト）と呼ばれる清掃従業員の恰好をしたエンターテイナーが掃除するふりをしながら、コミカルな仕草をしてゲストを笑わせたりするが、これも清掃という労働をまるでひとつのパフォーマンスのように見せる工夫なのである。

ブライマンが最後に挙げる「パフォーマティヴ労働」は、まさに「感情労働」の極限形態のひとつともいえ、みずからの感情を徹底的にコントロールし、労働をまった

(4)　コラム「ジェンダーとツーリズム」も参照。

(5)　アラン・ブライマン『ディズニー化する社会——文化・消費・労働とグローバリゼーション』能登路雅子監訳、森岡洋二訳、明石書店、二〇〇八年。本書「パフォーマンス」の項も参照。

く感じさせないようにした労働なのである。だからこそディズニーランドを訪れるツーリストたちは、スタッフたちの労働をみて「楽しそうだな」と感じるのである。

このように、**観光**では、労働をまったく感じさせないようにした労働が行われる。労働でありながら、仕事をしている人間が感情をコントロールし、まるで娯楽のなかで本当に楽しんでいるかのように仕事をするのである。それは、娯楽的な色彩を帯びた労働であり、まさに「**労働を越える労働**」とも呼ぶべきものである。

こうした労働は、「労働／娯楽」「生産／消費」の関係性の問い直しを迫るものだと言えよう。これまで労働と娯楽、生産と消費は、相互に明確に区別し得る社会的カテゴリーだとされてきた。しかし観光においては、労働と娯楽、生産と消費の関係性は異なった様相を呈するのである。

ただし、観光において労働が娯楽的な色彩を帯びることで楽しげに行われる場合があるのは、その労働が本当に楽しいものであるからではない。そうではなく観光において娯楽のように（ツーリストからみて）楽しげに仕事をするのは、労働の目的をラディカルに貫徹させるため必要だからである。「ホスピタリティ」という名目のもとで、にこやかな笑顔をふりまきながら感情をコントロールすることではじめて、ホスピタリティ産業は「そこを訪れたい」というツーリストの欲望をかきたて、彼らを惹きつけることができるようになり、企業間競争に打ち勝つことができるのだ。かつて「労働はプロテスタントの倫理のもとで貫徹される」と述べた社会学者**マックス・ヴ**

図1　マックス・ヴェーバー
(https://www.philosophyguides.org/tackle-social-problems-wertfrei/)

エーバーのひそみにならっていえば、観光において「労働は娯楽や消費という**享楽の倫理**のもとで貫徹される」のだ。このように観光の現場では、労働のあり方が娯楽や消費を軸に構成されているのである。

このような労働のあり方は、フォーディズム的な生産様式が主流である社会から、ポスト・フォーディズム的な生産様式が主流である社会へと移行したことと軌を一にしたものであろう。近代以降、重化学工業が発展するとともに、規格化され標準化された製品を大量に生産する生産様式が主流となった。このような生産様式は、かつてのフォード自動車会社に典型的に見られたことから「**フォーディズム**」と呼ばれている。だが消費社会が成熟していくとともに、消費者のさまざまな欲望にこたえられるよう多品種少量生産を効率的に行える生産様式が、「フォーディズム」に代わって求められるようになった。それは次第に、ホスピタリティ産業をはじめとする第三次産業にも拡がっていき、「**ポスト・フォーディズム**」状況を生じさせた。

そのプロセスにおいて一九七〇年代後半から、英国のマーガレット・サッチャー元首相が推進した**新自由主義**的政策に代表されるように、教育や福祉など公共部門の民営化といった「社会サービスのプライヴァタイゼーション（民営化）」、およびそのための規制緩和が導入され、既存の制度にとらわれないフレキシビリティ（柔軟性）がもとめられるようになっていく。そうしてはじめて、企業は利潤をあげ生き残りに成功できるようになる。

地理学者**デイヴィッド・ハーヴェイ**は『ポストモダニティの条件』(6)のなかで、このことを「フレキシブルな蓄積体制」と呼んでいるが、そのなかで労働は大きく変質をとげていったのである。そこでは雇用制度もフレキシブルなものとなり、多くの**非正規労働者**が雇用されることが多く、不安定な生活を余儀なくされ、貧困へと追いやられる場合も多くみられるようになる。感情労働が現れてきたのは、そういった文脈のもとであることを決して忘れてはならないのである。（遠藤）

（6）デヴィッド・ハーヴェイ『ポストモダニティの条件』吉原直樹監訳、青木書店、一九九九年。

図3 デイヴィッド・ハーヴェイ
（https://bibalogue.com/6623 2018.8.19 アクセス）

伝統の創造

その概念の多面性から高度近代社会に迫る

昔からずっと続いていると思っていた祭が意外に新しいものだったと知って驚いた、というような経験はないだろうか。

歴史学者**エリック・ホブズボウム**によれば、**「伝統の創造」**（Invention of Tradition）とは、「実際に創りだされ、構築され、形式的に制度化された「伝統」であり、〔…〕日付を特定できるほど短期間――おそらく数年間――に生まれ、急速に確立された「伝統」を指す[1]」。原語 Invention を活かして「伝統の発明」と訳されることもある。一例として、スコットランドの伝統衣装（タータン柄のキルト）が実は近代に始まったことが紹介されている。ホブズボウムらの著作（同上）では、ナショナリズムとの関わりが意識されつつ事例をあげて議論されているが、この優れた概念はもっと広くさまざまな場面に用いることができる一般性をもったものである。そして観光文化研究においても重要な概念といえる。

（1）E・ホブズボウム&T・レンジャー編『創られた伝統』前川啓治・梶原景昭ほか訳、紀伊國屋書店、一九九二年、一〇頁。

図1　ホブズボウム&レンジャー編『創られた伝統』（紀伊國屋書店）

伝統の創造の多面性

これまで出された観光学の教科書のなかで、「伝統の創造」は繰り返し取り上げられてきた。それらは「伝統文化と観光」という関心に立ちながら、それぞれ異なった側面に光を当てていて興味深い。文化人類学者の玉城毅は、沖縄の**エイサー**の事例を挙げつつ、権力に対する地域社会の抵抗という視点から伝統の創造を説明する。(2) 玉城は、ホブズボウムらの議論が支配者の正統性やナショナリズムの真正さを相対化する力を持っているとし、この概念は地域文化の次元にも拡張することができると述べた。地域文化の次元での「伝統の創造」は、ある地方や地域に対する支配への抵抗として地元の人々が地域アイデンティティを強化・拡張していくなかで発現した、と解釈するのである。「**伝統の抵抗的創造**」とでも呼べる視点であろう。

社会学者の遠藤英樹は、高知の伝統行事「**よさこい**」が、北海道において「YOSAKOIソーラン祭り」となったことなどを事例にあげ、伝統の創造のなかに伝統の「**転移**」とでもいうべき過程が存在することを指摘する。それは地域アイデンティティのような一見「固有」と思われるものすら、他地域の人々へと伝わる（転移する）ことを示しており、伝統の創造の議論から地域アイデンティティの真正性を疑うポストモダン的な議論への着目を促している。(3) いわば「**伝統の転移的創造**」とでも呼べる議論であろう。このように玉城と遠藤の説明は相当異なるように見えるが、挙げられた事例を踏まえて考えるとそれぞれ説得的な説明となっている。つまり伝統が創

(2) 玉城毅「伝統の創造」安村克己・堀野正人・遠藤英樹・寺岡伸悟編『よくわかる観光社会学』ミネルヴァ書房、二〇一一年、七〇—七一頁。

(3) 遠藤英樹「伝統の創造」大橋・橋本・遠藤・神田編『観光学ガイドブック』ナカニシヤ出版、二〇一四年、一一四—一一九頁。

造される背景やプロセスはさまざまな観点から解釈できる研究のアリーナなのである。

そこで、本項においてもう一つ観点を加えてみたい。それは「**伝統のメディア的創造**」とでも呼ぶべきものである。

一般にメディアと文化変容の関係といえば、メディアが外部から地域のイメージを（しばしば恣意的に）作り上げる、といった作用を思い浮かべる読者もいるだろう。ハワイの伝統的イメージの創造はそうした事例として観光学の教科書などでも取り上げられてきた。(4) 十九世紀末から白人政府によって進められたとされるハワイの観光開発は「**楽園ハワイ**」のイメージを作り上げた。その際に用いられたのが写真や映画などのメディア装置だったという。そこで取り上げられたイメージは「**植民地主義**」を反映した**エキゾティシズム**であり、すでに文明接触によって変化を見せていた彼らの風俗を撮影することを避け、「伝統」の儀式や風俗の再現を求め、入れ墨の風習まで再現させたという。また性的好奇心を煽るような肌露出の多いフラダンサー・イメージもこうしたプロセスで創り出されたものであったという。このように過去には一部実在したものであっても、ある時期以降それがメディアなどによって「伝統的なもの」として再提示される（その際に相当程度の変容を経験する）という過程である。

しかし伝統のメディア的創造は、そうしたタイプだけではない。メディアと文化創造の関係は、より内在的な場合もある。加藤晴明と寺岡伸悟は奄美地方（鹿児島県）

(4) 山中速人「メディアと観光――ハワイ「楽園」イメージの形成とメディア」山下晋司編『観光人類学』一九九六年、新曜社。本事例についてはこの論考に依っている。

の地域文化とメディアの関係を研究してきた。(5) **奄美の民謡**（現在「島唄」と呼ばれる）は奄美を代表する伝統文化（芸能）であり、奄美文化のイメージを担うと同時に、大きな観光資源ともなっている。しかし、奄美の島唄はもともと各集落の共同体（「シマ」と呼ばれる）で歌い継がれてきた、「集落（シマ）の歌」だったのである。しかし近代化により共同体的生活は変容し（テレビの普及による娯楽の変化が大きいとも言われる）、集落が歌の伝承母体として機能しなくなった。伝統文化消滅の危機である。それへの対策として、地元新聞社によって民謡コンクールが始められた。島中から唄に覚えのある者を募り、舞台で一同に会して歌い競う。優勝者・入賞者を顕彰することによって、唄い続ける動機を生み出していこうとしたのである。当初は観光的意味あいではなく、民謡の消滅を防ぐための努力としてステージが用意され、また受賞者の歌はレコードとして流通し、入賞をめざす人々の手本となって普及した。しかしその結果、民謡には大きな変化が生じたとされる。奄美の民謡はもともと集落で仲間が集まり、順番に唄っていくなかで、即興的に歌詞をどれだけたくさん歌えるかという、一種の唄あそび的側面をもつ。曲のテンポも今より早く、歌詞を他人に取られないようわざと早く曖昧に歌う者もいたという。それが、コンクールなどのステージ化によって、ゆっくりと叙情的に歌い上げる歌唱法が一般的となった。聴かせる歌へと変容したのである。ここではコンクールという制度やステージという施設が、「歌う者」（唄者）と「聴く者」（聴衆）という役割を創造しつつ媒介する「文化メデ

(5) 加藤晴明・寺岡伸悟『奄美文化の近現代史――生成・発展の地域メディア学』南方新社、二〇一七年。本文の事例紹介もこの文献に依っている。

イア」となっている。さらにいえば、たんに媒介するだけではなく、コンクール向けの唄、ステージ向けの唄といった方向に唄自体を変容させているのである。さらにまた、もともと集落ごとに異なっていた民謡も、コンクールで島の各地の歌詞や節回しが交じり合い、さらに受賞者の歌が「うまい歌」としてレコードなどによって拡がることで、均質化が進んだ。こうして、集落個々の歌だった民謡は、聴衆にじっくりと聴かせる「奄美大島という島の歌（島うた）」へと変容し、島の伝統文化＝観光資源として表象されるようになったのである。

実はこの「**島唄・シマウタ**」という言葉も、メディアが媒介して「発明」された伝統である。もともと奄美では「民謡」という言葉が一番よく用いられ、「しまうた」という言葉はさほど一般化していなかった。(6) 琉球放送のアナウンサーが一九六五年に奄美で民謡が「しまうた」とも呼ばれることを知り、沖縄のラジオでこのことを喧伝した。それが奄美に「逆輸入」され、奄美の出版物で「島唄」という言葉が使われるのは一九八〇年代からであり、THE BOOMの「島唄」がヒットした一九九三年以降、全国的に「島唄」という言葉が流布し、奄美のレコードやカセット、CDのタイトルで島唄が用いられるようになるのは九〇年代後半である。(7) 今や奄美の歌謡文化の伝統を象徴する「島唄」という言葉も、メディア的に創造された言葉であることがわかる。

図2　奄美民謡大賞のポスター

(6)　少なくとも一九六〇年代の段階では奄美大島の島の唄という意味で「島唄」という呼び方はさほど一般的ではなかったと言われる。

(7)　「島唄」という言葉の由来については、南日本新聞社編『島唄の風景』南日本新聞社、および加藤・寺岡、前掲『奄美文化の近現代史』二三三―二三七頁に拠った。

このように、伝統が創造される過程は多様で複合的であり、内部者の視線からみて「伝統」と感じられるものが創造される場合と、外部者からみて「伝統」と見える（見たい）ものが創造される場合のそれぞれがあることがわかる。しかし後者にしても、外部からのメディアの力だけによって創造が起こるということはなく、必ずその創造過程には内部の人々や組織が関わっている。つまり内部と外部が常に相互作用をしながら螺旋的に進んでいくのが文化のメディア的創造の過程である。加藤と寺岡はこれを「表出の螺旋」と呼んだ(8)。

観光研究における「伝統の創造」概念の意義

それにしても、この「伝統の創造」という概念がなぜこのようにしばしば想起されるのだろうか。その理由は、この概念がより一般的な研究アプローチのいくつかを内包しているからだと考えられる。それは社会構築主義とパフォーマンス研究である。観光研究にとっても、それぞれが重要な研究アプローチだ。

まず前者について述べておこう。**社会構築主義**とは、私たちの周りにある物事や現象を、昔から不変でそのまま存在したものではなく、社会がさまざまな動きややり取り、力関係を経ながら作り上げてきた（構築）もの、と捉える考え方で、特に言葉や意味づけ、その社会的な普及・共有の過程を重視する考え方である。こうした考え方によって、一見自明と思われていたものを相対化しダイナミックに捉え直すという作

（8）加藤・寺岡、前掲『奄美文化の近現代史』。

業がいろいろな領域（社会問題、ジェンダーなど）で行われ成果を挙げてきた[9]。実は「伝統の創造」という概念も、こうした社会構築主義的アプローチの仲間であることはここまでの説明で理解していただけるだろう。

ホブズボウムらの著作『創られた伝統』の訳者である青木保が「あとがき」で記しているように、この概念は「伝統を創り出すという意味において「不連続性」を扱ってはいるのだが、「不連続性」を強調するのみならず、それを「連続」のなかで捉え、動態的に位置づけてゆこうとする視点の拡がりがそこにはある。いわば、底流で通時的な「連続性」の視点を維持しながら、その中で「不連続＝断続」を見るというようなあり方である」[10]。この指摘は、観光学の重要な諸概念（例えば真正性、表舞台と舞台裏）を想起したとき、非常に示唆的である。観光文化研究においては、構築主義的アプローチが採用されることが多く、観光研究のさまざまな概念や分析と親和性が高いのもうなづけよう。

もう一つは、「**パフォーマンス**」という概念との親和性である。「パフォーマンス」という言葉は日常語にもなっている。地理学者の森正人は『オクスフォード英語事典』を引用しつつ「演劇やコンサートなど、客の目や耳を楽しませるために何かエンターテイメントを演じることがその意味である」と記している[11]。森正人や高橋雄一郎の議論が指摘する通り、パフォーマンスは観光においてホスト側だけが行うものではない。ゲストやその場所、事物のありかた自体がパフォーマンス的といえるのだ[12]。テ

（9） 社会構築主義については以下の文献が参考になる。中河伸俊「社会構築主義――バーガー、グブリアム、ハッキング他」日本社会学会社会学事典刊行委員会編『社会学事典』丸善出版、二〇一〇年、二四〇―二四一頁。

（10） 青木保「訳者あとがき」ホブズボウム&レンジャー編、前掲『創られた伝統』四八四頁。

（11） 森正人「パフォーマンス」大橋昭一・橋本和也・遠藤英樹・神田孝治編『観光学ガイドブック』ナカニシヤ出版、二〇一四年、一三八―一三九頁。本書の「パフォーマンス」の項も参照。

（12） 高橋雄一郎「パフォーマンス」安村克己ほか編『よくわかる観光社会学』ミネルヴァ書房、二〇一一年、六六―六七頁。

ーマパークや秋葉原の風景を思い出せばわかりやすいかもしれない。「パフォーマンス」は現代の観光研究において重要なアプローチの一つである。ここであらためて「伝統（的）」とされるものを想起してほしい。ただ「古い」というだけでは「伝統」であることはできない。むしろ社会のその時空間において自らが伝統であるとパフォーマンスし続けることによって、それは伝統たりえるのではないだろうか。それが民俗芸能などの場合には理解しやすいだろう。しかし静物であっても、例えば博物館という場所やそれらしい陳列、その由来を語る説明文、ツアーガイドの案内などによって、それはパフォーマンスするといえる。つまり伝統の創造はパフォーマンス論的なアプローチとも親和性が高いのである。

「高度近代社会と観光」という問い

くり返しになるが、「伝統の創造」という概念は、一見古そうに見えた祭りや文化が実は新しいものだと暴くだけのものではない。私たちは、観光においてなぜ「伝統」がこれほどまで求められるのか——それはゲストだけでなく、ホストやブローカーにおいても——という、一層根源的な問いにたどり着いている。

観光社会学者の**ディーン・マキァーネル**は、名著『ザ・ツーリスト』の「伝統」という見出しの節において以下のように述べる。「どんな社会にも、それ自体の内部や隣にもう一つの別な社会が必ずある。つまり内部にあるのは、当該社会の過去の画期的な出来事や時代の社会であり、隣にあるのは、当該社会よりも開発が遅れていたり進んでいたりする隣人の社会である。近代社会は、産業構造からほんの部分的に解放され、内部から、以前の状態に回帰する郷愁、感傷、その他の傾向によって、懐古的に、常に秩序正しく、正常であったようにみえる「黄金時代」を、特に破壊してしまいがちである」[13]。マキァーネルは、社会が高度近代社会へと発展するなかで、本来社会が保有しそしてそれによってバランスをとっていたはずの「何か」を自ら失っていくのであり、そのバランスを回復しようとする作用が観光の場面における伝統的なものの呈示・創造なのだと語っている。これは彼の観光学の核心にある考え方だ。

そして、伝統が創造されるものであるとすれば、一方で、本当に古くから続いてきたにもかかわらず「伝統」として認識されないこと、そのまま消滅していくものの存在にも思い至らなければならない。例えば食文化である。**熊谷真菜**は、近年「食による町おこし」で脚光を浴びるいわゆるB級グルメ・ブームの陰で、家庭で手間暇かけて作られてきた多くの**郷土食**が、流通の変化や食生活の現代化のために消えていく現実を指摘し、警鐘を鳴らしている[14]。マキァーネルが試みた観光から現代社会の分析へと歩を進める道筋がここにもあることを、「伝統の創造」という過程の見過ごせない一面として指摘しておきたい。

（寺岡）

(13) D・マキァーネル『ザ・ツーリスト――高度近代社会の構造分析』二〇一二年、学文社、九八―九九頁。

(14) 熊谷真菜「B級グルメと郷土食」安村克己ほか編『よくわかる観光社会学』ミネルヴァ書房、二〇一一年、一三八―一三九頁。

ポストコロニアリズム

アジアのホテルに埋め込まれた植民地主義の歴史

ポストコロニアリズムとは、「ポスト」という接頭辞からも分かる通り、植民地時代以降の社会的・政治的・文化的状況を指す用語である。しかし、ポストコロニアリズムは単に時間的な「後」を示す言葉ではなく、**植民地主義**をめぐる歴史を、未だ終焉していない現在進行形でとらえることを基本的なスタンスとしている[1]。すなわち、植民地主義下で形成された価値観、文化様式、支配・被支配の関係などが、旧宗主国および旧植民地の人々の間に今日でも深く影響をおよぼしている状況を指しているのである。

また、ポストコロニアリズムは、過去から現在にいたる植民地主義的状況を批判的に読み解いていく学問的潮流を指す言葉としても使われることもある。この学問的枠組みとしてのポストコロニアリズムは、一九八〇年代以降、文学や歴史学、人類学、社会学などの分野で領域横断的に広まっていったもので、**ポストコロニアル・スタディーズ**などと呼ばれることもある。その嚆矢の一つとなったのは、**エドワード・サイ**

(1) 本橋哲也『ポストコロニアリズム』岩波書店、二〇〇五年、参照。

図1 エドワード・サイード
(http://www.edwardsaid.org/ 2018.12.7 アクセス)

ードが一九七八年に出版した『**オリエンタリズム**』(2)だろう。サイードは、この本のなかで植民地主義を従来的な政治・経済的支配の視点からだけでなく、文化表象や言説的支配の視点からとらえようとした。より具体的には、西洋／東洋という**本質主義**的な区分が西洋の博物学や文学など知の言説によって社会的・政治的に構築された産物であることを明らかにし、こうした言説的支配によって「西洋＝優／東洋＝劣」という植民地主義を正当化する論理が構成されてきたことを指摘した。これ以降、植民地主義的力学のなかで形成された**他者表象を**批判的に読み解き、さらにはそうした権力関係を反転・転覆するようなサバルタンの抵抗実践に着目した研究などが広まっていき、この一連の学問的潮流がポストコロニアル・スタディーズと称されるようになったのである。

こうしたポストコロニアリズムの視点は、**観光**を考える上でも示唆に富んでいる。そもそも観光という現象は、植民地主義と深い関係をもちながら発展していった側面もあるからである。たとえば、十九世紀から二十世紀初頭の欧米では、植民地の文化や人間が展示される**万国博覧会**や**植民地博覧会**が頻繁に開かれている。これらの博覧会は、一方では社会進化論にもとづく展示によって植民地主義を正当化する装置となっていくが、他方では植民地の文化や人間を**エキゾティシズム**の対象として消費する機会を宗主国の人々に提供した(3)。言いかえれば、博覧会を通じて植民地の文化に対する**観光のまなざし**が誕生し、それによって植民地への観光旅行が制度化されていった

(2) エドワード・W・サイード『オリエンタリズム』今沢紀子訳、平凡社、一九八六年。

(3) 当時の博覧会の文化的・社会的役割については、吉見俊哉『博覧会の政治学』(中央公論新社、一九九二年)やパトリシア・モルトン『パリ植民地博覧会』(長谷川章訳、ブリュッケ、二〇〇二年)などを参照。

のである。たとえば、この時期急速に発展していく**タヒチ**や**バリ**への観光旅行は、その時代の博覧会で強くみられた植民地主義的想像力のなかで、**楽園イメージ**が付与されることで広まっていった現象である。つまり、植民地期に急速に発展していった**楽園観光**は、こうした植民地主義的力学のなかで形成された他者表象の上に成立したものであるといえるであろう(4)。

以上のような、観光の文脈における他者表象の形成・流通メカニズムを明らかにすることは、ポストコロニアリズムという視点から観光現象を読み解くための一つの切り口となりうる。

植民地主義とホテル

十九世紀末から二十世紀にかけて急速に発展していく**植民地観光**によって、植民地にはヨーロッパ式のホテルが多数建設されていく。ホテルというインフラ施設は、もともと西ヨーロッパで生まれたものだが、西洋人の植民地への往来が増加するなかで、植民地にも徐々に広まっていったのである(5)。

今日でも旧植民地には、その当時建てられたホテルが多数残り、**コロニアル・ホテル**や**ヘリテージ・ホテル**などと呼ばれ、利用されつづけている。そして、それらの一部は単なる宿泊施設という機能を超えて、文化遺産としての価値づけが与えられ、その地域や国家のランドマークとなっているものも少なくない。シンガポールのラッフ

(4) 楽園幻想やそこから生まれる楽園観光の形成プロセスについては、吉田竹也『反楽園観光論』(人間社、二〇一三年)第Ⅳ章を参照。また永渕康之『バリ島』(講談社、一九九八年)では、バリに関する文化表象が博覧会という制度を通じていかに生産されてきたのかを詳細にまとめている。

(5) 大橋健一「文化装置としてのホテル」(山下晋司編『観光文化学』新曜社、二〇〇七年、九八―一〇二頁)を参照。

ルズ・ホテル（一八八七年創業）やマレーシア・ペナンのイースタン・アンド・オリエンタル・ホテル（一八八九年創業）、ミャンマー・ヤンゴンのストランド・ホテル（一九〇一年）などはその典型である。

こうした植民地期に建設されたホテルもまた、ポストコロニアリズムという視点から観光現象を読み解く際には興味深い視点を提供してくれる。そこで以下では、ホテルという施設を切り口に、植民地主義と観光の関係について考えてみたい。

植民地に建設されたホテルには、もともと二つの役割があった。まず第一に、西洋人が異国にいながらも西洋的なライフスタイルを享受することができるという点である。言い換えれば、西洋人が「未開」の地を旅するリスクを軽減するための装置として機能していたのである。(6) こうした異なる文化的環境でのストレスを軽減するという役割は、今なおホテルが有する機能の一つといえる。(7)

しかし、この時期建設されたホテルは、植民地主義特有の役割も同時に担っていた。それが、西洋人の優勢＝支配の力を現地社会の人々に見せつけるモデルという役割である。当時、西欧列強による植民地主義を道徳的に支えていたのは、西洋が自らを「文明の伝道者」として位置づけ、植民地主義的介入を行うというものであった。「白人の責務」（White Man's Burden）ともいわれた、「文明」たる西洋が、「野蛮」で「未開」な植民地の人々に「文明化」という名の「光」を与えるというロジックである。ただし、この「**文明の伝道**」が可能となるには、宗主国の文化・習慣が植民地の

(6) 大橋健一「植民都市における ホテルにみる文化構築の動態——ベトナム・ダラット開発史ノート」（『立教大学観光学部紀要』六号、二〇〇四年、三九—四四頁）を参照。

(7) 観光研究では、そうした機能のことを「環境の泡」（enviromental bubble）などと呼ぶこともある。

人々にとっても「魅惑的なもの」として受け入れられることが前提となる。それゆえ、植民地では西洋近代の文化や習慣を誇示的に見せるといったことが行われていく。そこで一定の役割を担ったのがホテルである。すなわち、植民地都市に形成された豪華絢爛なホテルは、そのまま宗主国の近代性を象徴する場所として、その優越性を示すシンボルの一つでもあったのである。(8) このように植民地に建設されたホテルの意匠は、植民地主義的想像力が濃密に埋め込まれたものと考えることができよう。

高原避暑地（ヒル・ステーション）と植民地主義

こうしたホテルは植民地都市だけに建設されたわけではない。植民者たちは、（特にアジア地域の）植民地化に際して、熱帯特有の高温多湿の気候に悩まされていた。(9) そこで、探検隊などを派遣して、避暑施設に適した場所を探索するプロジェクトを各地で始動していく。こうして冷涼な気候の高原地帯に、**ヒル・ステーション**（hill station）と呼ばれる**高原避暑地**が次々に開発されていくことになる。たとえば、インドのダージリンや、ベトナムのダラット、スリランカのヌワラエリヤなどは、植民地時代にヒル・ステーションとして開発された場所である。このような植民地主義下に開発されたヒル・ステーションは、アジア地域における**リゾート**の原初的形態の一つと考えることができる。(10)

一般的にヒル・ステーションには、ホテルや教会、各種スポーツ施設、西洋人の子

（8） 青木保『逆光のオリエンタリズム』（岩波書店、一九九八年）を参照。

（9） この当時の医学的言説では、植民地の気候や社会が西洋人の精神的不調の原因となると考えられていた。それゆえ、隔離されたヨーロッパ的環境を整備することは、植民地行政にとって主要な関心事の一つであった。アン・L・ストーラー『肉体の知識と帝国の権力』（永渕康之ほか訳、以文社、二〇一〇年）八四―八五頁を参照。

（10） 稲垣勉「研究対象としてのヒルステーション」（『交流文化』六号、二〇〇七年、四―一一頁）を参照。

（11） Dane Kennedy, *The Magic Mountains, Hill Stations and the British Raj*, California: University of California Press, 1996, pp. 7-8 を参照。

弟が通う学校、西洋野菜の栽培地など、西洋的な暮らしを享受するためのさまざまな施設が作られ、西洋的生活の再生産の場として機能していった。そして、こうしたヒル・ステーションもまた、植民地において西洋近代の優越性を示す空間としての役割を担っていったのである。

ただし、こうした西洋近代の誇示は、植民地の人々に対してだけでなく、実は植民地に暮らす西洋人自身にも投げかけられたものでもあった。たとえばデーン・ケネディは、当時のヒル・ステーションは、植民者に支配者としての明確な意識を持たせ、熱帯アジアにありながらも西洋人の社会構造や慣習を維持するために存在した、と述べている(11)。このことから分かるのは、植民地における西洋人の支配者としての正当性は、決して所与のものではなかったということである。言い換えれば、植民者自身もまた、常に支配者＝西洋人とは何かを問い直し、さまざまな文化的・社会的実践によって「西洋人」であることを再生産し続ける必要があったのである(12)。その意味でヒル・ステーションとは、植民地において植民者／被植民者の境界が維持され、西洋人のアイデンティティが再生産される場所でもあったといえる。

以上述べてきたように、ホテルや避暑といった現象は、単なる観光・娯楽以上の意味をもっていたといえる。すなわち、植民地主義という状況のなかで、その正当性を支える文化的・社会的装置として機能していたのである。

(12) たとえば、ヒル・ステーションで行われるハンティングやスポーツといった娯楽も植民者・被植民者の境界構築に際して重要な意味をもっていた。大杉高司「植民者のアイデンティティ——植民地下インドにおける境界の維持」（『年報人間科学』四号、一九九三年、六七—八五頁）を参照。

図2　シンガポールのラッフルズ・ホテル（筆者撮影）

コロニアル・ホテル、ヒル・ステーションの現在

植民地期に形成されたコロニアル・ホテルやヒル・ステーションは、第二次世界大戦や脱植民地運動などの高まりのなかで、一九四〇年代にはその「黄金期」を終えることになる。そして戦後しばらくは、植民地主義の記憶を想起するこれらのホテルが脚光を浴びることはなかった。

しかし、一九九〇年代に入ると、これらのホテルの**リノベーション**が進み、コロニアル・ホテルやヘリテージ・ホテルとして再び観光消費の対象となっていく。マウリツィオ・ペレッジによれば、一九八九年から改修が進められた**ラッフルズ・ホテル**の成功がきっかけとなり、アジア地域でのコロニアル・ホテルのリノベーションが急速に広まっていった[13]。このような、植民地主義という負の遺産にプラスの価値が付与されていく状況を、ペレッジは「コロニアル・ノスタルジア」と呼んでいる。植民地主義の政治性が消去され、その審美的な価値のみが切り取られて、観光消費の対象となっていったのである。

同様の現象は、一部のヒル・ステーションにおいてもみられる。ただし、前述のコロニアル・ホテルとは異なり、ヒル・ステーションを訪れる観光者の多くは、今日では現地の富裕層が中心となっている。植民地期に形成されたヒル・ステーションのなかには、その西欧的景観ゆえに、現地の人々の間である種の憧れとして受容され、そこへ赴くことが現地の富裕層にとってステイタスとなっている場所も少なくない。こ

(13) たとえば、ラッフルズ・ホテルの運営を手がけるラッフルズ・インターナショナル社は、一九九七年にカンボジア・プノンペンのホテル・ル・ロイヤル(hotel le Royal)とシェムリアップのグランド・ホテル・ド・アンコール(Grand Hotel d'Angkor)の改修を手がけている。詳細は、Maurizio Peleggi, "Consuming Colonial Nostalgia: The Monumentalisation of Historic Hotels in Urban South-East Asia," *Asia Pacific Viewpoint*, 46(3): 255-265, 2005を参照。

のような国内観光を主たるマーケットとしたヒル・ステーションの今日的状況からは、旧植民地の人々の宗主国（西欧列強）に対する、否定と憧れというアンビヴァレントな感情を読みとることができる。[14] さらには、かつて西欧列強の優越性を表象したヒル・ステーションが、ポストコロニアルな状況のなかで現地の富裕層を可視化する新たな権威として機能していると考えることもできる。

以上のように、観光のメカニズムを通じて、植民地主義の「遺産」がどのように再解釈・消費されているのか、そしてその背景にどのような力学が働いているのかを明らかにすることもまた、ポストコロニアリズムという視点から観光現象をとらえるときの重要な論点といえる。

（須永）

（14） 稲垣勉、前掲「研究対象としてのヒル・ステーション」を参照。

マテリアリティ

マテリアリティとは人間と事物との複雑な関係の様態である

観光地の経験はさまざまな事物によって作られる。観光地の風景は見て美しいという経験を、記念碑はこの場所は歴史的価値があるという経験を、土産物はいつまでも旅を思い出すという経験を作り上げるのである。

これら観光地で目にする物質は誰かが作ったものである。どのような人たちがどのような思惑のなかで作ったのか、それを作ることで何を私たちにしようとしているのか。あるいは事物は人間によって作られるだけでなく、人間をどのように動かしているのか。

このような事物が作られていく過程を検討することで、事物が決して自明のものでないことが分かってくる。このように事物が持つさまざまな社会的背景やそれが与える社会や人間への効果を「**物質性**《マテリアリティ》」と呼ぶ。

本項では事物が決して当たり前ではなく、①それらがある特定の意図で作られていること、②事物が特定の方法で配置されることで人間を動かしたり管理したりしていること、③事物が人間の経験や関係性を作ること、を紹介したい。

事物は当たり前ではない

風景から考えてみよう。

フィリピンのダバオの離島にある**リゾート・ホテル**、パールビーチ・ホテルでは、白い砂浜と椰子の木が南国の風景を作り上げている。しかし宿泊者たちが、もし一歩、ホテルの敷地外に足を踏み出したら、おそらく驚くことだろう。なぜなら、敷地外には白い砂浜も、椰子の実もないからだ。そう、この島の風景は人工的なものなのである。

海から陸地を眺めれば、明らかに樹木の色が、ホテルの敷地内外で異なる。また早朝、敷地外から島の人びとがホテルに働きにやって来る。彼らは椰子の葉やゴミで汚れた砂浜を清掃することで白い砂浜を維持する。こうして南国の風景が作られ続けているのだ。

なぜ島の本来の風景とは異なるそれがホテルの中に作られているのだろうか。それは、どんな人がこのホテルに宿泊するのかを考えてみれば理解しやすくなる。このリゾート・ホテルは、海外旅行者、フィリピンの富裕層向けであり、彼らはビーチで泳いだりシーカヤックをしたり、あるいはスパやマッサージなどの**癒やしサービス**を楽しみに来る。癒やしサービスの雰囲気は、**南国の風景**によって強化される。なぜなら、このような宿泊者たちは、南国の人たちとは「時間に束縛されず開放的だ」というステレオタイプを持っているからである。そのため、このリゾート・ホテルでは典型的な南国の風景が日々、維持されているのである。

樹木、砂、青い海という事物は決して当たり前ではなく、観光客の南国に対する特定の思い込みによって選び出され、作られ維持される。

今度は事物の意味や価値の変化について、日本の**小京都**から考えてみよう。日本で「小京都」という呼称が用いられ始めるのは一九六〇年代末である。この頃の日本では産業化が最優先された高度経済成長期への反省として、精神的なもの、伝統的なものへの関心が高まっていた。当時の月刊旅行雑誌『旅』は、京都はすでに伝統的なものが失われているが、地方都市にはそうしたものが残っていること、それを「小京都」と呼ぶこと、とりわけ、岐阜県の小京都、高山市には京都のような雅やかさとは異なる土俗的な伝統文化が残っていることを紹介している(1)。高山に残るといわれる、民芸品、とろろ、麦飯、飛騨そば、田舎料理、囲炉裏といったものが注目されるのだった。

ここでは次のことを確認しておこう。まず、「京都」という言葉は単なる場所の名称である(デノテーション)ばかりでなく、それが「日本的な伝統文化」という意味(コノテーション)を持っていること、その「京都」という意味が別の地方都市と結びつけられることで「小京都」が誕生すること、そしてその小京都の特徴として、民

(1) 森正人『昭和旅行誌――雑誌『旅』を読む』中央公論新社、二〇一〇年。

芸品、とろろ、麦飯、飛騨そば、田舎料理、囲炉裏が強調されることである。(2) 民芸品などは事物である。それらは以前から存在したものである。麦飯やそばは米の代理食であり、この地で稲作ができなかったという否定的な意味をかつて与えられていた。しかし、「小京都」という概念と高山市が結びつけられたとき、これらの事物が選び出されて、京都とは異なる土俗の文化を物質的に示すものとして肯定的に強調された。

場所や事物が持つ意味、価値は普遍・不変ではなく、変化するのである。とくに事物はある価値を強調する役割を与えられる。事物の意味や価値が付与される過程を検討することで、場所やその価値がどのように作られるかを理解できるのだ。

事物は特定の目的で配置される

事物は特定の目的に沿って配置される。それにより人間の動きを管理することができるのである。

例として日本で最も人気のある観光地の一つ、**ディズニーランド**を考えてみよう。ディズニーランドは「永遠の子どもの国」というテーマを掲げ、それに沿わない事物を置いていない。たとえば、アルコール類（ディズニーシーでは可）、タバコは販売されていないし、暴力を想起させるものも取り除かれている。ゴミは夢の国にふさわしくないので、つねに清掃者が作業を行うことで清浄な環境を維持している。

(2) デノテーションは「外示」と訳され、辞書に登録されている語の最大公約数的な意味。コノテーションは「共示」と訳され、語が喚起する個人的・情感的・状況的な意味。

一方、テーマを促進するために置いている事物がある。たとえば、**ゴミ箱**。ゲストがゴミを持って歩いたとき、不快な気分にならない距離を計測すると八メートルという結果が出たので、ゴミ箱がおよそ八メートル間隔で設置されている。このようにあるテーマを演出するために事物を置いたり排除したりしている。

重要なのは、ゴミ箱の例に見られるように、どのように事物を配置するかということでゲストの行動を予見したり管理したりすることである。たとえば、ディズニーランドでは園外の風景が見えないように事物が配置されている。また高所から園内を眺望できないようにもしている。ディズニーランドは非日常の空間であり、もし園外の風景が見えてしまったなら、その非日常の雰囲気が壊れてしまう。あるいは高所から園内を一望してしまったなら、我を忘れてディズニーランドを楽しむ自分がどこで何をしているのか、してきたのか、考え直してしまう。言葉を変えれば、ディズニーランドに没入する自分を「内省」する機会をゲストに与えてしまう。そのため、ディズニーランドは事物を巧妙に配置することでさまざまに視覚的にゲストの感情や動きをコントロールしているのである。

事物の配置による人間行動の管理は、現代のレジャー空間でより巧妙になっている。たとえばコンサート会場では近年、紙チケットを確認するのではなく、**デジタルチケット**と呼ばれるスマホやタブレットによって入場管理をよりスムーズに行うようになっている。入場ゲートにはこのデジタルチケットやＱＲコードを読み取るための機器が設置されている。このシステムではスマホやタブレットを持っていることが前提とされている。つまりこうした機器を持たない人は持つことを積極的に推奨される。こうして人間の消費行動までも管理される。

さらに、監視カメラに写る入場者の顔認証によってデジタルチケットすら必要としないシステムも導入されようとしている。顔認証システムは人間の顔の目や鼻などの距離を測り、個人を特定する。入場者の動きがスムーズであるため、人間の動きを管理する事物が配置されていることなどほとんど分からない。しかしよく考えてみると、これは人間が機械によって、あるいは認証システムというデジタル・システムによって動かされていることになる。

このように人間の動き方は、さまざま事物の配置によって調整されたり管理されたりしている。とくにデジタル・システムの場合、システムの構築は人間が行うのだが、その運営それ自体（目や鼻の距離を測り、瞬時に何千人という個人を特定する作業）はシステムそれ自体である。つまり非人間的な事物が人間を動かしているのだ。(3)

事物は人間の経験と関係性を作る

事物を作るのは人間である。そう言うとき、人間が主体、事物が客体という関係性を自明のことと考えがちではないだろうか。あるいは人間は物を作るという労働をし、そこで充実感を得たり苦労したりすることで精神的に成長するというとき、事物

（3）デジタルと人間との関わりについては、森正人「スマートなるものと確率化される現実社会――人と物のデジタル的管理への批判的視角のために」（『観光学評論』六巻一号、二〇一八年、五三―六七頁）。

は人間成長の補完物と前提されていて、人間と事物との関係性が一つしか想定されてはいないだろうか。

現実的には人間は事物と出会い、それに触れ、使用することで、決して単純ではない関係を作り続けている。たとえば、**バリ島**で購入した民芸品は、決して芸術品ではない。というのも、それは「バリは神秘的な神々の島、未開の島」という**ステレオタイプ**のなかで作られたものであり、西洋の現代美術で使用する素材やテクニックが用いられてはいけないからである。あくまで近代化以前のものでなければならないというバリ島へのイメージの押しつけは、植民地主義的である。しかし、それらはただ**植民地主義**の産物としてのみ読み取られるべきでもない。というのも、土産物としてそれを日本に持ち帰り、家の中に配置することで、人びとはバリ島でのさまざまな経験を想起する。あるときには、すでに忘れ去っていた記憶が呼び起こされるかもしれない。「未開なモチーフ」「前近代的な素材」に触れることで、バリ島が経験してきた植民地支配とバリ島に与えられてきた前近代的な島というステレオタイプに対して、批判的な視点を持つことになるかも知れない。

人間を主体、事物を客体とし、前者が後者を超越するという考えに対して、人間も事物もともに行為主体（アクター）だとする考えを、**アクター・ネットワーク理論**と言う。人間と事物がともに作用を及ぼし合うという考えはマテリアリティに関係するし、マテリアリティに含まれる。ただし、アクター・ネットワーク理論は人間と事物

図　バリ島の祭り

との関係を作り上げていく「諸力」については十分に議論しない。

人間と事物との関係は一方向的ではなく複雑である。これを考えるために、スペインの芸術家トーマス・ヒルシュホンが二〇〇二年の第一一回ドクメンタに出陳した「**バタイユ・モニュメント**」を挙げよう。芸術といえば一定以上の教養や資産がある特定の階層の人たちの趣味、というステレオタイプを掘り崩すために、この作品はバルセロナから車で一五分ほどの距離にある、いかにも低所得者のための集合住宅の空地に建てられている。フランスの思想家ジョルジュ・バタイユにちなんだ作品で、テレビスタジオ、図書館、カフェなどからなる複合施設なのだが、建築それ自体は材木やプラスチックなどチープな素材でつくったバラック小屋である。来訪者はそこで遠く離れた場所にある書籍を持ってくるように指示される(4)。

「バタイユ・モニュメント」は、芸術における作品を見る人、見られる事物という関係性を刷新する。人びとはこの作品によって動かされる。しかも、バタイユ・モニュメントは、このトルコ人集住地区を流すタクシーと値段交渉して本を持ってくる行為を作り出す。それに付随して、それまでほとんど関わることのなかった、芸術を嗜好する教養ある階層の人たちと、この地区のタクシー運転手との間に新しい関係性を作り出すきっかけも与える。それは先に見たようなフィリピンのリゾート・ホテルの風景を作る関係性とは異なる。リゾート・ホテルの空間では、南国は、離島はこうあるべき、このような文化であるべき、という観光客の植民地主義的なステレオタイプ

(4) クレア・ビショップ『人工地獄——現代アートと観客の政治学』フィルムアート社、二〇一六年。

が再生産されているし、ゲスト（主体）とその土地に住む労働者（客体）の関係も単純である（ように見える）からだ。

人と事物が出会うとき両者の関係は作り替えられる可能性がある。どのような力関係、社会関係のなかで、人は事物をどのように使うのか、そのなかで事物は人間の経験をどのように形づくるのかを考えるときにも、マテリアリティという概念は有効である。


本項では観光に事物が果たす役割を考えた。観光地で目にするさまざまな事物は決して当たり前のこととしてそこに存在するのではない。それらは特定の目的で作られ、置かれる。そしてそれがそこに存在することで、観光地における観光客のさまざまな振舞いを作ったり管理したりもするのである。

物質性に注目することで、観光地がつねに人間と事物との関係によって作り続けられていること、つまり終わることない「過程」（プロセス）であることが理解できるだろう。

（森）

コラム　アトラクション＝サイト×マーカー

二〇〇二年一月から三月に韓国ＫＢＳで放送された『**冬のソナタ**』というドラマがあった。ドラマは基本的にはラブストーリーで、そこに主人公たちの出生の秘密や、記憶喪失などさまざまな事件が絡み、ストーリー展開に起伏を与えていた。『冬のソナタ』は、「かなえられない初恋」をテーマにした純愛の物語であり、それが主題歌、挿入歌をはじめとしたいくつかの曲や、主人公たちを演じた俳優たちの高い人気などに支えられ、日本で多くの話題をさらい韓流ドラマ・ブームの先駆けになった。

このドラマでは、ロケ地としていくつかの場所が撮影された。そこが人気の**観光スポット**になり、テレビドラマのロケ地を訪れるさまざまなツアーが組まれ、日本から多くの観光客が訪れるようになったのである。春川にある南怡島もその一つである。ここは『冬のソナタ』におけるさまざまなシーンで印象深く描き出され、多くの観光客がツアーで訪れた。また主人公とヒロインが仕事で再びよく会うようになるシーンで撮影されたのが、スキー場のある龍平リゾートで、やはり観光スポットになっている。さらに主人公が事故で記憶を喪失してしまう前にヒロインと待ち合わせしようと約束するシーンがあるが、その約束の場所が春川市の繁華街である春川明洞である。この場所にも、やはりツアーで多くの人びとが訪れるようになった。

この『冬のソナタ』というテレビドラマが人気を博して以降、ロケ地を訪問する観光が注目を浴びるようになった。日本でも、二〇〇四年公開の映画『世界の中心で愛をさけぶ』では、主人公とヒロインを印象深く描いた香川県旧庵治町（現高松市）の防波堤が、何の変哲もない防波堤でありながら、映画のヒットとともに多くの観光客の訪れるスポットとなった。このようにテレビドラマや映画のロケ地を訪問し、ドラマや映画の世界を追体験する観光を、「**フィルム・ツーリズム**」と言う。

「嵐」というアイドル・グループのメンバーが出演したテレビドラマ『花より男子』のロケ地を訪問する行為も、「フィルム・ツーリズム」といえる。そこにおいて、〝主人公の男性が初めて女性をデートに誘うが、彼女が来るまでに雨が降りだしてしまい、傘もささずにずっと待ち続けている〟という場面があった。その場面でロケ地に使われたのが、恵比寿ガーデンプレイスである。このドラマを好きだった人びとのなかには、主人公たちが待ち合わせをした場所を見ようと観光にやってくる人も多い。恵比寿ガーデンプレイスは、東京のおしゃれなスポットとして知られているところだが、そうかといって他と大きく変わったところがあるわけではない。それが〈見るべき場所〉として「**観光客のまなざし**」を向けられることになったのは、『花より男子』というテレビドラマのロケ地になっているからにほかならない。

さらには近年、映画やテレビドラマにとどまらず、アニメやマンガの舞台となっている場所を訪れる観光も注目されるようになっている。たとえば埼玉県鷲宮町は『らき☆すた』というアニメの舞台になっているが、ここに『らき☆すた』というアニメ作品を愛好する多くのファンたちが観光にやってくる。他にも『けいおん!』というアニメの舞台となっている滋賀県豊郷町や、『涼宮ハルヒの憂鬱』というアニメの舞台となっている兵庫県西宮市など、アニメやマンガの舞台となっている場所の多くが、観光地としてスポットライトを浴びている。このように映画やテレビドラマにとどまらず、アニメやマンガの舞台となっている場所を訪れる観光を、「**コンテンツ・ツーリズム**」と呼ぶ。

少女漫画においても、「コンテンツ・ツーリズム」の事例は見受けられる。[1]『君に届け』は、「コンテンツ・ツーリズム」をうみだしている少女漫画のひとつである。これは、『別冊マーガレット』で連載されていた椎名軽穂原作の作品で、この舞台となっているのは札幌市手稲区である。『君に届け』の愛読者のなかには、この作品にでてくる手稲区のプラネタリム「サッポロ・スターライト・ドーム」などを見にいこうとする人がいる。そこは、ほかのプラネタリウムときわだって特徴があるわけではない。だが、この作品の印象的な場面で描かれる、この場所を見ようと『君に届け』ファンは観光にでかける。

こうしたフィルム・ツーリズムやコンテンツ・ツーリズムの事例を考えると、**観光地**とは、不思議な場所であると思えてくる。「名所が何カ所ある」「海や山がある」など、何かある客観的な条件を満たしたら、その場所が観光地になるわけではない。たとえ何の変哲もないような場所でも、そこがメディアによって起動された「観光客のまなざし」のなかに映る場所になれば観光地になるのだ。[2]

ディーン・マキァーネルによれば、ある場所(マキァーネルは場所のことを「**サイト**」と呼ぶ)が観光地(マキァーネルはこれを「**アトラクション**:観光客を魅惑するもの」と呼ぶ)となるのは、その場所が「素晴らしい見どころ」がたくさんあるのだと観光客に認識させ、視線を惹きつけてやまない〈情報〉(マキァーネルはこれを「**マーカー**:印づけするもの」と呼ぶ)が必要なのだと言う。[3] 何の変哲もない場所でも、その場所(サイト)がメディアによって印づけされれ

ば、その場所は観光客の視線を惹きつけるスポットになる。その意味で、次のような公式が成り立つといえよう。(4)

アトラクション＝サイト×マーカー

だからこそ「フィルム・コミッション活動」なども、国内・海外どちらにおいても積極的に行われるようになっている。「フィルム・コミッション活動」は自治体が関与しながら撮影支援を行うことでロケ地誘致をはかり、地域の経済振興や観光振興に結びつけようとする活動のことをいう。具体的には、ロケ地情報の提供、撮影許可申請の代行、食事や宿泊施設の手配、エキストラの募集・手配、映画イベントの協力、ロケ地観光パンフレットの製作・配布、映画ポスターの配布・手配などを行う。このようなかたちで、旅行会社などの観光産業と連携をとり、メディア産業をまきこみながら、自分たちの地域や場所（サイト）をメディア（マーカー）の力で観光地（アトラクション）に変えていこうと試みる行政も増えているのである。

（遠藤）

(1) そうはいいながら『らき☆すた』『けいおん！』などによるコンテンツ・ツーリズムと少女漫画によるコンテンツ・ツーリズムは、その差異についてより注意深く考えられるべきであろう。

(2) 二〇一六年に公開された長編アニメーション作品『君の名は。』でも、東京四ッ谷須賀神社前階段をはじめさまざまな場所に観光客が訪問するようになった。その意味でこの作品もコンテンツ・ツーリズムの事例といえるが、その一方、大きく異なっている点もある。このことについては、遠藤英樹・松本健太郎・江藤茂博編著『メディア文化論（第二版）』（ナカニシヤ出版、二〇一七年）を参照してもらいたい。

(3) ディーン・マキァーネル『ザ・ツーリスト――高度近代社会の構造分析』安村克己・須藤廣・高橋雄一郎・堀野正人・遠藤英樹・寺岡伸悟訳、学文社、二〇一二年。

(4) ときに実際にみていないメディア作品であっても、多くの者があちらこちらで耳にしたりしながら、なんとなく記憶にとどめている作品（私はこれを「〝痕跡〟としてのメディア作品」と呼んでいる）の場合、マーカーとなることがある。むかしの映画作品『ローマの休日』などはその例であろう。

Ⅲ部　観光学のテーマ

オルタナティヴ・ツーリズムの現在

地域のためになる観光を実現するには

一九六〇年代からの交通機関の飛躍的発展によって人々の移動が爆発的に増大した。その代表的な流れが**マス・ツーリズム**であり、世界各地でそのさまざまな影響が顕在化した。マス・ツーリズムの弊害としては、観光者用の施設が大型化し、環境破壊や伝統文化の変容、土地の乱開発、治安の低下などがあげられる。また、南北間の経済格差を利用した国際観光は、先進国による低開発国の資源搾取を生んでいる。それへの反動・批判として一九八〇年前後に主張されたのが、「観光のもうひとつ別の形態（複数）」（alternative forms of tourism）であった。当初はマス・ツーリズムによる弊害を避けられる形態であれば「オルタナティヴ」であると自称し、南の島で床のガラスから魚が泳ぐ様子を観察できる海上の超高級コテージで環境を楽しむのもエコ・ツーリズムであると宣伝されたこともある。「観光のもうひとつ別の形態」という標語は、世界中から一時的には同意を得られるような魅力に溢れていたが、結局は「ありえないものを実現しよう」という内実のないものであった。(1)一九八九年に開催

（1）Marie-Francoise Lanfant & Nelson H.H. Graburn, "International Tourism Reconsidered: The Principle of the Alternative," inValene L. Smith & William R. Eadington eds., *Tourism Alternatives Potentials and Problems in the Development of Tourism*, Philadelphia: University of Pennsylvania Press, 1992, p.89.

された世界観光機関のセミナーでは「**責任ある観光**」(responsible tourism)という標語が新たに採用され、「ホストと、自然的・文化的環境や建築物を尊重し、ホストやゲスト、訪問者、観光産業、政府などすべての関係者の利益を尊重するあらゆる観光形態」と定義された(2)。

マス・ツーリズムへの反省・批判として

マス・ツーリズムではない「もうひとつ別の形態の観光」は、次のような具体的な名称で議論されることになった。訪問先の民族文化を尊重し交流を促進する「**エスニック・ツーリズム**」、自然環境の保全と観光による地域振興をめざす「**エコ・ツーリズム**」、農村での観光による振興対策となる「**グリーン・ツーリズム**」などである。ここでは、これまで「オルタナティヴ・ツーリズム」の範疇内で取り上げられることのなかった「イスラミック・ツーリズム」と「観光まちづくり」という二〇〇〇年以降の二つの流れを取り上げる。国際的な観光の場面では、イスラーム圏で宗教的戒律を重んじる「**イスラミック・ツーリズム**」が盛んになってきており、日本でもその姿が見られるようになっている。この新たな流れはこれまでの観光のあり方に衝撃をあたえるものである。これまではヨーロッパを中心とする近代科学主義的な自然保護という価値観を反映したエコ・ツーリズムやグリーン・ツーリズムなどが唱道されてきたが、それに対し「イスラミック・ツーリズム」は、広く観光における倫理・道徳を

(2) Valene L. Smith & William R. Eadinton, "Preface," in Valene L. Smith & William R. Eadington eds., *Tourism alternative Potentials and Problems in the Development of Tourism*, Philadelphia: University of Pennsylvania Press, 1992, p. xiv; 橋本和也「観光開発と文化研究」佐藤幸男・橋本和也編著『観光開発と文化』世界思想社、二〇〇三年、六三頁。

再考させる新たな観光の形態の唱道として捉えることができる。そしてまた、日本などで二〇〇〇年前後から活発になってきた「**観光まちづくり**」の活動は、商業主義的マス・ツーリズムではなく、地域の人々による観光をツールとして地域振興を目指す「地域観光」の動きであり、新たな形態の観光として考察されるべきである。

「イスラミック・ツーリズム」という新たな形態

観光研究の視点からは、マス・ツーリズムに対するオルタナティヴとしての「イスラミック・ツーリズム」のあり方が注目されている。イスラームにおいて「旅」は、「アッラーによって創造された美と脅威の徴を見るための行為」で「ムスリム同士の同胞意識の育成や、ウンマ（イスラーム共同体）の結束のために行われるべき」宗教行為であると考えられてきた(3)。それに対してマス・ツーリズムは宗教的目的のない余暇活動で、イスラームの理念に合致せず、イスラームを市場経済の商品にし、かつモスクなどの宗教施設を商品化すると考えられている。イスラームにとっては、観光者が持ち込む酒や豚肉などの飲食文化、犯罪、肌の露出、公共の場での男女分離の不徹底による風紀の乱れなどが問題としてあげられた。また新たにイスラミック・ツーリズムを実現するには、ハラール食品（イスラーム法に照らして合法な食品）の入手や礼拝時間の把握、礼拝場所の確保が課題となっていた。

イスラームの価値観に反しない新たなツーリズムの形態としての「イスラミック・

（3）安田慎『イスラミック・ツーリズムの勃興――宗教の観光資源化』ナカニシヤ出版、二〇一六年、一五三頁。

ツーリズム」は、観光の負の影響を軽減し、現代社会における「モラルと品位を備えた観光活動」となり、ツーリズムの新たな倫理基準となるものだと主張された。本格的な観光産業の参入は、具体的に商品・サービスとして展開できるだけの市場のガイドラインや運営手法が確立されてからであった。それが「**シャリーア・コンプライアンス**」（イスラーム法適合性）の成立であった。産業として経済的利潤と市場における付加価値を高めることを目指し、ムスリム観光者が宗教的義務を遂行しながらあらゆる形態の旅行を楽しむことが可能であることが示された(4)。たとえば「シャリーア・コンプライアント・ホテル」では、マッカの方向が指し示されていることや、公共スペースが男女で分かれていること、ハラール食品やイスラーム関連のテレビ番組の提供、女性スタッフの確保、礼拝時間を知らせる手段、礼拝のための設備（クルアーン、礼拝用マット、女性用のベール完備か貸出）などが基準となっている。マレーシアでは、市場形成のために「ムスリム観光・巡礼に関する国際会議」がもたれ、世界六二カ国の観光大臣会議も開催され、二〇〇九年には「イスラミック・ツーリズム・センター」が設立された。

イスラミック・ツーリズムの価値基盤は、観光の倫理と経済的価値を両立させ、観光活動の倫理が価値を持つ市場を創出している点にある。ビジネス客や女性、家族を対象にイスラーム的なホスピタリティ(5)を前面に押し出し、従来のホテルにはない清潔さや平静さ、安全性を強調する。ドバイのアル＝ジャウハラ・ホテルは非ムスリム観

（4）安田慎、同前書、一五七—一五九頁。

（5）「ホスピタリティ」の項も参照。

光者が八〇％を占めるようになっているという。イスラーム的規律が非日常なものとして観光のまなざしの対象となり、評価されているのである(6)。

「観光まちづくり」という新しい観光――「地域文化観光」への展望

二十一世紀になって日本各地で盛んになった「観光まちづくり」の先進的な事例を分析するなかで、たとえば「**地域文化観光**」という概念が導き出されている(7)。二十世紀末期において農山村地域では過疎化・高齢化が進み、「地域振興」「まちづくり」が盛んに喧伝されていた。しかしながら、高齢化が進む過疎地域に外部から資本が投下されることはなく、地域開発をしようとしても成果は見られなかった。低予算で、外部の観光者を呼び寄せる「観光まちづくり」に注目が集まった。一九七七年から博物公園都市構想「遠野ピアプラン」という市の統合計画をはじめた遠野、一九七〇年代後半から「まちづくり」活動をはじめた湯布院、一九八二年に重要伝統的建造物群保存地区（伝建）に選定された内子、一九八六年に「町並み委員会」を発足させ、一九九九年に「伝建」に選定された川越などは、（二〇〇〇年以後使われる用語であるが）「観光まちづくり」として評価がすでに定まっていた。それらの事例を調査・分析をするなかで「地域文化観光」という概念が導き出された。「地域文化観光」においてグローバルな流れに巻き込まれる**地域の人々**と、西欧列強の植民地政策に翻弄される**先住民族**(8)とは、状況は異なってはいるが、たがいに通じる点も多い。被植民者に

（6）　橋本和也「書評」（安田慎『イスラミック・ツーリズムの勃興――宗教の観光資源化』）『アジア経済』五八巻一号、二〇一七年、一二四頁。

（7）　橋本和也『地域文化観光論』ナカニシヤ出版、二〇一八年。

（8）　本書「先住民族」の項も参照。

とっては、人格の内奥まで「植民地の人間」に造りかえられてしまった状況からいかに「主体性」を取り戻して抜け出すかが大きな問題になる。(9)

地域の人々は自覚的にならぬかぎり、画一性を押しつけるグローバルな流れやナショナルな流れのなかに受動的にのみ込まれるだけで、過疎化・高齢化が進む地域の状況から主体的な取り組みによって抜け出すという課題には対応できないことになる。「地域文化」や**「地域性」**は、グローバルな流れやナショナルな流れから画一性を押しつけられるときに姿を現し、ローカルな主体の生産に関わる。(10)**「ローカルな主体」**として現れた地域の人々が、「発見・創造」した文化資源を、「地域文化」に「育てあげ」、それを観光者に提示する活動に注目するのが「地域文化観光」である。「地域性」を反映する「地域文化」を「ほんもの」にするのは、このような地域の人々の活動なのである。この活動を通した「真正化」の過程において、「発見・創造」された「地域文化」は**「ほんもの」**になっていくのである。(11)

「オルタナティヴ・ツーリズム」(もうひとつ別の形の観光)も結局はグローバルな大衆観光の波にのみ込まれ、その一形態となっている現状がある。地域の人々による「観光まちづくり」の視点からはそのような流れに対抗しえるような、地域の人々が発見・創造した地域の文化資源を、観光資源として育て、外部に提示する「地域文化観光」を創出する必要があるのである。

(橋本)

(9) 大谷裕文「ポストコロニアル論」『文化人類学20の理論』綾部恒雄編、弘文堂、二〇〇六年、二六七頁。

(10) アルジュン・アパデュライ『さまよえる近代――グローバル化の文化研究』門田健一訳、平凡社、二〇〇四年、三二八頁。

(11) 橋本和也『観光経験の人類学――みやげものとガイドの「ものがたり」をめぐって』世界思想社、二〇一一年、一五五―一五六頁。本書「真正性」の項も参照。

先住民族

先住民族アイヌの文化伝承と観光

民族的・文化的背景の異なる人々とさまざまな交流をすることを通じて、人類文化の多様性について理解を深めることは観光のもっている社会的意義の一つといえる。そして、そのような理念が強調される観光形態の一つに、**エスニック・ツーリズム**と呼ばれるものがある。エスニック・ツーリズムとは、世界の少数民族や先住民族などの生活の場を直接訪れ、異文化を直接体験したり、学んだりするツーリズムのことであり[1]、中南米の先住民（インディヘナ）や、タイやベトナムなどの山地少数民族、東アフリカのマサイなどの集落を訪ねるツーリズムが、その代表的な事例として知られている。このようなツーリズムは、博物館やテーマパークなどのツーリスト向けに演出された空間のみならず、集落訪問やホームステイなどを通じて、より真正な経験・理解を希求する観光者のあいだで、特に一九八〇年代以降、急速に広まっていった。

しかし、エスニック・ツーリズムには、観光者（ゲスト）と観光を受け入れる側（ホスト）の間に不均衡な力関係を形成している場合が少なくない。たとえば人類学

（1）S. Harron & B. Weiler, Review: "Ethnic Tourism", B. Weiler & C.M. Halls eds., *Special Interest Tourism*, London: Belhaven Press, 1992, pp. 83-94 を参照。

者の**ピエール・ファン・デン・バーグ**は、エスニック・ツーリズムの特徴を「第一世界と第四世界の出会い」であると指摘している。(2)ここでいう第一世界とは、冷戦時代の西側諸国、すなわち欧米を中心とするグローバルな政治経済的秩序のなかでヘゲモニーを握ってきた国々で、エスニック・ツーリズムに参加する観光者は総じてこうした地域の出身である。それに対して、「第四世界」とは、先住・少数民族などのような世界システムや国民国家内部で周辺化された人々のことを指し、その文化的差異ゆえに観光の文脈では注目される。そして、両者が出会うエスニック・ツーリズムの現場では、こうした対照的な関係のなかで、観光者が抱くステレオタイプなイメージを相手に一方的に押し付けるといった、文化表象・言説をめぐる不均衡な関係が形成されてしまうことがある。その意味でエスニック・ツーリズムとは、**エドワード・サイード**が提起した「**オリエンタリズム**」(3)の問題が最も先鋭化する観光形態といえるかもしれない。

さらに、こうしたホスト－ゲスト間の不均衡のみならず、国民国家内部の不平等な民族関係がエスニック・ツーリズムを通じて再生産されてしまうこともある。たとえば、前述のファン・デン・バーグが報告するメキシコでは、インディヘナと総称される先住民族の集落を訪ねるエスニック・ツーリズムが、国内の多数派民族集団であるメスティーソによって導入・運営されているという。言い換えれば、エスニック・ツーリズムの運営が、メスティーソ－先住民族間という権力関係のなかで行われ、ホス

(2) Pierre L. van den Berghe, *The Quest for the other : ethnic tourism in San Cristóbal, Mexico*, Seattle : University of Washington Press, 1994 を参照。

(3) エドワード・W・サイード『オリエンタリズム』今沢紀子訳、平凡社、一九八六年。

トである先住民族が主体的に関わることができないような状況が生じているのである。このようにエスニック・ツーリズムは、その理念とは裏腹にさまざまな問題を抱えていることが分かる。

しかし人類学者の**太田好信**は、エスニック・ツーリズムに見られる権力関係を明らかにし、その問題点を指摘するだけでは不十分であると述べている。このようにとらえている限りは、現地の人々を「犠牲者」として描くことに終始し、そのことが結果として現地の人々の創造性や主体性を否定することにつながってしまうからである。その上で太田は、観光に抑圧的な構造が存在することを認めつつも、ホストの人々がいかにその構造に抵抗するかといった問題意識から分析することの必要性を説いている。(4) こうした太田の問題提起は、観光研究に大きなインパクトを与え、それ以後、観光人類学を中心に、ホスト社会の人々のミクロな創造的実践や抵抗を主題化するような研究が広まっていった。(5)

こうしたアカデミズムの動きと並行して、エスニック・ツーリズムにみられる権力関係に抗う試みは、当の先住・少数民族の人たちの間でも一九九〇年代以降活発になっていく。特に国連が一九九三年を「世界の先住民の国際年」に、それに続いて一九九五年から二〇〇四年を「世界の先住民の国際一〇年」と制定したことをきっかけに、先住民族による権利回復運動が活発化していくなかで、先住民族の人々が自律的な観光形態を模索するようになっていくのである。こうしたなか、先住・少数民族の

(4) 太田好信『[増補版]トランスポジションの思想――文化人類学の再想像』世界思想社、二〇一〇年、第二章を参照。

(5) たとえば、川森博司「現代日本における観光と地域社会――ふるさと観光の担い手たち」(『民族学研究』六六巻一号、二〇〇一年、六八―八六頁)、須永和博『エコツーリズムの民族誌―タイ北部山地カレン社会の生活世界』(春風社、二〇一二年)、Kathleen M. Adams, "More than an Ethnic Marker: Toraja Art as Identity Negotiator," *American Ethnologist*, 25(3): 327-351, 1998 などを参照。

人々が主体的に管理・運営するような観光形態として「**先住民観光**」(indigenous tourism)という用語が注目されるようになってきた(6)。以下では、北海道を中心に居住してきた先住民族**アイヌ**の事例を取り上げ、先住民観光の歴史と現在について紹介したい。

アイヌ観光の歴史と現在——白老《しらおい》の事例から(7)

江戸時代より、本州の人々の間ではアイヌ絵(8)などを通じて、アイヌに対するある程度のイメージが出来上がっていたが、それが観光のまなざしとして制度化されていくのは明治時代、特に日露戦争後のことである。この時期活発に行われるようになっていく**内国勧業博覧会**などで、アイヌの文化や習慣が紹介されたことで、一般大衆のあいだでアイヌに対するステレオタイプなイメージが普及していく。そして、**鉄道**の開通などによって北海道観光が急速に展開するなかで、一部のアイヌの居住地域がツアーに取り込まれていったのである。

以下で紹介する**白老**は、一八八一年に明治天皇が来訪したことをきっかけに、アイヌの居住地として全国的に知られるようになり、一八九二年の鉄道開通後に急速に観光地化が進展していった。大正時代には、アイヌ工芸の商品化が進み、一部の古老が自宅を開放し、見学者を受け入れるといったことも行われるようになっていく。さらに戦後、一九六〇年代以降になると、アイヌ文化を見せる観光者向け施設も作られ、

(6) 山村高淑「エスニックツーリズム」(山下晋司編『観光学キーワード』有斐閣、二〇一一年、一二二—一二三頁)、Richard Butler & Tom Hinch, *Tourism and Indigenous Peoples : Issues and Implicantions*, Oxford : Elsevier, 2007 などを参照。

(7) アイヌ観光の歴史的展開については、大塚和義「アイヌにおける観光の役割」(石森秀三編『観光の20世紀』ドメス出版、一九九六年、一〇一—一一二頁)が詳しい。特に白老に焦点を当てたものとしては、内田順子「アイヌ文化の伝承のあり方と観光」(『国立歴史民俗博物館研究報告』一九三号、二〇一五年、七五—九四頁)や野本正博「アイヌ観光と博物館——文化資源と民族共生モデルを考える」(国立歴史民俗博物館・青木隆浩編『地域開発と文化資源』岩田書院、二〇一三年、三五—五八頁)を参照。

年間五〇万人以上が訪れる一大観光地となっていく。

こうした観光地化は、ツーリストによるアイヌの生活の場への侵入や粗悪な土産品の増加など、いわゆるマス・ツーリズムの問題も生み、北海道庁から白老町が行政指導を受けるなどの事態も生じた。さらには、アイヌの民族運動家によるアイヌ観光の否定・批判も相次いでいく。和人が抱くステレオタイプなアイヌ・イメージを再生産するような過度な演出が、アイヌ自身からも批判を受けるようになったのである。このような状況のなかで、白老では一九七〇年代後半からアイヌ主導のアイヌ観光を模索していくことになる。

こうして一九八四年に開館したのが**アイヌ民族博物館**である。「見られる」という受動的な存在から主体的に「見せる側」に立つことで、自律的な先住民観光の拠点を作ると同時に、アイヌ文化の調査研究の拠点としても博物館を活用していくというのが、同博物館のコンセプトとなっている。

同博物館には、学芸員が所属する学芸課とともに伝承課というユニークな部署がある(9)。学芸課がアイヌ文化全般に関する調査・研究・展示に携わる部署だとすれば、伝承課はそれを実際に再現し、来館者に見せることを主な仕事としている部署である。同博物館では、一日八回、屋外に再現されたアイヌの伝統的家屋チセで古式舞踊が上演されるが、こうした舞踊に携わっているのが伝承課の職員である。

もともとマス・ツーリズム型の目的地として発展してきた白老には、不特定多数の

（8）「アイヌ風俗画」などとも呼ばれる。江戸時代に蝦夷地に居住していたアイヌの人々の風俗を和人の視点から描いたもの。

図　博物館の屋外スペースに再現されたアイヌの伝統家屋チセ。これらのチセで、アイヌ古式舞踊などが上演される。（筆者撮影）

観光者が訪れる。そして、こうした観光地では当然ながら「見世物としての完成度」が求められる。白老の人々は、このようなマス・ツーリズム特有の環境に対応するなかで、舞踊などのパフォーマンスの水準を高め、軽快かつユーモラスな説明などさまざまな工夫をし、さらにはそのための相当な場数を踏んできた。それゆえ、パフォーマンスとしてのアイヌ舞踊の水準は非常に高く、夏季には「ポロトコタンの夜」と呼ばれる六〇分の特別公演も行っている。

また古式舞踊が上演されるチセには、常に火を絶やさない囲炉裏があり、そこではサッチェプと呼ばれる鮭の燻製も作られている。こうしたチセで上演される舞踊は、囲炉裏の匂い、アイヌ語の生の歌声など、視覚中心の従来の博物館では排除されてきた諸感覚が再現されているといえる。それゆえ、観光者向けに演出された場でありながら、アイヌ文化のリアリティを強く感じることができる場所になっている。言い換えれば、アイヌ語の響きや踊り、楽器の音色、民具、燻製、囲炉裏の匂いなど、ヒトとさまざまなもののネットワークがチセに強烈な場所性を与え、身体感覚にもとづくリアリティを構成しているのである。こうしたリアリティの構成は、同博物館の人々が長年にわたって実践してきた「学習の過程」[10]の所産ともいえるであろう。

人類学者の**橋本和也**は、文化資源を提供するホストの人々の真摯な姿勢に接したとき、観光者のあいだでそれが真正な経験として受け入れられると述べ、それを「**間主観的な真正性**」と呼んでいる[11]。アイヌ民族博物館における観光者とホストのあいだに

(9) 二〇一七年現在で、学芸課には一二名の職員が、伝承課には二〇名の職員が常勤しており、その多くはアイヌに出自を持つ人々である。

(10) 民俗学者の川森博司は、生活の基盤として受け継いだ文化を、現在の状況のなかで生かせるような形へと練り上げていくプロセスを「学習の過程」と呼んでいる。川森、前掲「現代日本における観光と地域社会」を参照。

(11) 橋本和也『観光経験の人類学――みやげものとガイドの「ものがたり」をめぐって』(世界思想社、二〇一一年、第四章)を参照。また、「真摯さ」をめぐる議論については、John P. Taylor, "Au-then-ticity and Sincerity in Tourism," *Annals of Tourism Research*, 28(1): 7-26, 2001 も参照。

も、橋本が指摘しているような間主観的な真正性が立ち現れているといえよう。

また、古式舞踊の上演に際しては、アイヌ文化についての短い講話も行われる。その際、強調して語られるのが「アイヌの今の暮らし」である。政府による同化政策やその他の社会変化によって、今日アイヌの人々の暮らしは和人のそれとほとんど変わりないのが実情である。しかし観光者のなかには、今も昔ながらの暮らしをしているアイヌがいると思っている人は少なくない。そして、アイヌのかつての暮らしを伝える博物館の展示は、そうしたステレオタイプを助長させる危険性もある。(12) そこで同博物館では、古式舞踊上演の際に意識的に「アイヌの今の暮らし」を説明することで、ステレオタイプなアイヌ理解に陥らない工夫がなされているのである。

(12) アイヌ民族博物館は、いわゆる伝統的なアイヌの生活文化や世界観を紹介する本館展示と、復元されたチセが立ち並び古式舞踊などが上演される野外展示から構成されている。

文化伝承の拠点としての博物館

同博物館では、こうした観光者を対象とする事業の他、主に職員を対象とした伝承事業も行われている。(13) 具体的には、アイヌのさまざまな儀礼や、伝統漁具を使ったサケ漁など生業に関する調査と実践である。儀礼や伝統的な生業を実践するには、多種多様なアイヌ民具が必要だが、そうした民具を実際に作成したりするのも伝承課の職員の仕事である。そして博物館で実施される儀礼に際しては、職員が地域内外の古老からそのやり方についての聞き取りを行い、それにもとづいて儀礼を執り行い、さらにその成果については詳細な報告書にまとめられる。

(13) 博物館内で伝承活動として行われている儀礼は、観光者向けに積極的に宣伝されることはないが、観光者も見学することは可能である。

こうした儀礼の実施に際しては、一定の予算とアイヌ文化に関する知識や技能を有する人材が必要だが、白老の場合それを支えてきたのが観光なのである。言い換えれば、不特定多数の人々が訪れるマス・ツーリズムを「スケール・メリット」として活用することで、アイヌの文化伝承者を育成してきたといえる。それゆえ今日白老は、アイヌ文化継承者を多数有するとともに、アイヌの儀礼実践が最も盛んな地域の一つとなっている。

このように長年にわたってアイヌ文化伝承活動を牽引してきたアイヌ民族博物館であるが、二〇一七年度をもって閉館した。同地には、二〇二〇年に「**民族共生象徴空間**」（国立アイヌ民族博物館・国立民族共生公園）としてアイヌの文化復興に関わるナショナル・センターが建設される予定となっているからである。アイヌの人々が立ち上げたボトムアップの先住民博物館が、国立の博物館へと管理運営体制が大きく変わるのである。これによる変化がいかなるものであるのか、現段階で論じることはできないが、「民族共生象徴空間」の候補地として白老が選ばれたということは、同博物館のこれまでの取組みが一定の評価を得たことの表れであろう。

しかし先住民族の人々が置かれている状況はさまざまで、一つの事例をモデル化することは難しいかもしれない。それゆえ、さまざまな事例についての民族誌的研究を蓄積していき、その上で（単なる経済活動としてだけではなく）社会的・文化的実践としての観光が有している可能性や課題について思考していく必要がある。(14)（須永）

（14） 他地域におけるアイヌ観光の動向については、北海道・平取町二風谷《にぶたに》の取組みについて論じた須永和博「先住民観光と博物館――二風谷アイヌ文化博物館の事例から」（『立教大学観光学部紀要』一八号、二〇一六年、七八―八九頁）を参照。

宗教ツーリズム

「神聖・真正性」を獲得する過程に注目

「宗教ツーリズム」研究の位置づけ

なぜ、宗教の領域と観光の領域を同一の範疇に入れて考える必要があるのか。『宗教とツーリズム』[1]の編者**山中弘**は、俗なる領域の観光は聖なる領域の宗教とは無縁だとみられ、**聖なる巡礼**を「**宗教ツーリズム**」と呼ぶことに宗教学研究者は大いに躊躇するだろうが、現代宗教の動向を宗教社会学的視点から考えるならば、あえて観光にこだわることが重要だという。今日の社会では、制度宗教が弱体化し、宗教が個人化し、個々人の好みに合わせて宗教を消費するという事態が進んでいる。消費を特質とする観光空間は、このような状況を検討する恰好の分野だという。一九七八年に出版された『ホスト・アンド・ゲスト——観光人類学』の序論で**ヴァレン・スミス**[2]が提案した観光の五つのタイプ（民族観光、文化観光、歴史観光、環境観光、レクリエーション観光）に、「宗教観光」は入っていなかった。しかし一九九二年には、聖なる巡礼と世俗的快楽を求める観光との中間に「宗教ツーリズム」を位置づけることをスミ

（1） 山中弘編『宗教とツーリズム——聖なるものの変容と持続』世界思想社、二〇一二年。

（2） Valene L. Smith, *Hosts and Gusts – The Anthropology of Tourism*, University of Pennsylvania Press, 1989, pp. 4-6. ヴァレン・スミス編『ホスト・アンド・ゲスト——観光人類学とはなにか』市野澤潤平・東賢太郎・橋本和也監訳、ミネルヴァ書房、二〇一八年、五—七頁。

スは提案している。[3] 山中は宗教研究の立場から、スミスの新たな分類を参考にして「宗教ツーリズム」へのアプローチをおこなっている。[4]

山中やスミスの提示する「宗教ツーリズム」は、宗教性が観光のなかへと拡散している西欧や日本の巡礼のあり方に通じ、また方向性は異なるが**ネルソン・グレーバーン**[5]が主張するような観光を「真正性への探求」や「聖なる旅」、すなわち世俗社会における巡礼であると考える立場に通じる。**エリック・コーエン**は「中心と他者」の観点から、巡礼が「中心への動き」であるならば、観光は「他者に向かう動き」であり、両者は反対のものであると当初は定義していた。しかしその後、今日の巡礼は変化し、巡礼の世俗化と中心の複数化が進み、旅の誘因である「他者」の意味も変化したと指摘するようになった。[6] コーエンの後期の主張を受けて、山中は中心を目指す巡礼が他者に向かう観光に近接し、逆に、他者を目指す観光が神聖性を帯びた中心への巡礼になることもあるとの立場に立つ。それは、連続する直線上の一方の極に「聖」として敬虔な「巡礼」を位置づけ、他方の極に「俗」として世俗的快楽だけを求める「観光」を位置づけ、その中間部分に「宗教ツーリズム」を配置するものである。

宗教的巡礼と観光

フランス南部の山麓にあるカトリックの巡礼地**ルルド**には、年間六〇〇万人が訪れる。一八五八年に一四歳の少女が、洞窟で白く輝く少女に出会い、一五日間通い続け

(3) Valene L. Smith, "Introduction: The Quest in Guest," *Annals of Tourism Research*, 19(1): 1-17, 1992.

(4) 山中編、前掲『宗教とツーリズム』一五―一六頁。

(5) Nelson H.H. Graburn, "Tourism: The Sacred Journey," in *Hosts and Gusts – The Anthropology of Tourism*, University of Pennsylvania Press, pp. 21-36.

(6) Erik Cohen, "A Phenomenology of Tourist Experiences," *Sociology*, 13(2) pp. 179-201, 1979.

る間に泉が湧き出した。その水で傷や病いが癒えたという話が伝えられ、フランス中に広まった。年間一〇〇万人の巡礼者のうち六万人が「傷病者」という資格で今日ではやってくる。寺戸淳子は、傷病者の姿が観光の目玉となっており、ルルドの呼び物は、病気治癒の奇跡よりも「治らない人々」であるという。(7) また、スペイン北西部の聖地**サンティアゴ**への巡礼路が世界文化遺産に指定されてから巡礼者数が増えた。年に十数万人が巡礼証明書を受けているが、その信者数を上回る別の目的の参加者がいる。サンティアゴ巡礼は本来、大聖堂に安置された赦しを与える聖なる「ヤコブの遺骸を目指す旅」である。しかし現代の「観光化した聖地巡礼者」は、ヤコブの遺骸を目的とする伝統的なカトリック信仰を持たない人々で、「自分自身を見つめ直したい」「就職前に大きな冒険がしてみたい」といった動機で参加する。巡礼者の四〇%が本来の宗教的目的であるが、それ以外の宗教的・文化的目的五〇%、文化的動機一〇%となっている。宗教的目的の代わりに残りの六〇%が見出したものは「ホストの人々」の素朴さや純粋さであり、そこに「信仰なき巡礼者」が惹きつけられていると岡本亮輔はいう。(8) とくに徒歩でサンティアゴを目指す人々は信仰に篤くないといわれており、「徒歩による旅」を目的に訪れる者がほとんどとなる。信者は自分たちの聖地であるルルドやサンティアゴへ巡礼に行くが、信者ではない人々は「自分探し」や「思い出作りの冒険」のための恰好の場として「よく知られた聖地」へ行くのである。

(7) 寺戸淳子「惜しみない旅——「傷病者の聖地」の魅力の在処」山中弘編『宗教とツーリズム——聖なるものの変容と持続』世界思想社、二〇一二年、一〇六—一二五頁。

(8) 岡本亮輔「信仰なき巡礼者——サンティアゴ・デ・コンポステーラへの道」山中弘編、同前『宗教とツーリズム』一二六—一四八頁。

「スピリチュアリティ」なるもの

現在、個々人の体験に焦点をおき、当事者が何らかの手の届かない不可知・不可視の存在と神秘的なつながりを得て、非日常的な体験や自己が高められるという感覚が話題になっている。そこでは「スピリチュアリティ」なる次元が問題になっており、従来「巡礼」研究の対象とはならなかった「浮遊しながら、容易に観光的文化資源として活用され、商品として消費される可能性をもっている」ものを範疇に入れて考えざるを得ない状況がある、と山中はいう。このような曖昧な領域に焦点を当て、「宗教と観光」を同時に視野に入れた研究を進めることで、現代の宗教現象を解明する必要性を強調する。(9) 観光は本質的に境界を浸潤する行為であり、「よく知られた」事柄に「ほんの少し」だけ触れようとする観光者は、ジャンル相互間の境界には無頓着にまなざしを向けている。(10)「観光の現実」は、現代の宗教現象と同じく、観光の領域とそれに隣接する領域とが重なる曖昧な領域にあるのである。

「パワースポット」という言葉は、二〇〇〇年以後多く使われるようになった。何となく癒やされる場所、元気がもらえる場所、幸運に恵まれそうな場所といった意味で用いられる。用語としては、パワー、エネルギー、癒やし、浄化といった独特の言葉がつかわれる。それによって従来の聖地を観光的に体験する基盤が整えられ、観光案内書に違和感なく聖地巡礼を織り交ぜることができるようになったのである。日本の宗教伝統ではご利益や霊験のあらたかな場所になるが、パワースポットという言葉

(9) 山中編、同前『宗教とツーリズム』一九頁。

(10) 橋本和也『観光人類学の戦略』世界思想社、一九九九年、五四頁。

は特定宗教を連想させず、中立的な語感をもつので、使い勝手がよいのである。岡本亮輔はパワースポットという表現は宗教臭さや伝統の重たさを感じさせず、この言葉の流通が宗教的な聖地を世俗的な観光対象として、遊び半分で出かけてもよい場所として取り上げやすくしているという[11]。信仰を持たず、宗教的知識がなくてもその場を訪れて、自分なりに何かを感じ取れればよいという場所なのである。

「聖地」なるものへの巡礼――「聖化」の過程

伊勢神宮、高野山、大仏、聖マリア像、深山幽谷、マッカのカーバ神殿、スポーツの聖地（アテネ、ツール・ド・フランスのアルプス）、音楽の聖地、学問の聖地、若者の聖地（原宿）、ディズニーランド、そしてアニメの聖地など、現在ではさまざまな**聖地**が存在している。何らかの形で聖なるものとかかわりがあり、そのあらわれ方はさまざまであるが、その価値を認識する人々にとって、非常に重要な意味を持った場所が聖地である、と松井圭介はいう[12]。聖地の果たす機能も多様で、宗教的な価値を持つ場所は同時に、文化的・歴史的遺産としての価値を持ち、地域の有力な観光資源として高い経済的価値を有する場合も多い。そこでは、聖地の真正性や宗教性は問題ではなく、現実の人びとの心をどこまで捉えることができるかが重要となる。地方公共団体、観光業界、地域住民、宗教界、アニメ・ファンなど、さまざまな主体による聖地創造がおこなわれている。信徒拡大と安定収入をはかりたい宗教団体、観光客の誘

(11) 岡本亮輔「パワースポットめぐり――伝統と観光が衝突する場所」高山陽子編著『多文化時代の観光学――フィールドワークからのアプローチ』ミネルヴァ書房、二〇一七年、七二、七五頁。

(12) 松井圭介『観光戦略としての宗教――長崎の教会群と場所の商品化』筑波大学出版会、二〇一三年、五頁。

致が収入に直結する観光業界、地元の動きをサポートする地元政財界、加えて信仰者、アニメ・ファン、観光者たちのニーズが聖地という場所を構築する主体となる。これら主体のせめぎあいにより現代の聖地は再構築され続けているのである。

アニメ「聖地」巡礼では、地域住民が知らぬ間に、外部の者が勝手に日常生活の場を「聖地」に仕上げる場合が多い。そこでは巡礼者が不審者として排除されかねない場合もあり、注意深く対象と接するようにと多くの禁忌事項が設定されることになる。この禁忌事項の設定は、対象を特別なものとして「聖別」する行為であり、対象は聖なる様相をまとうことになる。[13] また、世界的なイベントになっているツール・ド・フランスでは、アルプス・コースは勝敗を左右する重要な場所となり、多くのファンが訪れる。これは個々人の「信仰」を集める宗教的聖地が、礼拝や敬意表明、供物や誓いなどがおこなわれるたびに、真正性・神聖性を獲得していく過程にたとえられる。この過程をコーエン&コーエンは「**ホットな真正化**」といい、この場が真正性を保つためにはパフォーマンス（巡礼行為）が恒常的に再演される必要があると指摘している。[14] ある場所が「聖地」とされるときには、この「ホットな真正化」の過程に注目する必要がある。

「宗教ツーリズム」は、これまで相容れない宗教と観光という二つの領域が重なりあう領域にあるため積極的な研究がされてこなかった。しかし、逆にここそが発見的な要素に満ちた研究領域であるといえるであろう。

（橋本）

（13） 橋本和也『観光経験の人類学——みやげものとガイドの「ものがたり」をめぐって』世界思想社、二〇一一年、一九七—一九八頁。

（14） E. Cohen & S. Cohen, "Authentication : Hot and Cool," *Annals of Tourism Research*, 39 (3): 1295-1314, 2012.

スポーツ観光

パフォーマー・観光者と「真正化」

観光とスポーツ

スポーツをするのはスポーツマンで、それを応援するのは**スポーツ・ファン**である。スポーツマンは試合のためにホームを離れて移動をし、ファンのなかにはその応援のために地元を離れる者もいる。その機会によく知られたものや場所を訪問することがあっても、両者が観光者と呼ばれることはない。スポーツと観光はあくまで別のもので、同一のジャンルに入れられることはこれまでなかった。しかしながら近年では、大都市の車専用道路の真ん中を自らの足で、一方通行路を逆走することもでき、日常とは異なる都市を満喫できる**シティマラソン**に多くのランナーが全国から参加している。彼・彼女たちは、日本であれば東京・大阪・京都・神戸・札幌などのマラソン大会に複数応募し、当選した都市で日頃の練習の成果を「表現」しようとする。各自が目標タイムを設定し、その達成を目指す。さらにはボストン、ロンドン、ベルリン、シカゴ、ニューヨークなどの「ワールドマラソンメジャーズ」(1)に挑戦する者も多

図1　大阪マラソン（二〇一四年十月二十六日、筆者撮影）

（1）二〇〇六年に「世界五大マラソン」が指定され、二〇一三年からは東京マラソンが加わり、六大マラソンとなった。

い。参加者は前日に移動して手続きをし、一泊する。当日の日曜日には早朝からスタート地点に出向き、着替えて荷物を預け、いくつかに分かれたゾーンからスタートを切る。スタートやゴール地点はともによく知られた場所に設定されている。大阪では大阪城公園、札幌では大通り公園であった。終了後は、その土地の名物を食べて帰宅する。日程に余裕のあるランナーはもう一泊して観光スポットを訪ねることもある。

今日ではシティマラソンだけではなく、集団で行われる**踊り**でも同じような現象が見られる。この踊りは日頃の練習量と運動量からみてスポーツと考えるべきであり、とくに「スポーツ観光」を考察する場合には無視することはできない。古くは「阿波踊り」、近年では「よさこい」や「YOSAKOIソーラン」の踊り手グループが、全国各地で行われるさまざまな大会に出向いて踊っている。高知の「よさこい」には二〇〇チーム一万八〇〇〇人が踊り手として参加し、札幌で開催される「YOSAKOIソーラン」には道外からの四〇チームほどを含めて二七〇チーム二万七〇〇〇人が踊り手になり二〇〇万人が見物にきている。シティマラソンも含めたこれらの現象は観光研究の対象として無視できないものになっている。その研究のためには新たな理論的な枠組みが必要とされる。その挑戦は観光学の新たな領域を拓くことになる。

「パフォーマー・観光者」の視点

全国規模の大会に参加する一般のマラソンランナーや踊り手たちは、日常的にトレ

図2　北海道マラソン（二〇一四年八月三十一日、筆者撮影）

ーニングを積み重ねているスポーツ・パフォーマーとして、国の代表レベルの選手と同じ条件のマラソン大会や著名な祭りに参加している。自転車競技に関する世界的な事例としては「**ツール・ド・フランス観光**」がある。一般の自転車愛好家は、聖地とされるフランス・アルプス登坂道に自ら挑戦し、その登り道の険しさ・厳しさを体感する。そして目的地に到達した後には「ほんもの」のプロ選手を、ファンとしてその「聖地」で熱狂的に迎えるのである。このレベルになるとこれまでの観光研究の領域を超えた理論的な枠組みが必要になる。それにはジョン・アーリのいう観光における「まなざしのパフォーマンス論的転回(2)」では捉えきれない、さらなる本格的な「パフォーマンスへの転回」が求められるのである(3)。それが「**パフォーマー・観光者**」の視点である。現代の観光は、静態的な対象にまなざしが向けられることによってのみ成立するわけではもはやない。アーリのいうように観光者自らによる写真撮影やソーシャル・メディアでの配信が含まれるが、しかしそれだけではない。観光者は自らパフォーマーとなって祭りや競技会に参加する。もはや「見る」だけではなく「する」ことが重要な要素になっており、全国規模のシティマラソンや「YOSAKOIソーラン祭り」に何万人というランナーや踊り手が自前で参加しているのである。この「パフォーマー・観光者」という新たな概念は、研究の幅を広げるだけではなく、観光研究そのものの質を変える可能性をもつものとなる。

(2) ジョン・アーリ&ヨーナス・ラーソン『観光のまなざし〔増補改訂版〕』加太宏邦訳　法政大学出版局。二〇一四年。

(3) 橋本和也「スポーツ観光研究の理論的展望――パフォーマー・観光者への視点」『観光学評論』四巻一号、二〇一六年。

主観的・実存的真正化

先の「ツール・ド・フランス観光」の参加者たちは、あこがれのアルプスでのきつい登坂に全力で挑み、一時的ではあるが**実存的真正性**(4)の感覚を喚起される。その間だけサイクリストとしての「真正なる自己」を確認するのである。スポーツ観光者のパフォーマティヴな行為が「場」を作り上げ、それ故にその場に「**ホットな真正性**」を付与するのである(5)。これを「**パフォーマティヴな真正化**」という。ここでは参加者の行為や振舞いによって「真正なる」場所が創出されるだけではなく、場所が参加者との感情的・情緒的・感覚的な関係性を通して「真正化」されるのである。フランス・アルプスに観光のまなざしを向けることよりも、パフォーマンスに強調点がおかれる(6)。「ホットな真正化」のためのパフォーマンスが行われるときには、参加者同士の間に**コミュニタス感覚**(7)が生成するという特徴が見られる。ここで生成するコミュニタスは、直接的で感情に満ちたもので、社会的地位に関係なく参加者同士の相互行為のなかで達成される。そこにはサイクリングをするグループ内に生じた共通の絆を賞賛する「サイクリング・サブカルチャー」が構築されているのである。階級や年齢の違いが消失し、日常的な規範に縛られず、サイクリストとしてのアイデンティティが確認・評価される。フランス・アルプスの真正化は、山岳路を制覇した者同士のなかに見られるような「コミュニタス」を背景にしておこなわれるのである。

サイクリストにとって重要な場所となったフランス・アルプスに個人的に挑むこと

(4) 「真正性」の項、八四頁参照。

(5) Lamont, M., "Authentication in Sports Tourism," *Annals of Tourism Research*, 2014, Vol. 45, pp. 1-17.

(6) 「パフォーマンス」の項を参照。

(7) 「観光者の観光経験」の項、六六頁を参照。

を通して、メンバーはパフォーマティヴな真正化の行為に従事していたのである。コーエン&コーエン(8)は、「ホットな真正化」は人間によるパフォーマティヴな実践に依存し、実存的真正性の感覚を誘発するという。観光アトラクションを真正化する時に、写真や動画をソーシャル・メディアで配信することに注目が集まるのは、パフォーマンスが恒常的に再演される場所が「ホットな真正性」を保っているからである。今日ではデジタル情報を取得・発信することが容易になっており、ツール・ド・フランスのようなメガ・イベントでは、多くの参加者たちが証拠として写真や動画を写し、感想や思いをメディアに掲載している。その行為がその真正なる場所のステータスの強化・永続化に貢献しているのである。

「スポーツ観光」における差異化――シリアス・レジャーとカジュアル・レジャー

「パフォーマー・観光者」は自ら参与して楽しむが、参与の度合いが強くなると自らのパフォーマンス自体に特別な意味を付与しようとする。すなわち「差異化」をはじめるのである。大衆観光はその成立時から境界を融解するポストモダン的な特徴をもっていた。「スポーツ観光」もスポーツと観光の境界を融解し、新たな領域を形成するようになった。しかしながら熱心な「パフォーマー・観光者」は、一般参加者と区別するために自らを特別な存在として位置づけようとする。「カジュアル・レジャー」と「シリアス・レジャー」とを分け(9)、楽しみではじめたばかりの他者を前者（ア

(8) E. Cohen & S. Cohen, "Authentication: Hot and Cool," *Annals of Tourism Research*, 39 (3): 1295-1314, 2012.

(9) R. Stebbins, *Serious Leisure: A Perspective for Our Time*, New Brunswick: Transaction Publishers, 2007.

マチュア）に振り分け、自らを後者（プロに近いアスリート）に位置づける。それが先の自らのパフォーマンスの「真正化」作業であり、「主観的・実存的真正化」の議論であった。

「スポーツ実践者やファン」と「大衆観光者」を、そして「スポーツ研究」と「観光研究」を別々の領域に属するものと捉えるのではなく、両者を同一軸上で「シリアスなスポーツ観光」と「カジュアルなスポーツ観光」として捉える展望を拓くべきである。「スポーツ」と「観光」を別々の領域に措定し、その交わる地点で「スポーツ観光」が成立すると考えるのではなく、「スポーツ観光」という一つの領域を設定することをここで提案する。スポーツ的真正性の度合いが高いのが、自ら過酷なマラソンに挑む「シリアス・ランナー」である。通常のスポーツ・ファンはその中間領域に位置づけられるが、その領域の上位には「ツール・ド・フランス」のアルプス登坂道を自ら体験するサイクリストが位置し、その下にファン・ランといわれるマラソンへの一般参加者などが分類される。さらにその下位には、「スポーツ的真正性」にほとんど関心のない、「よく知られた」有名なスポーツ・イベントを「楽しみのために少しだけ垣間見る」大衆観光者（通過型観光者）が位置づけられることになる。(10)

このように、スポーツと観光の両者を同一軸上に位置づけ、「パフォーマー・観光者」が自ら実践する「スポーツ観光」という領域を措定することで、「見る観光」だけでなく「する観光」の研究への幅広い視点が拓けるものと考える。（橋本）

(10) 橋本、前掲「スポーツ観光研究の理論的展望」一四頁。

ダーク・ツーリズム

ダーク・ツーリズムとは何か

「ダーク・ツーリズム」は新しい観光形態のひとつと考えられている。[1] では「ダーク・ツーリズム」とは何なのか。

これについては、研究者間でもまだ一致した定義があるとは言えないものの、少なくとも「**死や苦しみと結びついた場所を旅する行為**」とする点では定義を共有しているのではないか。[2] すなわち、「戦争や災害の跡などの、人類の悲しみの記憶をめぐる旅」が「ダーク・ツーリズム」なのである。[3] この「ダーク・ツーリズム」については、訪問される場所によって以下三つに分類できる。それは、①戦争やテロなど人為的にもたらされた〝死〟や〝苦しみ〟と結びついた場所へのツアー、②地震や津波など自然によってもたらされた〝死〟や〝苦しみ〟と結びついた場所へのツアー、③人為的なものと自然の複合的な組み合わせによってもたらされた〝死〟や〝苦しみ〟と結びついた場所へのツアー、の三つである。

（1） 観光研究において「ダーク・ツーリズム」という概念をはじめに積極的に用いたのは、雑誌『インターナショナル・ジャーナル・オブ・ヘリテージ・スタディーズ』に掲載されたジョン・レノンとマルコム・フォーレーによる一九九六年の論稿においてである（M. Foley & J. Lennon, "Editorial: Heart of darkness," *International Journal of Heritage Studies*, 2(4): 195-197, 1996; M. Foley & J. Lennon, "JFK and dark tourism: A fascination with assassination," *International Journal of Heritage Studies*, 2(4): 198-211, 1996）。レノンとフォーレーはその後、『ダーク・ツーリズム――死と災害のアトラクション』という本を執筆し、この言葉は新たな観光のあり方のひとつとして急速に注目を集めるようになった（J. Lennon & M. Foley, *Dark tourism: The attraction of death and disaster*, Cengage Learning, 2010）。

もちろん現象としてなら、「死や苦しみと結びついた場所を旅する行為」は、「ダーク・ツーリズム」という概念が登場するもっと以前から存在していた。たとえば**アウシュヴィッツ＝ビルケナウ強制収容所**へのツアーはかなり以前から行われていたし、**原爆ドーム**へのツアーもかなり以前から修学旅行などに組み込まれていた。そのように考えるなら、「現象としてのダーク・ツーリズム」は、決して新しいものではないと言える。では一体、「ダーク・ツーリズム」の何が新しいとされているのだろうか。それは、以前から存在していた多様な観光現象を、「ダーク・ツーリズム」という同一の概念でくくるという点にほかならない。

アウシュヴィッツ＝ビルケナウ強制収容所など戦争による苦しみに思いをはせるツアー、**チェルノブイリ原発事故**など事故による苦しみに思いをはせるツアー、阪神・淡路大震災など自然災害による苦しみに思いをはせるツアーなど、場所もコンテクスト（文脈）も何もかも異なっているにもかかわらず、そういった違いをこえ、すべてを〝人類の歴史〟における負の産物をめぐる旅であるとみなしていく。そのために必要だったのが、「ダーク・ツーリズム」という概念装置ではないだろうか。場所もコンテクスト（文脈）も異なる多様な観光現象を、「ダーク・ツーリズム」という同じ概念でくくる。それによって初めて、われわれは、〝人間の歴史〟という近代的な普遍性に刻印づけられた枠組み（ミシェル・フーコーの議論にあるような）のもとでの問いかけを、観光で志向できるようになったのである。(4)

(2) R. Sharpley & P. Stone eds., *The Darker side of travel : The theory and practice of dark tourism*, Channel View Publications, 2009.

(3) 井出明「ダークツーリズム」大橋昭一・橋本和也・遠藤英樹・神田孝治編著『観光学ガイドブック——新しい知的領野への旅立ち』ナカニシヤ出版、二〇一四年、二一六—二一九頁。同「ダークツーリズム入門 #1ダークツーリズムとは何か」『ゲンロンエトセトラ#7』二〇一三年、四六—五六頁。

(4) ミシェル・フーコー『言葉と物——人文科学の考古学』渡辺一民・佐々木明訳、新潮社、一九七四年。

それゆえ「現象としてのダーク・ツーリズム」「概念としてのダーク・ツーリズム」という区別をふまえるならば、新しいのは「現象としてのダーク・ツーリズム」ではなく、**「概念としてのダーク・ツーリズム」**なのだと言える。ただし〝死〟や〝苦しみ〟と結びついた場所があれば、その場所が自動的に「ダーク・ツーリズム」の対象となるかというと、そういうわけでもない。戦跡や災害の被災跡などが保存されていたとしても、ツーリストが「観光されるべきダークネス」として、そのまなざしを向けるように方向づけられていないのであれば、「ダーク・ツーリズム」の対象になることはない。

たとえ戦跡や災害の被災跡などが保存され、それが歴史的にどれほど重要であったとしても、観光にかかわる人びとが、それを「観光されるべきダークネス」として構築していかない限り、その場所は「ダーク・ツーリズム」の対象になることはない。観光の文脈における政治性が、「ダークネスに対するまなざし」を創りあげる（あるいは創りあげない）のである。その意味で、ある場所をダーク・ツーリズムで観光するという行為じたいが、すでに、中立的ではないメッセージを帯びた行為となっている。

〝死〟や〝苦しみ〟がそのままで、「ダーク・ツーリズム」の対象となるのではない。そうではなく、ある国や地域のなかで観光にかかわる人びとが、〝死〟や〝苦しみ〟を**「観光されるべきダークネス」**として構築しようとする、その限りにおいて初

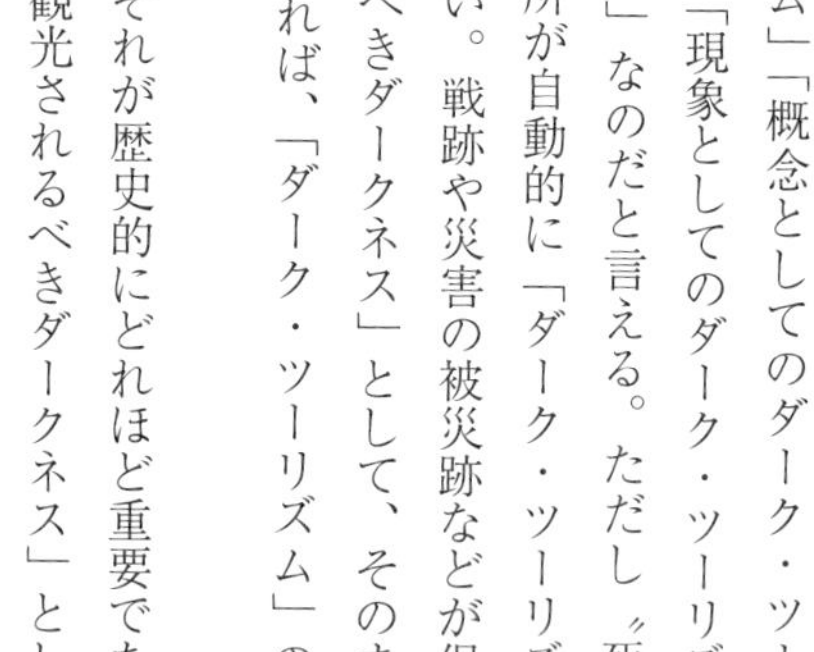

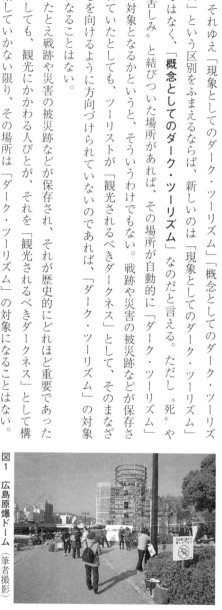

図1　広島原爆ドーム（筆者撮影）

めて、ある場所の〝死〟や〝苦しみ〟が「ダーク・ツーリズム」の対象となるのである。「ダーク・ツーリズム」研究においては、それが「良いもの／悪いもの」であるという価値判断・評価を超えて、それが「誰にとってのダークネスなのか（ダークネスでないのか）？」「どのような状況のもとで、どのようなものをダークネスとする必要がある（なかった）のか？」「あるものをダークネスとする（ダークネスとしない）ことで、得られるもの、失うものは何なのか？」などをまず問うていく必要がある。

ダーク・ツーリズムの課題と可能性

さらにダーク・ツーリズムには、〝死〟や〝苦しみ〟の「商品化」といった課題も存在している。(5) これについては、ドイツ・ベルリンにあるチェックポイント・チャーリーの事例を考えてみるとよい。

チェックポイント・チャーリーは、第二次世界大戦後の冷戦期にドイツが東西に分断されていた時代の一九四五年から一九九〇年まで、東ベルリンと西ベルリンの境界線上に置かれていた国境検問所である。この場所では、かつて〝死〟や〝苦しみ〟に関わるさまざまな出来事があった。一九六二年には、東ドイツの青年が西側へ脱走しようと、チェックポイント・チャーリー近くの壁をよじ登ったところを東ドイツの警備兵に銃撃された事件が起こったりしたのである。

（5） これについては、市野澤潤平「楽しみのツーリズム——災害記念施設の事例から考察するダークツーリズムの魅力と観光経験」（『立命館大学人文科学研究所紀要』一一〇号、二〇一六年、二三―六〇頁）の文献が重要である。市野澤はスーザン・ソンタグの議論をふまえつつ、「ダーク・ツーリズム」に「他人の苦しみを「覗き見る」行為」という側面があることを適切に指摘している。

現在、この場所はベルリン有数の観光名所として売りにされており商品化されるにいたっている。いまこの場所に行くと、検問所にあった木造の小屋を東西ドイツ統一後に再現したものが建てられており、ここでツーリストたちが国境警備兵の恰好をした観光スタッフと一緒にポーズをつけて写真を撮る光景が見られる。また博物館にはベルリンの壁に関連したグッズが売られるショップがあり、ベルリンの壁の一部（という名目のもの）をキーホルダーにした商品も購入することができる。そこに真摯に悼み祈る気持ちがないとは言えないかもしれない。だが同時に、この場所では、〝死〟や〝苦しみ〟を観光対象として楽しみながら覗きみられるようにとさまざまな工夫がほどこされているのも事実である。

このようにダーク・ツーリズムが〝死〟や〝苦しみ〟の「商品化」をもたらすのであれば、それによって他者の〝死〟や〝苦しみ〟を「理解」することは不可能なのか。――不可能である。(6)

〝死〟や〝苦しみ〟の場所をめぐるツーリストたちにどれほど真摯さが備わっていたところで、それはあくまで他者の〝死〟や〝苦しみ〟であって、自己の〝死〟や〝苦しみ〟ではない。だが「理解」することが不可能であると言うなら、結局のところダーク・ツーリズムは、他者の〝死〟や〝苦しみ〟を観光商品として売り買いし消費する、うわついたものに過ぎないということになるのか。――これに対する答えは、アンビヴァレントだ。そうかもしれないし、そうでないかもしれないというもの

図2　チェックポイント・チャーリーの小屋で写真を撮るツーリストたち（筆者撮影）

(6)　ここで本項が問題としているのは、ルートヴィッヒ・ヴィトゲンシュタインによる「言語ゲーム論」に通底するものである（橋爪大三郎『はじめての言語ゲーム』講談社、二〇〇九年、および飯田隆『ヴィトゲンシュタイン』講談社、二〇〇五年）。私たち

である。

　これについて説明するため、以下では、観光研究者**ティム・エデンサー**による「**パフォーマティヴィティ**」を主要概念として批判的に導入することにしたい。(7) 近年のツーリズム研究においては、観光がパフォーマンスを媒介として日常世界と密接につながっていることを明示し、日常性と非日常性の境界を問い直そうとする試みが模索されるようになった。エデンサーもこの問題意識を共有しながら、「パフォーマティヴィティ」から観光を議論する。彼は、社会学者**アーヴィング・ゴフマン**の議論を参照しながら、日常世界がパフォーマンスによるプロセスから形成されているのと同じかたちで、観光もツーリスト、観光業者、メディアなどのパフォーマンスによるプロセスから形成されているのだと主張している。先に挙げたベルリンのチェックポイント・チャーリーでも、ツーリストたちが観光のスタッフたちとパフォーマンスを行っていたことが見てとれたように、観光（ここではダーク・ツーリズム）とパフォーマティヴィティとの結びつきは非常に緊密なものである。

　この点を指摘し、さらにエデンサーは議論を先にすすめる。彼は、観光の空間＝舞台を大きく二つに分類する。ひとつは「**隔絶した空間**」（enclavic space）である。これは、パッケージ・ツアーのように、高級ホテルに宿泊し大型バスで移動するなどツーリストにとって快適な空間が準備されており、「環境の泡」(8) のもとで現地における他者とのかかわりが最小限におさえられている観光の空間である。もうひとつは「**混

は、他者の〝死〟や〝苦しみ〟を起点として、それを「理解」することはできない。どのように真摯な気持ちをもとうが、それは他者の私的感覚にとどまるものである。したがって私たちは「ふるまい」＝「パフォーマンス」を起点に、それによって〝死〟や〝苦しみ〟を背負ってきた他者と生きる技法を学ぶことができるだけなのである。誤解をおそれずいえば、私たちは、〝死〟や〝苦しみ〟をめぐって「他者に寄り添い共生するゲーム」を学び続けるしかないのである。

（7） T. Edensor, "Staging tourism: Tourists as performers," *Annals of Tourism Research*, 27 (2): 322-344, 2015.

（8） 本書一三九頁注（7）参照。

成的な空間」(heterogeneous space) である。ここでは、ツーリストは「環境の泡」から出て、現地における他者とかかわりをもつようになる。観光はパッケージ化されたりプランをつくられたりしておらず、その時々の状況によって変化するようになる。

エデンサーは、これら二つの観光の舞台が異なるモードのパフォーマンスによって各々導かれていると言う。彼によれば、「隔絶した空間」を導くのは「形式的に儀礼化されたパフォーマンス」である。このパフォーマンスでは、やり方も組織化されており、どの時点でどのようにふるまうのかもほとんど決められている。これに対し、「混成的な空間」を導くのは「**即興的なパフォーマンス**」である。これは、ツーリストが現地の人びとや観光業者とのあいだで濃密なかかわりをもちながら、型にはまらず行われるパフォーマンスである。さらに「どちらの空間にも結びつかないパフォーマンス」もあると、エデンサーは述べる。

ダーク・ツーリズムにおいても、「混成的な空間」の形成は非常に重要な課題となるだろう。確かに、上でも述べたように、他者の〝死〟や〝苦しみ〟を理解することは不可能である。だが〝死〟や〝苦しみ〟を背負ってきた他者とかかわり、慈しみ、愛おしみ、彼らとともに生きることはできる。「混成的な空間」において、〝死〟や〝苦しみ〟を背負ってきた他者と積極的にかかわり、パッケージ化されていないものを学んでいくことは、ダーク・ツーリズムにとって必要なのである。

そういった空間を導くうえで、**パフォーマンス**が有する意義は強調されるべきであろう。「混成的な空間」のなかで他者とかかわり、慈しみ、愛おしみ、彼らとともに生きることをめざしていこうとするならば、ツーリストや観光業者は、そのための「ふるまい＝パフォーマンス」を学ばねばならない。もし学ぶことができないとするならば、ダーク・ツーリズムは他者の〝死〟や〝苦しみ〟を観光商品として売り買いし消費するものになってしまうだろう。「混成的な空間」という観光の舞台は、パフォーマンスこそが導くのだとするエデンサーの指摘は、ダーク・ツーリズムを考察するうえでも非常に示唆的である。

では「混成的な空間」を導き形成する「ふるまい＝パフォーマンス」とは、エデンサーが言うように「即興的なパフォーマンス」なのだろうか。エデンサーは「即興性の有無」を軸にすえたのだが、実は「隔絶した空間」と「混成的な空間」を導くパフォーマンスの軸はそこにはないように思われる。では、その軸は何か。

それは「異化効果の有無」ではないか。「**異化効果**」とは、ドイツの劇作家**ベルトルト・ブレヒト**によって彫琢されたパフォーマンスの概念である。これは、俳優が役を離れてその批判を行い人びとが舞台上の出来事に対して感情的に同化できないようにするなどして、人びとが単なるオーディエンスとして演劇をみるのではなく演劇の枠組みを揺るがせ、人びとを絶えず巻き込みながら演劇の枠組みを自明視させず考えさせようとする方法によってもたらされる効果のことを言う。

図3 ベルトルト・ブレヒト
（https://www.imdb.com/name/nm0106517/2018.8.21 アクセス）

ダーク・ツーリズムでは、他者の〝死〟や〝苦しみ〟を「理解」することはかなわない。だが、ツーリスト自身の日常を揺るがせ、再考を促し、他者の〝死〟や〝苦しみ〟に寄り添い、大切にするための「ふるまい」を学ぶことはできる。このことは、異化効果を有するパフォーマンスこそが可能とするのではないか。人びとの日常をいったんカッコに入れさせ、その状況を再帰的に考え直させていくことで、ツーリストはダーク・ツーリズムを通じ**他者と共生する技法**を学ぶことができるようになるのである。(9)

（遠藤）

(9)　ツーリストが自らの日常を揺るがせ、再考し、学ぶという〝プロセス〟のなかに〈投企〉できるかどうか考えずに、ダーク・ツーリズムや観光客の可能性を称揚するのは、観光の限界を見誤る危険性が大きいと言わねばならない（東浩紀編『福島第一原発観光地化計画』ゲンロン、二〇一三年。東浩紀『観光客の哲学』ゲンロン、二〇一七年。井手明『ダークツーリズム――悲しみの記憶を巡る旅』幻冬舎新書、二〇一八年）。

ガイドとナビ

観光のアフォーダンスとは

観光に欠かせない道具の一つに、**ガイドブック**がある。その歴史は古く、中世ヨーロッパのサンティアゴ・デ・コンポステーラ巡礼や近世日本の伊勢参詣などでも、すでにガイドブックは重要な役割を果たしていた。そしてマス・ツーリズムが隆盛し、出版の技術も発達した二十世紀には、多種多様なガイドブックが世界各地で登場した。なかでも戦後日本では、一〇年から二〇年おきにガイドブックの新スタイルが出現し、観光そのものの変化と連動して、新たな観光の体験を人々に提供してきた(1)。

しかし近年、ガイドブックの需要は漸減し、その市場は縮小を続けているという。その不調の背景には、一九九〇年代の半ばから続く出版界全体の不況、二〇〇〇年代以降のインターネットの発達、そして無料で配布されるガイドブックやクーポン付きのガイドマップの普及など、いくつかの要因があると考えられる。

そして観光者の視点に立てば、たった数日の旅行のために有料のガイドブックを購入し、事前に読んで予習してから出発する、という二十世紀までは「当り前」のよう

(1) 戦後日本の海外旅行をめぐるガイドブックの変遷については、山口誠『ニッポンの海外旅行』(ちくま新書、二〇一〇年)を参照。

におこなわれていた観光の体験が、もはや魅力を減じているのかもしれない。たとえばガイドブックではなく、**スマートフォン**や**パソコン**で「絶対に外さない定番スポット一〇選」などのサイトを無料で閲覧すれば十分に事は足りるようになり、こうした傾向は今後も続くことだろう。

するとガイドブックは消えゆく存在であり、観光に不要な道具になったのだろうか。

ガイドブック＝ガイド＋ブック

ここでガイドブックを構成する「**ガイド**」と「**ブック**」の二要素を切り離せば、後者の「ブック」は上述したように不調だが、前者の「ガイド」は観光の現場において新たな萌芽を多数見つけることができる。いいかえれば、これまでの「ブック」とは異なるスタイルで「ガイド」の機能は存続し、そして新たな展開が始まっているのだ。

たとえば旅先で観光案内所やレンタカーの店舗などを訪れれば、じつに豊富なガイドブックやガイドマップを無料で入手することができる。最近では「るるぶ」（JTBパブリッシング）や「ことりっぷ」（昭文社）など、有料ガイドブックの有名ブランドが制作した無料配布版のガイドブックも増えており、また各地のコミュニティ・ペーパーや地方新聞の発行元などが編集した、地域色の豊かなガイドブックもある。その大半は紹介する店舗や施設から掲載料をもらって制作し、無料で観光者へ配布する「広告モデル」を採用しているが、なかには独自の取材による読み応えのある記事、地元に詳しい人物による興味深いコラム、最新のイベント情報などを提供する良質なメディアもある。(2)

これらは一例に過ぎないが、しかし観光者にとってガイドブックは、「買うもの」から「無料でもらうもの」に変化しつつあるようだ。そして製作者にとってガイドブックは、有料で販売する「**書籍モデル**」から無料で配布する「**広告モデル**」への転換が求められ、その収入源は観光者＝読者から紹介施設＝取材先へ変化しつつある。いうまでもなく「広告モデル」では、掲載料の多寡によって記事のサイズや内容が左右されるため、情報の商品化や陳腐化を引き起こす傾向があると考えられるが、他方では全国の書店で通年販売される大きなメディアではなく、地域を限定して年に数回発行できる小さなメディアとなることで、新たな「ガイド」の機能を果たす可能性があることに、ここでは注目したい。

たとえば果物や花の生産地として知られる観光地では、通年あるいは数年も販売し続ける有料ガイドブックよりも、年に数回発行して季節ごとの名産品や期間限定イベントをタイムリーに紹介できる無料のガイドブックやガイドマップのほうが、観光者とその受け入れ側の双方にとって有益な「ガイド」となる可能性がある。また統一した誌面レイアウトで全国どこでも同じように紹介する旧来のシリーズ化されたガイド

(2)　ここに例示した無料のガイドブックやガイドマップだけでなく、各地の出版社やミニコミが発行する有料のガイドブックや情報誌にも興味深い事例が増えている。二十一世紀のガイドブックは、東京の大手出版社が制作する年次改訂のシリーズ化したメディアではなくなっている。

ブックよりも、各地で独自に製作されるガイドブックのほうが、その地域の実情に適合した誌面を作ることができる場合もある。これらの可能性を実現した例は着実に増えており、それだけに観光における「ガイド」するメディアはスタイルを変えつつ存続し、その新たな機能を模索し続けているといえる。

こうした「広告モデル」のガイドブックやガイドマップとともに、その存在感を増し続けているのが**インターネット**であり、たとえば観光協会や自治体による観光情報サイト、予約サービスに連動したレビュー・サイト、そして観光者たち個人のＳＮＳやブログなどがある。これらは情報の目的、正確さ、更新などにおいて異なる性質を持つが、しかし観光者＝閲覧者にとって「ガイド」の機能を果たしている点では同等である。最近ではインターネットで入手した情報をＡ４用紙にプリントして持ち歩く、あるいはスマートフォンにブックマークして地図アプリと併用する観光者たちの姿を、国内外の各地で目にするようになった。

彼らは旧来のガイドブックを持っていないが、しかし観光を可能にする「ガイド」を求め、その情報を参照して自らの体験を構成している。すなわち「ガイド」を「特定の空間や目的へ先導する機能」と定義すれば、ここで求められているのは「**先導**」するメディアであり、その「先導」に従うことで得られる観光体験の質である。そして良い「ガイド」には、それが提供する情報の内容だけでなく、その情報の形式においても、良質な先導者であることが求められる。たとえば「ガイド」が人物（案内者）であれば話す内容だけでなく話し方や見せ方が、ガイドブック（書籍）であれば掲載内容だけでなくそのメディアのデザインや発行の方法が、そしてインターネット（とくにSNSやブログなど）であれば客観的で総花的な紹介記事よりも個人的で具体的なクチコミが、「先導」の機能とその体験の質を左右する。

こうして有料で販売される「書籍モデル」のガイドブックは不調に陥り、その長い歴史の転換期に差しかかっている一方で、ブックではない「ガイド」の機能は多様化し、ときに新たなメディア技術の登場と融合して、新しい「ガイド」のスタイルを観光にもたらしている、と考えることができる。そのため、次々と登場する「広告モデル」のガイドブックやガイドマップ、あるいはインターネットのサイトに注目し、伝統的な「書籍モデル」のガイドブックと比較したとき、それぞれが「ガイド」する情報の内容と形式において何が変化したのかを問うこと、そしていかなる観光のスタイルが可能になり、また不可能になったのかを考察すること、などが観光研究の新たな課題として構想することができるだろう。

たとえば沖縄の絶景、北海道の定番スイーツ、京都の町屋などを「ガイド」する情報を多数収集して比較検討したとき、「書籍モデル」と「広告モデル」のガイドブック、現地で無料配布されているガイドマップや情報誌、インターネットのレビュー・サイトやSNSなどで、先導される対象（場所、物、サービスなど）が異なるのは、なぜだろうか。そのメカニズムを解明できれば、それは「ガイド」の機能だけに留まらず、今日の観光の体験が有する特徴を考察することができるだろう。これは観光研究に取り組む卒業論文やゼミ活動などで、興味深いテーマの一つになり得るだろう。

　こうして具体的なフィールドに着目し、多様な「ガイド」の比較分析から観光の特徴を検証する事例研究がある一方で、観光における「ガイド」の機能そのものを概念操作的に検討し、その特徴を解明する理論研究も考えることができる。たとえば「ガイド」に類似した言葉として、近年よく見聞きするものの一つに「**ナビゲーション**」（**ナビ**）がある。自動車に搭載されたカーナビゲーション（カーナビ）やスマートフォンの地図アプリが身近な「ナビ」の例だが、他方で紙媒体のガイドブックや情報誌や地図などでも「ガイド」ではなく「ナビ」という語を使用する例が増えている(3)。

　もちろん「ガイド」と「ナビ」という二つの語は、本質的に対立する概念ではなく、両者は「案内」という意味を共有している。そもそも古い「ガイド」よりも新しい「ナビ」のほうがカッコいいという単純な理由から、書籍やサイトのタイトルに使っている場合もあるだろう。そうであっても、あるいはそうであるからこそ、なぜ「ナビ」は「ガイド」よりも「カッコいい」のか、そこにはいかなる差異が想定されているのか、などについて慎重に検討する価値がある。

　いいかえれば「ガイド」と「ナビ」のうち、重なり合う部分ではなく異なる部分に着目して検討したとき、それぞれが可能にする観光の体験には、いかなる特徴があるのだろうか。

（3）インターネットでは民間や個人のサイトに加え、地方自治体や中央政府の観光情報サイトでも「ナビ」が多用されている。

「ナビ」の時代？

たとえば「ガイド」には先導する機能があり、訪問対象に関する知識や経験を予め有するメディア（案内者、ガイドブック、サイトなど）が観光者を案内して教示する、という構図があるとすれば、もともと海洋船舶の航行経路を割り出して誘導する行為とその主体を原義に持つ「ナビゲート」には、訪問対象への経路を効率的かつ状況に即して誘導するという構図がある、と考えることができる。すなわち「ガイド」が観光対象と観光者のあいだをつなぐメディアであり、両者のあいだに「挟まって」案内する先導者であるとすれば、「ナビ」は観光者の前に立つことなく寄り添って補佐する存在であり、観光者の意図に適合した観光対象を提案するデータベースであり、その経路を案内する同行者である。

そうした「ガイド」と「ナビ」の違いは、「**紙の地図**」と「**地図アプリ**」の案内情報の形式の違いにおいて、鮮やかに見て取ることができる。たとえば紙の地図を使う観光者は、まず自らの位置と訪問対象をそれぞれ探し出し、両者を結ぶ経路を見つけることが求められる。そうして移動するのは観光者の現在地点であり、地図は動かない。これに対してカーナビやスマートフォンの地図アプリでは、訪問対象を入力すれば経路の複数候補が提供され、現在地点からの移動距離と移動時間が示される。ここで観光者が候補の一つを選択し、案内が開始されれば、移動していくのは地図であ

図　スマホをカーナビ代わりに使う

り、観光者は画面の中央に位置し続けて、文字通り動かない。

あえて図式的に示せば、紙の地図と「ガイド」の観光では、私が世界を移動する。これに対して地図アプリと「ナビ」の観光では、私は世界の中心に常に位置し、世界が私に対応して移動してくる。そして「ガイド」のメディアは私の前に立って先導し、予め有する知識を私へ教示するのに対し、「ナビ」のメディアは私とともにあり、私の選択を補佐してそれを実現するために誘導する。

同じ案内の機能を持ちながら、「ガイド」と「ナビ」はおよそ異なる案内の形式（アフォーダンス）を持っている。それゆえに両者は異なる観光的移動の体験を、それぞれの観光者に提供する。あるいは物知り顔の案内者や大げさな表現のガイドブックなどの「ガイド」に邪魔されることなく、慎み深い「ナビ」の誘導によって観光者と訪問対象がダイレクトに出会い、自ら見て感じる案内の形式を提供する点において、「ガイド」よりも「ナビ」のほうが新しくて優れている、あるいは「カッコいい」と思えるかもしれない。

しかしここでの議論から導き出したいのは、古い「ガイド」よりも新しい「ナビ」のほうが本質的に優れている、あるいは「ガイド」の欠点を「ナビ」が解消した、という優劣の思考ではない。むしろ両者の異同を概念操作的に対置して可視化する作業を経ることで、「ガイド」と「ナビ」の特徴を明らかにし、それぞれの可能性と課題を考えることにある。(4)

(4)　いうまでもなく、「ナビ」が誘導する機能を果たす限り、観光者と観光対象は「ダイレクトに」出会っているとはいえない。むしろ「ガイド」よりも巧妙かつ見え難い形式で観光者を特定の対象へ案内する場合もあり、「ガイド」よりも「ナビ」は自由で観光者を尊重しているとはいえず、その逆のケースも考えられる。

こうして「書籍モデル」のガイドブックが退潮し、その「ガイド」の機能が低下していく時代には、一方で「広告モデル」に代表される新たな「ガイド」が登場し、他方で「ガイド」とは異なる案内の形式を実現する「ナビ」が出現した、と考えることができる。そして「ガイド」のメディアに可能性と限界があるように、「ナビ」のメディアにも新たに実現した観光と、不可能にした観光があるはずである。

それゆえ問うべきは「ガイド」に対する「ナビ」の優越ではなく、両者が可能にした／できなかった観光の体験であり、それぞれの特徴である。たとえば観光者を世界の中心に位置づけ、私ではなく世界が移動する「ナビ」の世界の観方（文字通りの世界観）は、「ガイド」の世界観と比較したとき、どのような観光の体験を実現し、そして何を観えなくさせたのだろうか。もちろん「ガイド」と「ナビ」の二項対立は概念の操作によって造られた図式に過ぎず、より説得的な第三の概念を考案することも、あるいは別の問いを立てることも、十分に可能である。ここではその可能性を「ガイド」するに留めたい(5)。

「ガイド」の研究は、観光の分野に限定すべきテーマではない。たとえば「ナビ」との比較において見えてくる特徴は、現代社会のメカニズムを理解するうえで貴重な知見を与えてくれるはずである。いまあるガイドブックのかたちが、「ガイド」の最善のスタイルではないならば、むしろ「ナビ」と同様に、「ガイド」の可能性は未だ尽くされていないと考えることができる。

（山口）

(5) この項で議論した「ガイド」と「ナビ」の操作概念は、観光者のパフォーマンスから観た差異をもとに考えられている。当然ながら、そのパフォーマンスは、それぞれのメディアを可能にするアフォーダンス、すなわち物理的・技術的条件の影響を受けており、その意味で「ガイド」と「ナビ」の設計者やサービス提供者の視点から見た差異を議論することも可能であり、また必要である。その意味で、使い古された言い方だが「文系と理系の融合」は観光の研究においても価値があり、さらに重要性を増している。

鉄道

移動経験と観光はどのように関わってきたか

高速バスが多くの都市間を結び、空にはＬＣＣ（比較的安い料金で搭乗できる航空会社）が飛ぶ今日でも、鉄道は観光旅行にとって不可欠な存在となっている。北陸新幹線が金沢まで開業し（二〇一七年現在）、東京から金沢まで約二時間半で行けるようになった。その結果、石川県を訪れる観光客は大幅に増え、東北から金沢方面への観光客も増えたという(1)。速さでは飛行機にかなわない鉄道であるが、このような新幹線網の拡がりや高速運転化が進むことによって、空の移動手段に対抗できる移動手段となり、そのことが観光客の目的地選択に大きな影響を与える。移動手段と観光行動の関係という面で鉄道は大きな研究対象である。

しかし鉄道はそれに留まらない多彩な魅力を有する日本の観光資源として認識されつつある。一例をあげよう。外務省発行による日本文化の紹介誌(2)で、「日本列島　鉄道の旅」と題した特集が組まれている。特集は「谷を越え、山を縫い、川を渡り、トンネルを抜け、海辺を走る。時速三二〇キロの新幹線から、のんびりと行くローカル

（1）団体ツアー用ではあるが仙台から金沢への直通新幹線も運行された。二〇一六年十一月七・八日。

（2）『にぽにか』二〇号、二〇一七年、日本国外務省発行。

列車の旅まで、日本の鉄道はいつも心躍る喜びに満ちています(3)」というコピーから始まる。そこで強調されるのは日本の鉄道を被写体としたさまざまな写真である。夕日を背景に瀬戸大橋を渡る列車（「渡る」というコピー文。以下同じ）、荒波と雪で真っ白に凍る冬の下北半島の海岸線を走るローカル列車（「北へ」）、真新しい車体を輝かせる九州のクルーズトレイン（南へ）、海沿いの小さなローカル駅に入線したディーゼルカーとそれをホームで迎える少女（「郷愁」）、赤レンガ作りの東京駅の駅舎（「玄関」）、お座敷列車で楽しげに宴会する人々（「笑顔」）、東北新幹線が高速で走り抜ける瞬間（「疾走」）……。日本の鉄道の多彩な姿が、日本や日本人の情景を象徴する**観光アトラクション**の一つとして海外に呈示されようとしている。

スローな列車

日本の鉄道が観光アトラクションとして語られる時、必ずといってよいほど話題に取り上げられるのが、地方のローカル線やいくつかの都市で庶民の足として活躍している市電である。こうしたスローな列車がどういう背景で観光アトラクションとして注目されるようになるのかは、観光学の重要な課題である。地方のローカル線と都市交通としての市電についてそれぞれ簡単に見てみよう。

まず地方の**ローカル線**である。地方ローカル線といえども、自動車が普及するまでは、明治以降の日本の近代化のなかで地方の産業振興や生活の基盤的インフラストラ

(3) 同前『にぽにか』三頁。

図1　猫をイメージした「たま電車」（和歌山電気鐵道）

クチャーとして活躍してきた(4)。かつては駅に人が溢れ、蒸気機関車に牽引された長い列車がたくさんの荷物や人を乗せて町から町へと往来していた。しかし自動車が普及し、また遠方への移動には飛行機が用いられるようになると、それまで圧倒的であった鉄道の存在感は低下する。そこに大都市への人口集中、少子化による影響などで地方の衰退が始まり、ローカル線の利用者は減少、廃線に追い込まれるところも現れるようになった。その状況をなんとか変えようとする動きが、国や自治体、鉄道会社からも起こり(5)、地方ローカル線でさまざまな試みが行われるようになったのである。電車の修理代獲得と銘打って煎餅を販売し話題を呼んだ銚子電鉄（千葉県）、人件費削減でワンマンカーが主流となる地方鉄道の常識を覆し、乗客とのコミュニケーションを強めるために車掌（「アテンダント」と呼ぶ）を登用したえちぜん鉄道（福井県）、駅の売店で飼われていた猫（たま）を駅長に任命し、たま電車・おもちゃ電車などの車両で話題をよんだ和歌山電気鐵道（和歌山県）などである（図1）。こうしたローカル線では、一時代前まで「古い」「遅い」といったイメージで見られがちであった鉄道が、「**カワイイ**」という言葉で表現される対象に変化するという現象が起こったことも見逃せない。こうしたイメージの変化は、観光とローカル鉄道の結びつきを理解するひとつの鍵といえそうだ(6)。

しかしすべてのローカル線がカワイイ列車の登場によって観光対象になりえたわけではない。むしろ実態はその逆であろう。現在も毎年のように新しい廃線区間が話題

（4）日本の近代化と鉄道の関係については、以下を参照のこと。寺岡伸悟「鉄道」大橋・橋本・遠藤・神田編『観光学ガイドブック』ナカニシヤ出版、二〇一四年、二二六─二二七頁。

（5）二〇〇七年に施行された「地域公共交通の活性化及び再生に関する法律」などが一つの転機とされる。詳しくは、堀内重人『チャレンジする地方鉄道──乗って見て聞いた「地域の足」はこう守る』（交通新聞社新書、二〇一三年）などを参照のこと。

（6）ローカル線がカワイイ存在になっていったプロセスや「たま電車」（和歌山電気鐵道）の事例については以下で詳しく説明しているので参照されたい。寺岡伸悟「カワイイ鉄道とメディア空間──現代における鉄道イメージの変容」遠藤英樹・松本健太郎編著『空間とメディア──場所の記憶・移動・リアリティ』ナカニシ

となっている。海と山の両方に近く、風景も美しい日本のローカル線。そのなかには観光地として海外から多くの観光客を集める路線も含まれている。にもかかわらず、素晴らしい車窓風景を提供できるはずのこうした路線たちが次々に廃線となり消えていく。「鄙《ひな》」が観光対象となるためには、そこに何らかの条件が整わねばならないのである。観光はローカル線の存続にいかにして貢献できるのか。重要な問いである。

もう一つのスローな電車といえば、都市を走る**市電**や都市近郊を走る電車たちである。広島や長崎、高知、鹿児島などの市電、広島電鉄宮島線、江ノ島電鉄、東急世田谷線などが挙げられる。ゆっくりと町の中や郊外を走るこうした電車は、環境に優しくかつ地元の生活者の重要な足でありながら、観光ガイドブックにも取り上げられる観光アトラクションとなっている。いわば観光客の利用がその町の公共交通機関の持続性に貢献しているのであり、**持続可能な地域づくり**と観光がうまくつながっている事例といえるだろう。しかし、市電はかつてはもっとたくさんの都市に存在した。自動車の普及や都市の過密化によって、いわば「邪魔者」扱いされ廃止に追い込まれてきたのである。これも、どうしてある所では廃止され、ある所では存続しさらに観光客をも惹きつける存在になったのかを分析することは重要なテーマであろう。祝祭のような非日常的なものではなく、その町の人々の日常生活が観光者のまなざしの対象となってきたからかもしれない[7]。あるいは海外の都市などでレトロなタイプの市電車両が観光アトラクションとなっている点にもヒントはあるかもしれない[8]。現代人が求

ヤ出版、二〇一五年、二三九―二五四頁。

(7) ある鉄道関連の広報誌の路面電車特集で、「まちに溶け込みまちを支える」というコピーが用いられている。『みんてつ』六一号、一般社団法人日本民営鉄道協会広報委員会、二〇一七年。

(8) リスボン市電　サン・ジョルジェ城やアルファマなどの観光スポットに行くのに便利な二八番線が走るアルファマ周辺は、一両編成の旧車両が走っていて、乗り物自体が観光アトラクションとなっており、土産物にも旧車両の市電の図像を盛り込んだものがある（図2）。

める観光とは何なのかを考える入口として市電の観光アトラクション化を考察するのも面白そうだ。

クルーズ・トレインの隆盛

鉄道と観光をめぐる近年の目立った動きは、**クルーズ・トレイン**（周遊型の豪華寝台列車）の運行ではないだろうか。ＪＲ九州のななつ星を嚆矢とし、ＪＲ東日本の四季島、ＪＲ西日本のTWILIGHT EXPRESS瑞風などがそれに続いた。これは、いろいろな町（駅）を経ながら最終的に出発地に戻ってくる列車であり、観光列車には位置づけられるが、これまでのものとは大きく異なる特徴を持つ。これまでの観光列車（たとえば山口県のＳＬやまぐち号など）は、確かにそれに乗ることが旅行の目的ではあるが、それとその周辺の観光地訪問を旅行者の側が組み立てて、観光列車はその一部分として位置づけられることが多かったように思われる。しかしクルーズ・トレインは、まさにクルーズ船のように、それに乗って巡ること自体が旅程・観光経験の中心を形成しており、鉄道による旅行経験・観光経験に対する捉え方の再考を促すものである。

これまでも観光研究では、鉄道旅行者が被る経験についてさまざまな議論がなされてきた。観光者の視覚経験に格別の着目をおこなってきた研究者**ジョン・アーリ**も、著述家**ヴォルフガング・シヴェルブシュ**の議論を引用しながら、車窓から見る景色の

図2　リスボン市電をあしらった土産物

特徴について以下のように述べている。「十九世紀の鉄道の発達はこの動くまなざしにとってきわめて大きい意味を持つ。鉄道の車両からの景色は、枠どられたパノラマがさっと過ぎ去る、その連続として見られるようになった。「展開する視覚（パノラミック）」である。もはやゆったり眺めたり、スケッチとか絵の対象にしたり、あるいはいずれにしても捕捉できるようなものではなくなった」[9]。「カワイイ」ローカル鉄道の誕生、市電の観光アトラクション化、そしてクルーズ・トレインの出現などの現象は、こうした考察をさらに深め、かつ観光経験・旅行経験全体の研究へと拡張する必要を生じさせているといえよう。

ルート観光論から読み解く鉄道経験

そこで鉄道による観光経験の分析を拡張するためのヒントとして筆者が着目したいのは、観光社会学者・**高岡文章**の「**ルート観光論**」である[10]。高岡は観光や旅行を考える際の分析視点としてルートに着目し、それを「ルート」「ルートを作るもの」「ルートが作るもの」の三者の再帰的関係から分析することを提唱した。

ルートとは、言うまでもなく観光者を誘導し順路や見学ルートが指示されたものである。鉄道の路線はまさにルートといえる。ルートを作るものとは、旅行産業・メディア・政策などである。ルートが作るものとしては、観光地や風景が挙げられるが、観光客をルートが作りだすものと見ることもできる。高岡も記すように港町、宿場

（9）ジョン・アーリ&ヨーナス・ラーセン『観光のまなざし［増補改訂版］』加太宏邦訳、法政大学出版局、二〇一四年、二五二頁。ヴォルフガング・シヴェルブシュ『鉄道旅行の歴史――十九世紀における空間と時間の工業化』加藤二郎訳、法政大学出版局、一九八二年。

（10）高岡文章「観光とメディアとルート――ルート観光論へ向けて」『観光学評論』二巻一号、二〇一四年、二九―四二頁。本文のルート解釈の記述も、この高岡論文に依拠しながら展開させていただく。

町、門前町などはルートが作り出したものである。駅や空港も、レトロな駅舎や到着した空港の正面玄関が記念撮影の恰好の場所になるように、ルートによって作りだされた観光アトラクションである。

これを鉄道経験に当てはめてみるとどうなるだろうか。まず「ルート」である。例えば、廃線の危機が迫るなか、ある特定のローカル線だけがカワイイ鉄道・レトロな鉄道として観光アトラクション化し、観光ルートとして成立（存続）するのはなぜなのか。ルート観光論は、そこを走るカワイイ列車の意匠だけでなく、背後にあるさまざまな地域や関係者の事情を含めた総合的な分析が必要であることを示唆するだろう。

次に「**ルートを作るもの**」である。観光列車やクルーズ・トレインのルートの決定には地元の自治体、観光事業者、時期的タイミングなどさまざまな要素が関係しているだろう。こうした過程を探ることも大きな意義をもつ。なぜならば、例えばクルーズ・トレインが走ることによってそのルートは「選ばれた」観光ルートとなるからである。また旅行者はその列車に乗ったことで「その地域を一周した」ことにもなるからだ。

第三に、「**ルートが作るもの**」とは何だろう。ここでもクルーズ・トレインは、従来の鉄道旅行とは違ったものを生み出していく可能性がある。たとえば、乗客が撮り、ＳＮＳなどで公開する写真や言説は「クルーズ・トレイン乗車者」という立場から眼差された場所や文物となる。それらは異なった輝きを放つかもしれない。ルートに入った観光地と入らなかった観光地のそれ以後の変化なども含めて、観光研究に興味深い洞察の機会を提供してくれるのではないだろうか。

近代観光とともにあり続けた鉄道。この小文だけでもおそらく察してもらえるように、時代に応じて形を変え、社会に適応しながら、存在意義を見出してきた。これからも鉄道は、社会や観光の変化に応じて形を変えながら、また同時に観光のあり方に変化を与えながら存続していくだろう。機会があれば三〇年後の鉄道と観光のあり方を予測してみてほしい。それはすなわち観光の将来を考えることに直結していることに気づくはずだ。

（寺岡）

ホスピタリティ

一義的に捉えられない複雑な概念

ホスピタリティとその条件

ラテン語でhospitālis、英語でhospitalityと表記されるホスピタリティ（歓待）とは、来訪者を迎え入れもてなすことを意味している。このホスピタリティについて詳細な検討を行った**ルネ・シェレール**は、「歓待は人間的なものではない。歓待は人間的なものを超えたものであり、つねに神的なものとかかわりをもつ。迎えられる者、ある意味でそれはつねに神なのである」[(1)]と、その**神**との密接な関係を指摘している。古代ギリシャにおいて、最高神のゼウスがホスピタリティの神であるように、神々は仲間も身寄りもない外国人を保護することにことのほか注意を払っているため、それに背くと罰を受けるとされていた。またゼウスは、異邦の旅人に身をやつして訪ねてきたり、旅人を送り込んできたりするため、来訪者は神や神の使いかもしれないと考えられていた。そのため古代ギリシャの哲学者である**プラトン**は、ホスピタリティを都市国家の市民に課せられる聖なる義務に位置づけたのである。

（1）ルネ・シェレール『歓待のユートピア――歓待神礼讃』安川慶治訳、現代企画室、一九九六年。なお、本節におけるホスピタリティの説明は、特に指示のない部分は同書によるものである。

神と密接に関係したこのようなホスピタリティの特徴としては、それが無制限なものとなっていたことがある。歓待する者は、来訪者が神やその化身であるのかを容易に知ることができない。なぜなら、神はめったに自ら名乗らないからである。そして、異邦人や貧しい身なりの者を人間がきちんと歓待するかどうかを神が取り調べているために、来訪者の名を問うこともできない。こうした結果、来訪者は神であるという前提で歓待することになり、それは制限がなく誰に対しても開かれたものとなったのである。このような無制限なホスピタリティの背景には、かかる実践により最終的に神に報いられるという期待が存在していたとされる。また、古代ギリシャの哲学者**アリストテレス**が歓待を賢人の徳のひとつに数えているように、それが自身の偉大さを示すことにもなっていたことも指摘されている。さらに、来訪者を歓待することは、外部の新しい知識を手に入れるために必要なものであると同時に、そうした他者が自身の敵とならないようにするために意味があることであったとされる。

しかしながらこうしたホスピタリティは大きな危険もはらんでいる。例えば、メキシコ中央部で栄えたアステカ帝国（一四二八―一五二一）は、スペイン人のコルテス率いる軍に征服されたが、それが容易になされた背景には、彼らが神であるケツァルコアトルと混同され、現地の人々に歓待されたということがある。かかるホスピタリティの問題を踏まえ、**ジャック・デリダ**は、古代神話などにおいて語られるユートピア的な歓待を「**無条件の歓待**」、現実の社会で実際に行われている歓待を「**条件付き**

の歓待」と呼び、その関係性について検討している。[2] そこで彼は、古代ギリシャにおいても、野蛮な全くの他者は歓待されていなかったため、実際は「無条件の歓待」は行われておらず、現実の社会においてとり行うにあたっては「条件付きの歓待」になっていたことを論じている。現代社会においても、宿泊業や旅行業は料金を支払う者のみにホスピタリティの提供を制限し、国境を移動できる人も政治的に限定されているように、まさに「条件付きの歓待」が実行されている状態にある。

サービス産業とホスピタリティ

ホスピタリティという語は、第二次世界大戦後のアメリカの宿泊・飲食業において、ビジネス用語として注目されることになる。宿泊・飲食産業といったサービス産業において、合理的で均質なものというニュアンスが強調される**サービス**という用語ではなく、より個人的で情緒的な人間らしいサービス、つまり差異化されたより価値のあるサービスを指し示すものとして、ホスピタリティという用語が再発見されたのである。日本においても、このビジネス用語としてホスピタリティが一九九〇年代以降に頻繁に用いられるようになり、[3] サービス産業化が進展する現代社会において、差異化されたより価値の高いサービスを強調するための重要な概念になっている。また日本では、ホスピタリティの日本版として「**おもてなし**」が注目され、世界的に特徴あるサービスとして、その売り出しを図っている。

(2) ジャック・デリダ&アンヌ・デュフールマンテル『歓待について――パリのゼミナールの記録』廣瀬浩司訳、産業図書、一九九九年。

(3) 前田勇『現代観光とホスピタリティ――サービス理論からのアプローチ』学文社、二〇〇七年。

かかる現代資本主義社会におけるホスピタリティは、金銭を払う者に限定された「条件付きの歓待」である。日本において有名な「**お客様は神様です**(4)」という歌手の三波春夫が一九五一年に言ったフレーズは、商品やサービスを販売する対象である「顧客」を「神様」に位置づけたものであり、このことを端的に示しているといえる。またここでのビジネス用語としてのホスピタリティの特徴としては、それが顧客に提供するように義務化され、その実践自体が時にマニュアル化され均質に提供されるものであるため、サービスと差異化されると同時にそれに包含されるということがある。こうしたホスピタリティは、よき人間として実践される無条件の歓待という幻想と結びつきつつも、あくまでサービスとして、金銭の対価かつ均質なものとして顧客に提供されるのである。

また、ホスピタリティを考える際にとりわけ重要なのが、種々の実践を通じて表出される感情である。日本でしばしば「**おもてなしの心**」が注目されるように、ホスピタリティには感情の問題が深く関係しており、サービス産業で働く従業員は、顧客を満足させるために感情を商品として提供するという、「**感情労働**(5)」を行なっている。先述の検討もふまえて考えると、こうした商品化された感情は、個々の従業員の心から生じたものという幻想と結びついている一方で、それは提供すべきものとして義務化されたものである。このように感情に焦点をあてることで特に浮上してくる問題として、ホスピタリティを提供する主体に関するものがある。ホスピタリティは、直接

(4) 三波春夫『歌藝の天地――歌謡曲の源流を辿る』PHP研究所、二〇〇一年。

(5) アリー・ホックシールド『管理される心――感情が商品になるとき』石川准・室伏亜希訳、世界思想社、二〇〇〇年。本書の「感情労働」の項も参照。

的にはサービス産業の従業員によって提供される。しかしながら、彼／彼女らは誰に対していかなる歓待をするのかという点についての権限を有しておらず、顧客に対する従業員の感情は、業務上考慮されることはない。そうすると実質的なホスピタリティの主体は、誰をどのように迎え入れるかを決定する権力を有している企業ということになり、従業員はかつて歓待のために客に差し出された妻や娘と同じ位置にあるとも考えられる。このアナロジーは、接客業に従事する従業員が、往々にして女性であるということからも理解されよう。

観光とホスピタリティ

観光には、サービス産業、とりわけ人的接客サービスを提供する、ホスピタリティ産業が深く関わっている。そのため観光という現象においては、前節で論じたサービス産業としてのホスピタリティがまさに展開されているといえる。ただし、観光とホスピタリティとの関係は、ホスピタリティ産業の従業員と観光客の間において見られるものだけではない。観光現象においては、さまざまな人やモノの「出会い」があり、それらの多様な関係のなかにこのホスピタリティの問題は関わっている。観光客と地元住民、観光客と諸施設、さらには観光客と観光客など、観光とホスピタリティの関係のあり方はさまざまな観点から考えられるのである。

他の項・コラムでも紹介している**与論島**の事例でも、観光とホスピタリティに関わる多様な状況の一端を認めることができる。その主たるものとして、観光客と地元住民との関係性がある。一九七〇年頃の与論島では、観光がもたらすさまざまな問題に対して地元住民が反発し、現地の若者による観光客の襲撃事件をはじめとして、非歓待の動きが生じていた。(6) 近年でもいくつかの観光地で問題となっているように、多くの観光客が集まることは、地域へのさまざまな負のインパクトをもたらすため、観光客は時として地元住民にとっての招かれざる客となるのである。ただし、観光による地域インパクトは多様であり、すべてがネガティヴなものというわけではない。与論島でも、観光地化を忌避しながらも、一方では観光による地域振興を期待し、そのバランスを希求する声が地元住民から発せられていたことが、当時の新聞で報じられている。同島においては、無制限ではなく、「条件付きの歓待」が希求されていたのである。(7)

一九八〇年代に入ると、沖縄観光が本格化するなかで与論島への観光客が漸減するようになり、パロディ国家の「ヨロンパナウル王国」を建国するなど、観光客を歓待するための諸施策が官民一体となって実施されるようになる。こうした観光客の歓待へ向けた動きのなかでとりわけ興味深いものとして、「**与論献奉**《よろんけんぽう》」という飲酒儀礼の創造がある。与論献奉は、親の役割を果たす人が杯に黒糖焼酎を入れ、参加者全員が口上を述べた後でそれを回し飲む儀式で、観光客が民宿などでしばしば体験する与論島の歓待儀礼である。この起源は「大杯《ウーチブ》」と呼ばれる祖先崇拝と結びついた回し飲み

(6)「現代における観光とポストモダン」の項やコラム「ジェンダーとツーリズム」も参照。

(7) 神田孝治「観光地と歓待——与論島を事例とした考察」『観光学評論』三巻一号、二〇一五年、三一一六頁。なお、本節における与論島における観光と歓待の関係については、すべてこの論文に詳述している。

の飲酒スタイルであったとされるが、これが一九六〇年前後に強制的に他者へ飲酒を求めることを強調して「憲法」と呼ばれるようになり、観光ブーム期になるとそれが観光客向けに行われるなかで「与論憲法」という名前になったとされる。その後、過剰な強制的飲酒の歓待のあり方が観光客の不評を買うなかで、ある与論町役場職員により、一九七九年に「与論献奉」という同音異字の名称に改められた。その際に、「与論に来るお客様は皆神様」という発想のもと、「観光客を迎えるもてなしの心」を重視するなかで、一五六一年八月一五日に制作されたという設定の、与論献奉の実施に関わる一〇箇条のルールも策定された。観光との関係のなかで、サービスとしてのホスピタリティを重視した歓待の伝統文化が創造されたのである。

また、観光客に対するホスピタリティの提供者として、与論島外出身の人々、とりわけ観光客が大きな役割を果たしてきたことも興味深い。例えば、一九七〇年代の同島の民宿では、主に現地に長期滞在している若い観光客が、客引きをはじめとする接客業務に従事していた（図1）。そしてその民宿の経営者は概して地元住民であり、かかる主人によって、観光客を歓待するために観光客が動員されていたのである。さらにこうした民宿の一部では、女性観光客の宿泊者の多さが、男性観光客向けの宣伝材料にもされていた。従業員・事業者ばかりでなく、まさに観光客そのものが、本人の意志にかかわらず、ホスピタリティに関与していたのである。また観光客の一部は、現地に移住し、観光関連施設のオーナーになったり、観光振興の取り組みに参画

図1　客引きを行う民宿アルバイトの若者（一九七七年二月撮影。武本俊文氏提供）

したりすることを通じて、与論島における観光客の歓待に関与してきた。

加えて、「現代における観光とポストモダン」の項で紹介した二〇〇七年公開の映画『**めがね**』も、興味深いホスピタリティのあり方を提起している。同映画はいわゆる観光と対比するなかで、宿のわかりにくい表札、いわゆる「おもてなし」をしない宿の主人、従業員でないにもかかわらず主人公の泊まる宿の部屋に勝手に出入りする女性といった、一般的なサービスとしてのものとは異なるホスピタリティの様相を描き出している。そして、こうした映画『めがね』のロケ地である与論島の観光協会は、映画と関連する対象を観光資源として取り扱うことにその内容との関連で躊躇しつつも、一方では観光資源化を図るという対応をみせてきた。ここに新しいホスピタリティのあり方と、その観光との関係性の一端を認めることができる。

このように、与論島という一つの小さな島においてすら、観光とホスピタリティの関係性は極めて多様である。「歓待、それはまことに捉えがたいものである。唯一の形式のもとに固定し、一義的な意味で捉えようとするなら、歓待はたちどころに身をかわしてしまう」(8)とシェレールが論じるように、その観光との関係性も複雑なのであり、多角的な考究を要するものなのである。

(神田)

(8) シェレール、前掲『歓待のユートピア』一九頁。

コラム　観光研究におけるスポーツとオリンピック

「スポーツ観光」とは、たんなる「スポーツ・イベントを見にいく観光」ではなく、「アクティヴィティ、人々、場」の三要素が複雑に関係しあうものである。[1] さらに**「オリンピック観光」**のような世界的メガ・イベントでは、都市計画、インフラ、自然災害、メディア、政治情況、人権問題、そしてアンチドーピング体制などのさまざまな人的・非人間的（モノ・制度・自然）なアクターが相互に影響力を行使し合う混淆的な「アクター・ネットワーク」を形成していると考えるべきである。そのあり方が「オリンピック観光」特有の姿を創出しているのである。

「スポーツ」や「オリンピック」の個別的研究は進んでいても、「スポーツ観光」「オリンピック観光」の研究となると蓄積は少ない。一方、観光の現実ははるか先を進んでおり、人々は市民マラソンやよさこい踊りなどのイベントにパフォーマーとなって参加し、贔屓チームのサポーターは遠征先まで応援に行っている。業者・企業は旅行の手配だけでなく「スポーツ観光」「オリンピック観光」を企画・販売している。この領域の研究にあたっては「スポーツ」「オリンピック」「観光」のそれぞれの特徴を明確にし、三者の共通部分を明確にする作業が必要となる。とくに超一流の選手が集まり、世界中のメディアが注目し、人々が熱狂するオリンピックの場合には「日常的なスケールとは異なった尺度、あるいは異なった意味」[2] をもつものに遭遇する楽しみという「観光」の特徴が顕著に現れる。

これまでの観光研究は自ら積極的にスポーツ活動を行なう人々を「スポーツマン」と位置づけ、「観光者」の範疇から除外していた。しかしながら「スポーツ観光」「オリンピック観光」が活発になり世界的な注目を浴びるようになった現在では、自らスポーツや踊りを楽しむ人々を**「パフォーマー・観光者」**[3] として概念化し、観光研究の領域を拡げる必要がある。

スポーツ観光

「スポーツ観光」にはさまざまな「アクティヴィティ」が含まれる。競技大会や合宿練習への参加、健康や楽しみのためのランニングや踊り、野外でのレクリエーション、自らは参戦しないが「身代わり」となるアスリートやチームの応援、有名選手やチームの観戦など、さまざまなアクティヴィティの形態がある。それらすべてには、強弱の違いがあるが、「よく知られているもの」[4] を確認し「一時的な楽しみ」として消費するという大衆観光の特徴が見られる。

自らパフォーマンスを行う「パフォーマー・観光者」が示す大衆観光的要素の強弱は、余暇活動における「カジュアル・レジャー」と「シリアス・レジャー」の違い[5]に対応する。スポーツにおいても観光においても「人」の要素は重要である。自らのパフォーマンスに特別な意味を付与する真剣な「シリアス・レジャー」への参加者は、初心者を「カジュアル・レジャー」を楽しむアマチュア（他者＝大衆観光者）と位置づけ、自らを遊びの要素を除外したプロに近いアスリート（非観光者）の側に振り分けて差異化する傾向が見られる。対戦型スポーツでは「**他者**」の存在は不可欠である。その「他者」は、ラグビーの「ノーサイド」のように試合後に敵と味方の境界が融合する感覚、仲間となった者同士の立場・身分地位を離れた「**コミュニタス的連帯感**」を共有しえる貴重な存在である。大衆観光においては共に旅行する仲間同士の関係に焦点が当たり、そして地域文化を通した人々との「交流」が主目的となる新たな「**地域文化観光**[6]」においては地域の「他者」を体験することが重要になる。

スポーツにおいては非日常的な競技大会の「場」は特別な意味をもつ。日本国内には甲子園球場、国立競技場、花園ラグビー場、箱根駅伝コースなどが、また世界的にはウインブルドン・テニス場、アルプス登坂道、ボストンやベルリンのマラソン・コースなどが特別な意味を付与され、アスリートにとって憧れの「神聖な場」となっている。そこは「パフォーマー・観光者」にとっても、また「よく知られたもの」にまなざしを向ける大衆観光者にとっても注目の観光対象となる。

オリンピック観光

オリンピックは人的・非人間的なアクターが異種混淆的に形成されるネットワークのなかで作用しあい、「人々」に非日常的な興奮と刺激的な経験と、活気に満ちた多文化的な「場」と、さまざまな積極的、受動的、身代わり的な「アクティヴィティ」を提供する世界第一のスポーツのメガ・イベントである。「オリンピック観光者」には大きく分けて、もっぱら競技を見にくる者、競技が中心だがそれ以外にも関心を持つ者、競技に関心はあっても主目的ではない者の三種が見られるが、マイク・ウィードはさらに開催都市の居住者とオリンピック期間中に開催都市を回避する者も加えている[7]。オリンピック期間中に開催都市を訪問するのはおもに大会チケットの購入者で、通常の観光者数は減少する。それ故「オリンピック観光」では事前と事後における観光者数の確保が成否の鍵となる。

近年は「**オリンピック・レガシー（遺産）**」が問題となっている。選手村や施設の事後活用に失敗して地域が赤字を抱える例も多い。開催国では、期間中に国内のさまざまな地域の魅力を世界中に訴えて一〇年先まで観光者数を増やせるか、また国民が感銘した「スポーツの力」を継承できるかなど、事後においてもオリンピック競技を核にメディア、インフラ、場、アクティヴィティ、人々、そして観光という要素が作用しあう人的・非人間的なネットワークそのものの意義と意味が問われるのである。

（橋本）

（1） Mike Weed, *Olympic Tourism*, Elsevier Ltd, 2008, p. 7.
（2） アーリ&ラースン『観光のまなざし〔増補改訂版〕』加太宏邦訳、法政大学出版局、二〇一四年、七頁。
（3） 橋本和也「スポーツ観光研究の理論的展望――パフォーマー・観光者の視点」『観光学評論』四巻一号、三―一七頁。
（4） 橋本『観光人類学の戦略――文化の売り方・売られ方』世界思想社、一九九九年、五五頁。
（5） R. Stebbins, *Serious Leisure : A Perspective for Our Time*, New Brunswick : Transaction Publishers, 2007. 橋本、前掲「スポーツ観光研究の理論的展望」九頁。
（6） 橋本『地域文化観光論』ナカニシヤ出版、二〇一八年、一二二頁。
（7） Weed, *op. cit.*, pp. 48-53.

Ⅳ部

観光学のフィールド

観光社会学の現場から①——奈良・観光と地方再生

奈良県の観光地といえば、多くの人は東大寺や奈良公園の鹿などを思い浮かべるだろう。たしかにそこは今も修学旅行生や外国人観光客で賑わっている。歴史好きで何度も通う熱心な旅行者も少なくない。しかしこうした場所が奈良県の最北端であることは意外に知られていない。これら奈良県北部の有名観光地とその歴史については、すでにいくつかの研究がある。(1) 世界的にも知られ古代・古都という強いイメージづくりに成功した観光地の形成過程は観光学の重要な研究対象である。また近年そうしたイメージを凌駕するように、奈良町《ならまち》のレトロな町家カフェやおしゃれな雑貨店、人気キャラクター「せんとくん」といったカワイイ（キモかわいい？）話題で若い旅行者を惹きつけるようになったプロセスについても、観光地イメージ研究として重要であろう。

しかし本項では、こうしたいわば「よく知られた」奈良（北部）から出て、県内を徐々に南へと旅を進めてみたい。なぜならそこには地方の将来と観光の関係を占う興

（1）例えば、寺岡伸悟「奈良——古代イメージの卓越」（安村克己・堀野正人・遠藤英樹・寺岡伸悟編著『よくわかる観光社会学』ミネルヴァ書房、二〇一一年、一七四—一七五頁）、奈良女子大学文学部なら学プロジェクト編『大学的奈良ガイド——こだわりの歩き方』（昭和堂、二〇〇九年）。

味深い事例がたくさんあるからである。では早速、奈良を舞台に「地域観光の可能性と課題」を考える旅に出発しよう。

交流人口による活性化

前述のように奈良市は県の最北端、奈良盆地の最北端に位置している。薬師寺や法隆寺を過ぎ、徐々に南に進んでいこう。県の中部に位置する第二の都市・橿原市は人口一二万人である。県内には人口一〇万を超える都市は三つ、あとは三万〜八万人程度の町が奈良盆地とその周辺に分散しており、さらにその周辺部や山間部に小さな町や村が点在している。それぞれの町の中心部には歴史的な風情ある町並みが残っているが、各町が単独で観光客を惹きつけられるほどの規模や観光アトラクションに乏しい(2)。むしろ中心市街地の衰退が心配される状況だ。そのため、交流人口を増やし、賑わいを取り戻したいと願う町は多い。日本の地方都市の典型的な姿ともいえるだろう。しかし世界を見わたせば決して日本のような地方都市ばかりではないという。例えばドイツでは人口一〇万程度の地方都市が元気で、かつ魅力的だという報告もある(3)。日本の地方都市において観光は**地域活性化**にどういった貢献ができるのか。地域観光の力が試されるところである。

奈良では、こうした小都市を特定のテーマ観光によってつなぎ、スケール感を演出することで、小さな町々を魅力的な観光資源に編み替える試みが行われている。その

図1　奈良公園の鹿は北部奈良の大きな観光資源

(2)　ただし橿原市の今井町など、重要伝統的建造物群保存地区に指定され、観光スポットとしても成立している町も存在する。

(3)　高松平蔵『ドイツの地方都市はなぜ元気なのか。――小さな町の輝くクオリティ』学芸出版社、二〇〇八年。

一つが、県内各地に分散して存在する古い歴史的町並みを活かしたアート・イベント「奈良・町家の芸術祭　はならぁと」である。(4) 無住となった町家・倉庫などを利用したアート・イベントを複数の町で実施し、それらを「**はならぁと**」という統一した枠組みでまとめ観光者に呈示することによって、インパクトを高めると同時に、それら複数の「町を巡る」楽しみを生成している。各町のイベントは、あくまでその町の地域づくりに取り組む人たちが手を挙げ、地元の人々とキュレーターが話し合って企画する。県も参加してつくる実行委員会がそれら全体をスケール感のあるアート・イベントとして呈示している。「はならぁと」は二〇一一年の開始以来認知度も徐々に上がっている。何より特筆すべきは、「はならぁと」開催によって二〇一六年までに三五件の空き町家が店舗や移住先として利活用されるようになったことである（主催者HPより）。著名な観光スポットがなく、町の小ささから都市観光にも舵を切れないような小都市が複数点在している地方にとって、そうした町を「束ね」て呈示し、人々を誘客しながら地域の再評価・活性化につなげる興味深い事例の一つといえよう。

また「食」を核にした観光地域づくりも、地方の地域社会において有望なアプローチである。奈良でも、地元で昔から作られてきた野菜の再評価が進んでいる。「大和伝統野菜」と命名して、その保護や利用の促進が官民共同で進められてきた。いま同様の動きは全国各地で起こっているが、こうしたアプローチの良い点は、伝統食や食

(4) ちなみに「はならぁと」の概要については、HP http://hanarart.jp/ を参照のこと。

材の調査をきっかけに、地元の人々や自治体、事業者が地域の文化を再評価する点である。またそれらの生産を増やし、流通させ、地産地消という形で付加価値を産み出すには、**農家レストラン**などの存在が重要になってくる。こうしたなかで、生産者（農家）、行政、地域の町づくり団体、流通関係者、そしてサービス業、とさまざまな職種や立場の人の連携が県内に生まれることとなる。分散して住む少人数の人々や団体でも、一つのテーマでネットワーク化が成功すれば、スケール感をもった地域の観光資源として再創造することは、地方であっても可能なのである。

またそうした際にキーワードになってくるのは、異業種との連携、異分野へのチャレンジである。**六次産業化**という言葉を知っているだろうか。一般に、農家（第一次産業）は、農作物を作って出荷することが仕事である。しかしこれでは流通業者や市場を経由して農産物は遠くの都市に運ばれ消費されるだけの存在となってしまう。そこで農家自らが農産物を加工し（第二次産業）、さらにそれを直売所や農家レストランを経営して販売する（第三次産業）ことによって、付加価値が高まり（収益が増し）、地域の雇用も増える。こうした地域観光にとって有望な方法を六次産業化（第一次産業＋第二次産業＋第三次産業＝第六次産業）と呼ぶ。また、農家単独で難しい場合には農産物の加工・販売グループを農家女性たちが結成し、活発に活動しているケースもあったり、近隣の加工業者や販売業者と連携して（「農商工連携」と呼ぶ）、その地域の魅力創造へとネットワーク的に展開する事例も多く見られる。[5]

（5）奈良では、農家レストラン「粟」を核として地元農家、さらに地域の食文化の保存を目指す市民活動へと多面的に発展することに成功して高い評価を得ている「プロジェクト粟」の事例もある。六次産業化をさらにステップアップした事例として学ぶべき点は多い。プロジェクト粟ＨＰ https://www.kiyosumi.jp/

このように奈良は、観光資源や町が分散している所でのネットワーク化、または特別有名な観光地がないエリアにおける観光の力を考える場所でもあるといえる。

農村を維持する観光

奈良県もさらに南部に進むと、山並みが近づき、農山村とでも言うべき風景となってくる。こうした所では、農業後継者や農地の荒廃が問題になるが、それを防ぎ美しい農村景観を維持することが大きな課題である。奈良盆地南端に位置する明日香《あすか》村は、高松塚古墳の壁画発見以降、古代に遡る歴史と保存されたその美しい田園風景によって村づくりをおこなってきた。農山村ではその自然や地域の風土を魅力とした観光が大きな可能性を秘めるが、個々の農家で大人数の団体旅行などの受け入れ対応は困難である。明日香村では、民家ステイ、教育旅行、農村体験などが、村を中心とした協議会型式の組織でマネジメントされながら行われている。「飛鳥で暮らすように旅する……」というコピーが印象的だ(6)。海外からの参加者も多く、農家の副業としても大きな可能性をもっており、明日香村から近隣市町村へとその輪は広がりつつある。

農村観光を成立させるためには、美しい農村景観の維持も重要な課題だ。観光客向け施設の建設（観光開発）と農村景観保持のジレンマをどのように解決させるか。明日香村の場合、飛鳥時代の建物などがあったことが知られている。しかしそうしたものの多くは現存しない。かといってそれらを復元することは、現状の美しい景観に変

（6） 飛鳥ニューツーリズム協議会ＨＰ http://asukacom.jp/index.html を参照のこと。また、こうしたグリーン・ツーリズムの国内での最初の例として、大分県安心《あじ》院《む》町の事例がよく知られている。安心院町グリーンツーリズム研究会のＨＰを参照のこと。http://www.ajimu-gt.jp/

更を加えることにもなりかねない。飛鳥の歴史観光を行う場合、よりリアルに往時を体験するために、**ＡＲ**（Augumented Reality）**観光**の実証実験が試みられてきた。「**バーチャル飛鳥京**」と題されたその実践は、現在スマートフォン用のアプリをダウンロードし、それを現地でかざせば、現在の村の風景に飛鳥時代の建物が重畳表示されるようになっている。(7) ＡＲ観光は、建物の建設費用などを必要とせず、かつ現状の風景を変更させずに、かつての歴史的風景を観光資源として蘇らせることのできる方法である。長く豊かな歴史を有する日本の地方の町や村にとって有効な観光振興のツールと考えられる。

過疎と観光――モビリティの増大がもたらした可能性

明日香村からさらに南に歩みを進めていこう。道は山並みに入り、峠を越え、奈良県を東西に流れる吉野川を渡り南部地域へと入っていく。かつては吉野林業で栄えたこの地域も、今は激しい人口減少で限界集落も現れている。地域をアピールし、集落の維持・産業の活性化のきっかけとなるツールとして、観光は大きな期待を担っている。吉野郡内の山間部には、**農家民宿**や**ゲストハウス**が次々と作られている。そうした施設は、長期滞在すれば山間地域の生活を間近に見ることのできる施設であり、たんに観光者だけでなく、Ｉターンを考える人たちにとっても恰好のお試し宿泊（生活）の場所となりえる。こうした場所として、吉野郡下市《しもいち》町では、村の集会所を改造

(7) 「明日香村の田んぼの下にはたくさんの遺跡が埋もれています。みなさんが明日香村に訪れた時は、現在の田園風景から当時の風景を想像し、明日香村の文化的価値を見いだしていただいていることと思います。しかし、小さいお子さんや、あまり歴史に興味のない方が明日香村を訪れたとき、明日香村の文化財の意義を知ることは容易ではありません。
　往時の明日香村を知る手段として考えられるのは、イラストや建築物の復元であります。イラスト冊子は、実際の大きさを知るのには物足りなく、また、建築物の復元は都全体を復元することは非常に難しく、一度建ててしまうと修正が効かないといった不都合があります。

　そこで、明日香村では、文化財の発掘成果と東京大学生産技術研究所大石研究室の技術を駆使して、コンピューターグラフィックで飛鳥京を再現することに平成一七年から挑戦しています。」（バーチャ

して移住体験を兼ねたゲストハウスを開設した。移住希望者と観光者がともに宿泊できる施設となっており、これを管理する村人も大都市での仕事経験をもつ二地点居住者（二つの生活拠点をもちその間を往来する人）である。ゲストハウスの予約や問い合わせへの対応は、その地区にいなくともモバイル端末で十分対応できるという。この管理人の姿を見ていると、もうすでに「都市からの観光者（ゲスト）」／「村の住民（ホスト）」という二分法は融解し、彼自身が「都市人を迎える田舎人」という役割演技を楽しんでいるようにすら、筆者には見える。しかし、では場所がどこでも良いのか、というとそうではない。この場合では「吉野の農山村」という場所が一種の「舞台」となって、「癒やしを求める都市からの観光者」と「それを迎えるのんびりした村人」というドラマを成立させているのだ。実はそれは、秋葉原や原宿といった都市観光での経験の構図とよく似ている。

　農山村でも**メディア環境**が整備されたことによって、住民が広範囲の移動を行って暮らしを組み立てたり、観光者とフレキシブルに交わったり、ときに村人自身があたかも観光者のような感覚で自分の村を楽しんだり、というダイナミックな状況が始まっている。

　モバイル端末の利用可能な範囲の拡大が山村観光にもたらしたもう一つの効果がある。アクセスや情報発信の劇的な改善だ。世界遺産認定後、十津川村など吉野・熊野の山間には、外国人観光客が増加している。彼らはインターネットで情報を得、スマート

ル飛鳥京ＨＰ https://asukamura.jp/topics/virtual-asukakyo/index.html より）

図2　熊野古道沿い十津川村果無《はてなし》集落にある世界遺産石碑とバス停

フォンのGPS機能で位置を確認しながら、レンタカーのナビゲーション・システムを使って限界集落の村にあるような農家民宿にやってくる。高野山から伸びる世界遺産の参詣道（熊野古道）をスマートフォン片手に山越えしてくる外国人旅行者も多い。情報環境の変化により、山間部などの過疎地の観光は新たな可能性を持ちつつある。

地域観光学の最重要課題とは

奈良県を北から南へとたどる観光学の旅もいよいよ終わりに近づいた。しかしここで留意してほしいことがある。地域活性化イベントなど交流人口の増大をめざす活動が、人口減少や高齢化に悩む過疎地の人々の負担になる場合があることだ。モバイル・メディアの普及や流行現象と結びつけた戦略で、たくさんの観光客が一時的に地方を訪れることになっても、それが地域の持続可能な発展に直結するわけではない。そうした意味で、「**地域活性化**」という言葉を安易に使ってはならない。交流人口の増大を目指した活動が、それを受け入れる形となる農山村の人々の過剰な負担となり、疲弊してしまう懸念はないだろうか。農山村の活性化を願って**グリーン・ツーリズム**を見つめてきた社会学者の徳野貞雄は、交流人口増大のための活動と、地域を支える成員を増やす（減らさない）ための活動、それぞれの活動の狙いを明確にして観光まちづくりをコーディネートすることの必須性を解く。(8)前者と後者をつなぐ仕組みを、地域住民を中心としながら、それに関わるさまざまな組織・団体・人たちで考え

（8）　徳野貞雄「農山村振興における都市農村交流、グリーン・ツーリズムの限界と可能性――政策と実態の狭間で」日本村落研究学会編『グリーン・ツーリズムの新展開――農村再生戦略としての都市・農村交流の課題』農山漁村文化協会、二〇〇八年、四三―九三頁。

る枠組みを創る「**統合的農村観光論**」の視点が重要となる。(9) ここまで記してきたように、地域のための観光の力とは、集客数ではなく、地域内外のさまざまな資源やセクターを結びつけ、協同へと引き上げる点にこそ見出されるものでなければならない。

観光立国が謳われ、日本の伝統文化や伝統的な町並みや農山村風景の魅力が言われながら、それを維持してきた地方社会は衰退・消滅の危機にある。この矛盾した状況を解決するため、地方再生にたいして観光はいかなる貢献ができるのか。本項で学んだ奈良の事例を入口と位置づけ、是非学んでみてほしい。

（寺岡）

(9) 統合的農村観光論については、例えば以下の論文を参照のこと。敷田麻美・八反田元子「観光による農村と都市の創造的関係の構築に関する研究――Integrated Rural Tourism によるワインツーリズムの分析から」『助成研究論文集』北海道開発協会開発調査総合研究所、二〇一三年、一四五―一七〇頁。または、寺岡伸悟「流動化する中山間地域と農村観光研究の意義」『観光学評論』五巻一号、二〇一七年、七九―九二頁。

観光社会学の現場から②

――リヴァプールにおける「ミュージック・ツーリズム」

マジカル・ミステリー・ツアー

二〇〇〇年代以降、観光は、映画やテレビドラマ、アニメやマンガなどが舞台としている場所を訪問する「コンテンツ・ツーリズム」、海外の医療施設で専門的治療を受けるための旅行である「メディカル・ツーリズム」、戦争、迫害、破壊、災害、虐殺、社会的差別などの人類の悲しみの場所を訪れる「ダーク・ツーリズム」など、多様な形態をとり始めるようになっている。「ミュージック・ツーリズム」も、その一つである。

音楽を観光アトラクションとして展開とする「**ミュージック・ツーリズム**」には、①「生誕の地をはじめとする音楽家にゆかりの場所を巡る旅」、②「音楽フェスティバルやライブなどの音楽イベント」、③「地域文化として伝わる音楽の鑑賞」、④「グルーピー（追っかけ）の旅」がある。

「生誕の地をはじめとする音楽家にゆかりの場所を巡る旅」の具体例としては、アメリカ合衆国メンフィスでエルヴィス・プレスリーゆかりの場所を訪ねるツアーが挙げられよう。そこでは、命日には世界中からファンが集まる「聖地」として知られる「エルヴィス・プレスリー邸宅」や、エルヴィスが通っていたとされるメンフィス最古のカフェ「アーケード・レストラン」を訪問したりする。

次に、「音楽フェスティバルやライブなどの音楽イベント」の具体例としては、**ロック・フェスティバル**がある。[1] 日本では「フジロック・フェスティバル」「サマーソニック」「京都大作戦」「イナズマロックフェス」など、欧州ではデンマークの「ロスキレ・フェスティバル」やイギリスの「グラストンベリー・フェスティバル」「レディング&リーズ・フェスティバル」、アメリカ合衆国では「ボナルー・ミュージック・アンド・アーツ・フェスティバル」と、さまざまなロックフェスが各地で開催され多くの人びとが会場となる場所を訪れている。

「地域文化として伝わる音楽の鑑賞」の具体例としては、津軽三味線が奏でる音色を聴いたり、沖縄の音楽を楽しんだりする観光があるだろう。最後に、ミュージシャンの熱狂的なファンによる「グルーピー（追っかけ）の旅」も、「ミュージック・ツーリズム」に含めることができる。

以上のような「ミュージック・ツーリズム」は、現代的な観光を考えるうえで重要な対象である。しかし、それにもかかわらず、これまであまり省みられることがなかった。もちろん、ギブソン&コーネル[2]やマセソン[3]など、次第に研究の蓄積がなされつ

(1) 永井純一『ロックフェスの社会学——個人化社会における祝祭をめぐって』ミネルヴァ書房、二〇一六年。

(2) C. Gibson & J. Connell, *Music and Tourism: On the Road Again*, Channel View Pblications, 2004; C. Gibson & J. Connell, "Music, Tourism and the Transformation of Memphis," *Tourism Geographies*, 9(2): 160–190, 2007.

(3) C.M. Matheson, "Music, Emotion and Authenticity: A Study of Celtic Music Festival Consumers," *Journal of Tourism and Cultural Change*, 6(1): 57–74, 2008.

つあるが、観光研究においても、音楽研究においてもまだ充分とはいえない。そこで以下では、イギリスの**リヴァプール**を事例に、観光社会学の視点から「ミュージック・ツーリズム」の一局面を浮き彫りにしていくことにする。

リヴァプールはイングランド北西部にあり、アイリッシュ海に面しマージー川の河口部に位置するマージーサイド州の中心都市である。市域の面積は一一一・八四平方キロメートル、人口は四九万一五〇〇人と推計されている（二〇一七年現在）。十八世紀から貿易港として栄え、その東側約五〇キロのところにある内陸部のマンチェスターとともにイギリスの産業革命を支えた。

ここは、イギリスを代表するロックバンドである**ビートルズ**のメンバー（ジョン・レノン、ポール・マッカートニー、ジョージ・ハリソン、リンゴ・スター）の生誕地として知られている。そのため、リヴァプールではビートルズにゆかりの場所を巡るツアーがさまざまに行われている。以下では、そのツアーのひとつである「**マジカル・ミステリー・ツアー**」を取り上げてみよう。「マジカル・ミステリー・ツアー」という名称は、もちろんビートルズのアルバム、楽曲、そして主演映画のタイトルに由来したものである。

このツアーでは、港湾地区アルバートドックの一画からバスに乗車し出発する。そしてリンゴが幼少期に過ごした家、ジョージの生家、ビートルズの楽曲でも歌われているストリート「ペニー・レイン」を訪問後、ジョンとポ

図1　リヴァプールの位置をあらわすイギリス地図
（http://haetarou.web.fc2.com/NewEnglish/Chap5/Chap5.html 2018.8.24 アクセス）

ールが初めて出会ったセント・ピーターズ教会を車窓から眺め、ビートルズの楽曲でも歌われている孤児院「ストロベリー・フィールズ」の門へと向かう。さらに、ジョンとポールそれぞれが幼少期を過ごした家を見て、最後にビートルズが初期に演奏していたナイトクラブ「キャヴァーン・クラブ」に到着し、ツアーは終了する。

観光の「情動のライン（線）」

以上のツアーでは、ツーリストが楽しさを感じられるような工夫があちらこちらになされている。バスは、ビートルズの映画に登場するものそっくりにデザインされており、乗車するときからビートルズの世界観に浸りきることができるようになっている。バスの中ではビートルズの楽曲が流れるなか、ツアーガイドが場所にちなんだビートルズのメンバーの逸話を話してくれ、ときには、ツアー客がビートルズ・ナンバーを皆で大合唱するという光景もみられる。また「ペニー・レイン」と書かれた標識や、「ストロベリー・フィールズ」の門の前では、バスを降りて写真を撮ることができるようになっている。

このように考えるならば、映画そっくりにデザインされたバス（モノ）、バスに同乗するツアーガイド、バスで流れる楽曲、標識や門というモノ、これらが観光産業、行政、地域住民などと相互に連関し合い、ティム・インゴルドの言う「ライン（線）」(4)のごとくつながり合うことで、「楽しさ」や「喜び」といったツーリストたちの「情

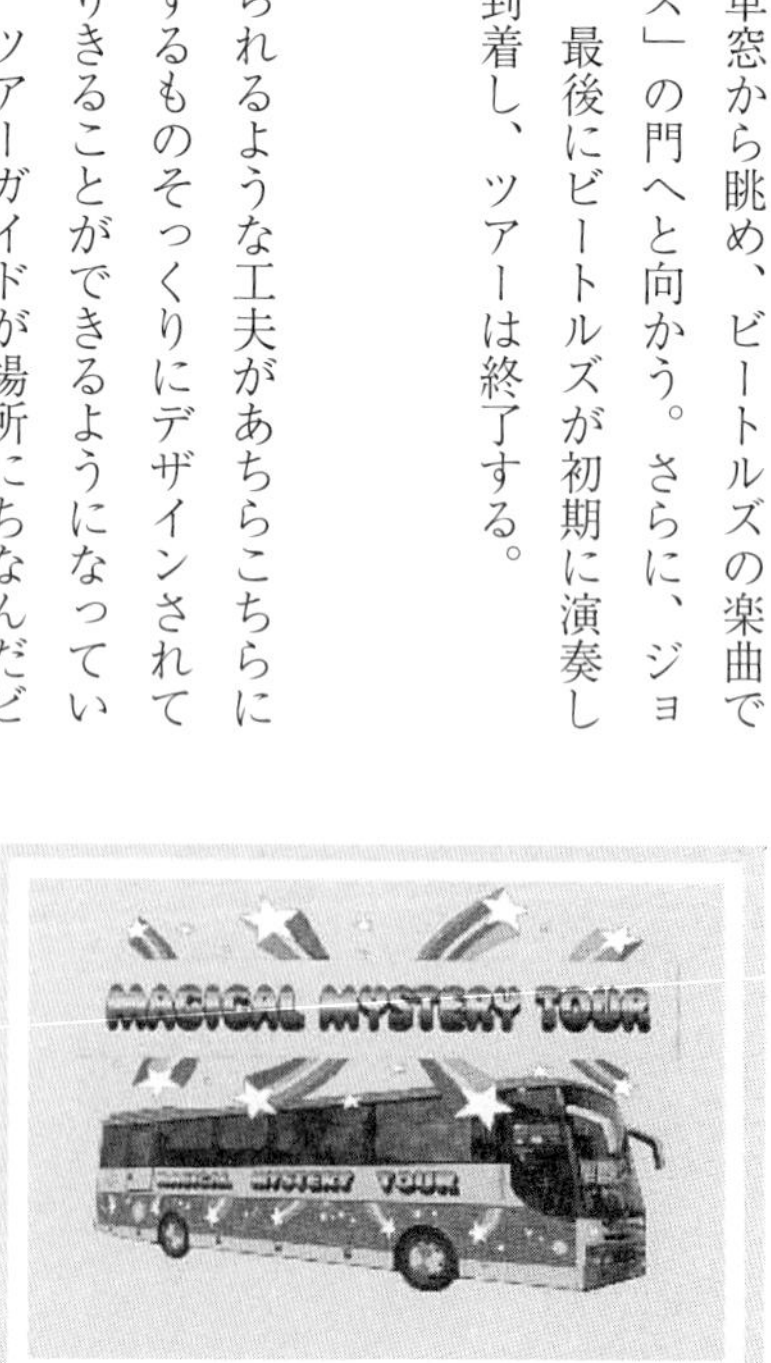

図2　マジカル・ミステリー・ツアーのチケット（The Cavern Club）

（4）ティム・インゴルド『ラインズ——線の文化史』工藤晋訳、左右社、二〇一四年。

動」は掻きたてられているのである。ツアーガイド（人）、バスや標識や門（モノ）、楽曲（メディア・イメージ）――これらが観光産業、行政、地域住民と結びつき一体となって、「情動のライン（線）」を形成することで、リヴァプールの「ミュージック・ツーリズム」は構築されているのだ。

こうした考え方は、**アクター・ネットワーク理論**に通底するものである。これまで私たちは、人とモノを二項対立的に分けて考えてきたが、アクター・ネットワーク理論は、そうした思考様式を揺るがそうとする。アクター・ネットワーク理論を牽引する**ブルーノ・ラトゥール**によれば、これまではモノ（あるいは自然）は、人（あるいは社会）から切り離され、モノは人が働きかける単なる対象＝客体とされてきた（ラトゥールはこれを「純化」と呼ぶ）。しかし実は、その背後で、人（社会）とモノ（自然）は深く絡まり合いながら、相互に、「主体」として、すなわち「行為者」（エージェント）としてネットワークで結びつけられてきたのだと言う（ラトゥールはこれを「翻訳」と呼ぶ[5]）。

これについては、ラトゥール自身が挙げている逸話が分かりやすいだろう。それは次のようなものである。ホテルのルームキーを持ち帰ってしまう顧客があとを絶たないことに業を煮やしたホテルの支配人がいた。鍵をわたすときに「フロントに返却してください」と、口頭で注意したり、そのことを書いた札をつけたりしたものの、うまくいかない。そこで支配人は、キーチェーンをつけることにした。キーチェーンを

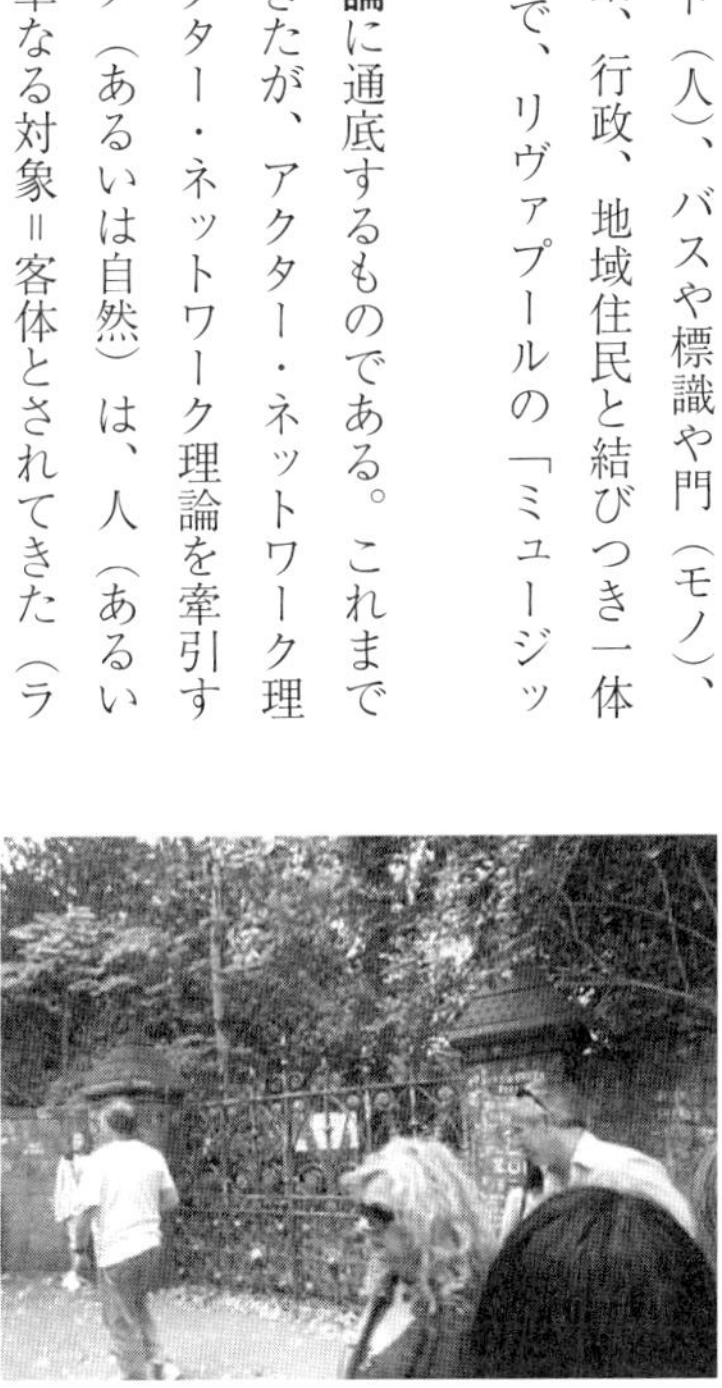

図3　「ストロベリー・フィールズ」の門で写真を撮るツーリストたち（筆者撮影）

（5）ブルーノ・ラトゥール『科学が作られているとき――人類学的考察』川崎勝・高田紀代志訳、産業図書、一九九九年。

つけてポケットに入れていると、顧客はポケットが気になってしまい、フロントに戻すようになったという逸話である。ここで見てとれることは、ルームキーを返すという行為を引き起こしたのは、顧客たち自身ではなく、キーチェーンというモノなのだ。[6] この場合、モノは単なる客体なのではなく、人と結びついて、人の行動を変化させるエージェント（行為者）なのである。

モノという客体は、多様な人、モノ、メディア・イメージと結びついて、ツーリストに対して、それを「客体」として働きかける「行為者（エージェント）」＝「主体」となっているのだ。ビートルズにゆかりの場所を巡るツアーは、これを明示する事例となっていると言えよう。

ローカル／ナショナル／グローバルの重層的な結びつきのなかで

とはいえ、そういった観光の「**情動のライン（線）**」はあたりまえのように最初から存在していたわけでは決してない。

第二次世界大戦後、世界の経済構造が大きく転換し、繊維産業を中心とした貿易や造船業が急速に衰退し、一九五〇年代にはリヴァプールで暮らしていた労働者階級の人びとは苦しい生活をしいられていった（ビートルズのメンバーたちもそうした労働者階級の出身だった）。その結果、リヴァプールの人口も最盛期の半分にまで落ち込み、都市もスラム化していった。

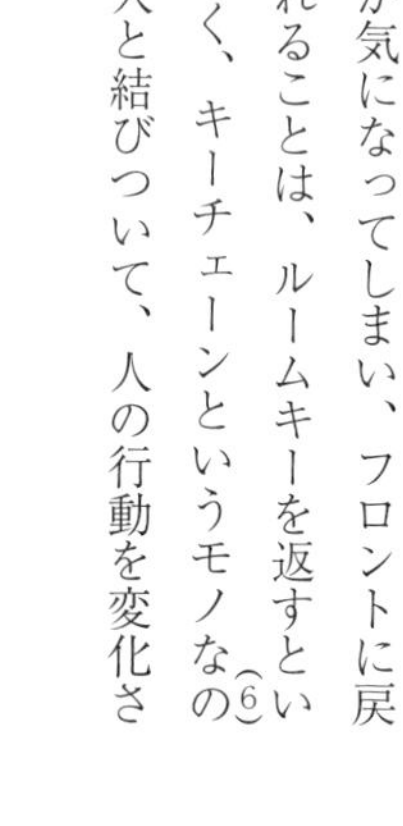

図4　ブルーノ・ラトゥール
（http://www.thegreatregression.eu/bruno-latour/ 2018.8.24 アクセス）

（6）　B. Latour, *La clef de Berlin et autres lecons d'un amateur de sciences*, La decouverte, 1993.

（7）　土屋朋子「EUの文化政策における欧州文化首都プログラムの課題」『上智ヨーロッパ研究』二〇一〇年、二号、八九―一〇三頁。

そこで一九八〇年代には、リヴァプールをかつての工業都市から観光都市へと転換し街を再生させるべく、「マージーサイド海事博物館」が一九八六年に誘致されるなどさまざまな事業がなされるようになった。こうした流れを確かなものとしたのが、「欧州文化首都」（European Capital of Culture）への選出である。

「欧州文化首都」プログラムとは、EU（欧州連合）による文化政策のひとつである。EU圏内の多様性を尊重しつつも、共通のアイデンティティ、価値、規範を模索しようと展開されているものである。具体的にはEUが毎年開催都市を選定し、選定された都市で集中的に音楽イベントやアート・イベントをはじめとした文化プログラムを実施し、観光の活性化をはかり都市の再生へと結びつけていく試みである(7)。リヴァプールは二〇〇八年に、この「欧州文化首都」に選定され、アルバートドックをはじめとしたウォーターフロントやショッピングモールのリノベーション（再開発）を加速させていった。

ビートルズにゆかりの場所を巡るツアーも、そのなかでより整備され洗練されていったのである。このように考えるならば、リヴァプールにおける「ミュージック・ツーリズム」を形成する、観光の「情動のライン（線）」は、リヴァプールによるローカルな状況が、イギリスによるナショナルな方向性や、EUによるグローバルな目論見と絡まり合うなかで現れ始めたものであると言えるだろう(8)（イギリスがEUから離脱するBrexit以降、「欧州文化首都」プログラムがどのように変質していくのかにつ

図5　アルバートドックにあるビートルズの銅像（筆者撮影）

(8)　村上直久『EUはどうなるのか――Brexitの衝撃』平凡社新書、二〇一六年。

いては注意深く見守る必要があるだろう）。ローカルなもの、ナショナルなもの、グローバルなもの、これらが相互に結びつき、時に対立しせめぎあい、時に協調しあいながら、リヴァプールの「ミュージック・ツーリズム」はたえず構築され続けてきたのである。

アルジュン・アパデュライはその著『さまよえる近代』で、ローカル／ナショナル／グローバルな現実がこれまでとは異なるかたちで新たに形成されていくプロセスの「現れ方」（appearances）として、「エスノスケープ」「テクノスケープ」「ファイナンススケープ」「メディアスケープ」「イデオスケープ」という五つの次元を挙げている(9)。彼の言う「**エスノスケープ**」とは、外国人労働者、移民、難民など、人の移動から見えてくるグローバル社会の現れ方である。次に「**テクノスケープ**」とは、機械技術的なものであれ、情報技術的なものであれ、テクノロジーが多様な境界を越えて移動している事態を指している。

また「**ファイナンススケープ**」とは、グローバル資本が国境を越えて移動し続けている事態を指す。さらに「**メディアスケープ**」とは、新聞、テレビ、ウェブなどのメディアを通じてポピュラーカルチャーをはじめ、さまざまなイメージや表象の移動によって見えてくるグローバル社会の現れ方を意味している。最後に「**イデオスケープ**」は、イメージのなかでも特にイデオロギー的な価値観や世界観が国境を越えモバイルなものとなることで揺らいでいく事態を指している。

図6　再開発された現在のアルバートドック（筆者撮影）

（9）アルジュン・アパデュライ『さまよえる近代――グローバル化の文化研究』門田健一訳、平凡社、二〇〇四年。

アパデュライによれば、これら五つの次元は、それぞれが独立した動きを見せ乖離的でありながら、重層的に結びついていくのだとされる。リヴァプールの「ミュージック・ツーリズム」を考察するにあたっても、これら五つの次元が重層的に結びついていくあり方を丹念に解きほぐしながら、観光の「情動のライン（線）」の内実を明らかにしていく必要があるだろう。

（遠藤）

図7 アルジュン・アパデュライ
(https://en.wikipedia.org/wiki/Arjun_Appadurai#/media/File:ArjunAppadurai.jpg 2018.8.24 アクセス)

観光人類学の現場から①――人・アート・コト・地域

地域芸術際――「人・モノ・コト・地域」によるアクター・ネットワーク

地域づくり、まちづくり、そして観光によるまちづくりなどにおいては、理想を語るリーダー、作戦を練る参謀役、人をまとめる世話役の三役が必要とされるといわれている。これらの人的アクターが重要な役割を果たしていることはもちろんであるが、現場でものごとが始動するのはそれだけの要素によるわけではない。モノの働きを見逃してはならない。近年現代アートという新たな要素（モノ）を過疎地域に「取り込んだ「越後妻有　大地の芸術祭」や「瀬戸内国際芸術祭」などの「**地域芸術祭**」が開催されている。**アクター・ネットワーク理論**（ＡＮＴ）の視点から、このような「地域芸術祭」は、現代アートというモノを中心に異種混交のアクターが構成するネットワーク（＝「擬似物体（quasi-object)」）として捉えられる。これらは二〇年近くを経過して成功していると見なされるものもあれば集客に問題を抱えているものもあり、まだ評価が定まらない進行中の試みである。

人は行為し、考え、感情を経験する「**ヒューマン・エージェンシー**」（能力、可能性、素質）をもった存在である。このエージェンシーは、他者との相互作用からだけ生まれるのではなく、**文化的道具**との特有の媒介過程を経たときに生まれる。その文化的道具とは、書物、図像、機械、分子、岩、銀河系といったモノと記号の両方の性質をもった「物質＝記号」としての実在物である。これらのモノは、それ自体でアフォーダンス(1)（力、可能性、素質）をもち、人がモノと関わるときに一連の行為を予期させ、それを可能にさせる。このときモノも作用するという意味でモノに「エージェンシー」が備わるのである。ヒューマン・エージェンシーは、モノ（文化的道具）なしでは立ち現れないし、モノのエージェンシーも人との関わりで立ち現れる(2)。これがモノと人、モノとモノ、人と人との相互関係についてのＡＮＴの基本的な考え方である。

「地域芸術祭」のプロデューサーやディレクターは現代アートによる芸術祭を立ち上げるときに、さまざまなアクターを「取り込み」、ネットワークを作り上げようとする。そこにはアーティストはもちろん、県や市などの行政機関、地域住民・ボランティア・ガイド・受付け、空き家・廃校・体育館・校庭・映画館、アート作品・素材、空き地・棚田・オリーブ畑、展示場・ショーウィンドー、バス・鉄道・フェリー、売店・食堂、アクセス道路など、さまざまなアクターが取り込まれ、異種混交（ハイブリッド）のアクター・ネットワークが構築される。しかしこの「擬似物体」

(1) 個々の人間の器官とこれを作動させる技術に向けて個々の場やモノが与えてくる力を「アフォーダンス」という。

(2) 足立明「人とモノのネットワーク――モノをとりもどすこと」田中雅一編著『フェティシズム論の系譜と展望』京都大学学術出版会、二〇〇九年、一七九―一八〇頁。

内のアクター相互間の関係はまだ安定化（＝「ブラックボックス」化）[3]したものとして認識されず、それぞれのアクターが不安定な関係性のなかで新たな意味をつねに付与されるという状況が継続している。「**ハイブリッド**」とはANTに特有の考え方で、人間が自然に働きかけた結果であるのか、自然が人間に働きかけた結果であるのか判然としないグレーゾーンにある存在である。こうした曖昧な存在は、そのどっちつかずの性格を残存させたまま、私たちに影響を与え、また私たちからも働きかけられるという性格を持つ。近代という時代はこのようなハイブリッドの存在を必死で否定し、この両者が截然と分けられるかのように扱ってきたが[4]、現代はそのハイブリッドな存在に満ちあふれているのである[5]。

拒絶、受容、参加から「地域化」へ

現代アートなどの外来のアクターが地域における「拒絶→受容→参加」を経て、「地域のもの」となっていく過程を「**地域化**」という。

最初は何か分からない現代アートは「拒否」された。「地域芸術際」の最初の局面では、街路にたくさんの旗を立てようとしたが、店の看板が旗で見えなくなると商店街が反対をし、作品を撤去させたという。また当初は空き家を一軒借りるのも大変な努力と交渉が必要で、日頃使わないことが明らかな空き家でも見知らぬ他人に貸すことに抵抗があったという。最初に積極的に引き受けてくれたのは二地域だけで、ほと

(3) ブラックボックス化とは、ネットワークのなかに取り込まれて安定化し、評価が定まることをいう。それゆえ、あらためて定義し直すことのない既存のブラックボックス化された概念を使わずに、現象を説明しようとするのがアクター・ネットワーク理論（ANT）の特徴である。

(4) 清水高志『ミッシェル・セール――普遍学からアクター・ネットワークまで』白水社、二〇一三年、一二三頁。

(5) 橋本和也『地域文化観光論――新たな観光学への展望』ナカニシヤ出版、二〇一八年。

んど希望の空き家や場所を使えず、結果的に公園などの公共の場所という均質な空間にしか作品を設置できなかったという。

地域からの「受容」を獲得する上で決定的な役割を果たしたのはボランティア・グループの「こへび隊」で、すこしずつ中山間地域で農業をしている年寄りたちを変えていったという。保守的な人々のなかで、若者たちは自分たちの存在や意図がまるで相手にされないということにショックを受けたが、「どうやったら分かってもらえるか」と模索しはじめた。自分の立場を自覚し他者を理解しようとする若者と世代が違う地域の人たちとの出会いと関わりのなかで生まれた絆が、「**大地の芸術祭**」の基盤になった。また、外国人アーティストは集落に住んで異なる世界とつなげ、アートは媒体となって人と人をつないだ。彼らは地域に徹底的にこだわることで場の固有性を発見し、地域は「他者」の代表である外国人アーティストを「受容」することで変わっていった、と総合ディレクターの北川フラムはいう(6)。「受容」の過程は、カバコフの作品「棚田」(下図)を展示した畑の持ち主との関係の変化に代表的にみられる。身体が悪くなりこの棚田の耕作をやめるというときに、作品を置かせて欲しいとの話を聞いたので承諾できなかった。また、先代から引き継いだ田んぼを、よく分からない現代アートの設置場所にしたいといわれても困ったという。何度目かにカバコフの計画図が示されて、やっと「受容」された。現地でのカバコフの制作作業に感化されて、その後七年間棚田の持ち主は耕作を続けたが、足の骨が悪くなり斜面を登れなく

(6) 北川フラム『美術は地域をひらく——大地の芸術祭10の思想』現代企画室、二〇一四年、二二九—二三〇頁。

図1 カバコフの「棚田」(二〇一五年筆者撮影)

なってやめた。その棚田は芸術祭のメンバーが引き継いで耕作している。最初は断られたが、この交渉の過程こそが重要で、家の持ち主や土地の所有者そして集落への説明が、企画全体の理解のきっかけになった。アーティストは地域の歴史、風土を知ってここで調達できる材料に知悉し、地域の人々は説明・理解の過程のなかで意識が開かれていく。自立する地域づくりにはこの過程が大切だという(7)。

地域の人々が「参加」する過程がその次にくる。二〇〇〇年に棚田だった場所に國安孝昌が「棚守る竜神の御座」（下図）を間伐材と煉瓦を主材料に築き上げようとひとり黙々と作業をはじめた。稲と田と人々の命を守る神・竜が降臨する憑代《よりしろ》をイメージしたものである。針金で丸太を縛るには熟練の技術が必要だが、足腰が定まらない学生サポーターでは針金で巻くとき素材が固定されず難航していた。学生たちを冷やかしながら遠巻きに眺めていた集落の年寄りたちにそこに立ち会っていた北川が「やってみますか」と水を向けると、ついにこらえきれなくなって手伝いに参加したという。年の功で要領をつかんでおり、みな幼なじみばかりでチームワークもよく作業がどんどん進んでいき、作家ひとりの手では実現不可能な規模の作品が、「地域が手をさしのべる」ことによって完成がみえてきたという。その瞬間に「竜神は作家の手を離れ、地域の人たちの作品になった」と北川は指摘する(8)。これを機会に作品は「地域化」され、地域の人々のモノになったのである。

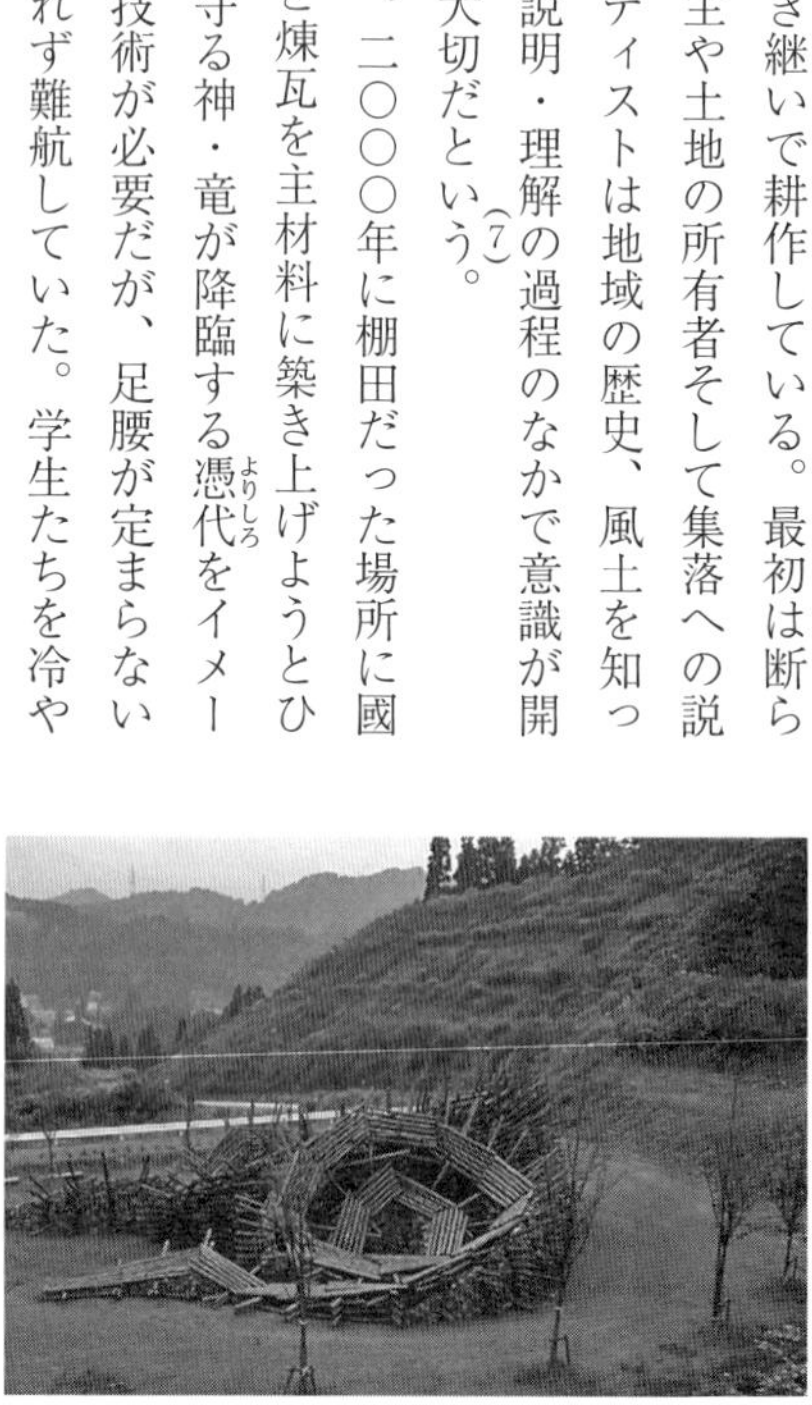

図2 「棚守る竜神の御座」（越後妻有大地の芸術祭HPより）

(7) 北川フラム『ひらく美術——地域と人間のつながりを取り戻す』ちくま新書、二〇一五年、九六頁。

(8) 北川、前掲『美術は地域をひらく』一二五頁。

モノが人を誘い・動かす――モノのエージェンシー

「大地の芸術祭」では、地域の人々が制作作業に「参加」する事例が多く見られる。得体の知れない現代美術のアーティストが自分たちの土地にきて、なにやら理解のできないモノを作りはじめたが、まずは遠目からながめていた。地域の人々が制作に「参加」するためには、さまざまな仕掛けが必要である。先の事例では、作業自体の質とアーティストが数カ月にわたって提示する熱心さが誘因となった。針金で固定するという作業（モノ）を見て、自分にもできると思い、ちょっとやってみようと身体がうずきだす。針金で丸太を縛る技術は丸太で足場を組むときに必要な技術（モノ）で、長年の作業を通じてそれを身体感覚としてもっている人間は、不器用な他者の作業を見ているとつい身体がうずきはじめ、お手本をみせ、ちょっとしたこつを教えたくなるものである。現代アートは外部の要素（モノ）であり、最初は理解できず、近づきがたい対象であった。しかし、その制作段階を見ていると、作業は親和性のある身体運動の繰り返しであると知ることになった。アーティストの作業（モノ）がこのようにエージェンシーを発揮し、地元の人々の身体感覚を刺激し、動き出させた様子がみてとれる。

「地域芸術祭」は、現代アートというモノを中心にハイブリッド（異種混交）なアクターが構成する「擬似物体」（quasi-object）である。さまざまなアクターによって構成されるネットワークとしての「地域芸術祭」（モノ）は、アーティストに対しては「妻有と関わって、変わりなさい」と、地域の人々に対しては「アーティスト（他者）と関わって、変わりなさい」とのメッセージを発していた。アーティストはアート（モノ）を媒介とし、地域の人々との関わりを通して作品を出展するが、その過程で地域を学び、変わっていった。そして住民も現代アート（モノ）とアーティスト（人）の「受容」を契機に変わっていったのである。新たに構築されたネットワークは不安定ではあるが、そこではアクター間につねに新たな相互関係が生成している。その関係のなかで、個々のアクターは新たな意味を付与されるのである。アーティストは住民目線のなかで関わり、住民と一緒になって学び、変わっていく。地域の人々もアーティストとの関わりのなかで、この山間地のコミュニティのなかで、ともに変わっていくのである。それが、単なるアート・フェスティバルとの違いであり、「**観光まちづくり**の視点」がここにはある。

（橋本）

観光人類学の現場から②
——タイにおけるコミュニティ・ベースド・ツーリズム

コミュニティ・ベースド・ツーリズム（community based tourism：CBT）とは、観光の受け皿となる地域コミュニティが観光開発・運営に主体的に関わることで、観光からの経済的・社会的恩恵を地域コミュニティのメンバーに適正に分配すべきであるという観光開発の理念である。

国家や外部資本による大規模な観光開発は、自然環境や地域の生活の場に大きなインパクトを与え、しばしば地域住民を**周辺化**してきた。たとえば、**ハワイ**を代表するワイキキ・ビーチ(1)はもともとネイティヴ・ハワイアンが主食であるタロイモを栽培する湿地帯であったが、二十世紀以降、米国本土の資本によって埋め立てが進められ、ビーチ・リゾートとして開発されていった。言い換えれば、ワイキキ・ビーチの開発は、ネイティヴ・ハワイアンの犠牲の上に成り立っていたのである(2)。こうした大規模な観光開発によって地域住民が周辺化されていくといった事例は、枚挙にいとまがない。特に、先住民族や少数民族、途上国の農山漁村などの小規模なコミュニティで

(1) そもそも「ワイキキ」という地名は、ネイティヴ・ハワイアンの言葉で「水が湧き出るところ」を意味する。

(2) ハワイの観光開発の歴史的プロセスとそれがネイティヴ・ハワイアンにもたらした影響については、高橋真樹『観光コースでないハワイ――「楽園」のもうひとつの姿』（高文研、二〇一一年）や山中速人『ハワイ』（岩波新書、一九九三年）を参照。

は、観光開発に伴う周辺化の問題がより顕著に現れることが多かったといえる。

このような状況のなかで、一九八〇年代くらいから、より持続可能で適正な観光のあり方を模索する動きが広まっていく。そして、この時代は先住民族の文化復興運動や環境運動などが世界的に活発化していく時期でもあり、それらの社会運動とも密接に関わり合いながら、ローカルなコミュニティが主役となるような**CBT**の考えが登場したのである。

以下では、筆者が二〇〇一年以来調査を継続しているタイを事例に、CBTの現状について紹介し、その可能性や課題について考えてみたい。

自文化を発信する手段としてのCBT

現在タイは、東南アジア諸国で最もCBTが盛んな国の一つとなっているが、その先駆的な事例として知られているのが、国際的なビーチ・リゾートであるプーケットに隣接している**ヤオノイ島**の取り組みである。そこでまずは、一九九四年以来CBTを続けているヤオノイ島の事例を紹介したい。

プーケットの東側パンガー湾に位置するヤオノイ島は、住民の大半がタイ系ムスリムであり、小規模漁業に従事している。漁師世帯の多くは、タイ語でルア・ハートヤウと呼ばれる小型の動力船(ロングテール・ボート)を所有しており、この船を操って周辺の海域で漁を行っている。ただ、定員四~六人程度の小型船のため、陸から数

図1　ヤオノイ島の漁師たちが使う船（筆者撮影）

キロ以内の沿岸部で漁を行うのが一般的だ。主な漁具としては、エビやカニ、イカなどを捕る刺し網の他、プック・サイヤイと呼ばれる一五〇～一八〇センチメートル四方のカゴ罠を使用したりもする。

ＣＢＴに参加する観光者は、島滞在中、（主に漁師をしている）島民の家にホームステイをしながら、島の生活文化を体験したり、ムスリムの宗教生活について学んだりすることができる。そして観光者には、あらかじめムスリムの慣習とそれにもとづく島滞在時のルール（飲酒や肌の過度な露出の禁止）が説明され、滞在中はそれを守ることが求められている。

このような取り組みがヤオノイ島で導入された背景としては、以下の二つの点を指摘できる。まず第一に、住民の大半を占めるムスリムの慣習に配慮した観光のあり方を模索するということである。プーケットから高速船で三〇分程度の距離にあるヤオノイ島では、外部資本によるリゾート開発も同時に進行している。こうしたなか、「第二のプーケット」になることを恐れた一部の住民が、コミュニティ主導での観光開発を模索することを目指していったのである。前述のような、ムスリムの慣習についての説明やそれにもとづく滞在時のルール設定などは、こうした文脈で作られたものである。

そして第二には、住民の主たる生業である小規模漁業のあり方を外部に発信する手段としてＣＢＴを利用するという考えである。ＣＢＴが導入された一九九〇年代、ヤ

図2　カゴ罠を使ったタイ南部の伝統漁（筆者撮影）

オノイ島が立地するパンガー湾では、小規模漁業に従事する島民と外部の大規模なトロール漁船との間で資源利用をめぐるコンフリクトが深刻化していた(3)。タイの漁業法では、沿岸から三キロメートル圏内は小規模漁業従事者の保護のため、トロール漁船の操業は禁止されている。しかし当時は、こうした法律を無視したトロール漁船がヤオノイ島沿岸域で漁を行なっていた。そこで、ヤオノイ島の住民は、観光者に自分たちの伝統的な生業を体験・学習してもらうことで、彼らが抱えている問題を外に向かって発信するということを企てていったのである。

このような自文化を外部に発信する手段としてCBTを利用するという考えは、タイの他の地域においてもしばしばみられる。そこで次に、タイ北部の山間部に暮らしている先住・少数民族**カレン**の村で行われているCBTを紹介したい(4)。

タイ北部のカレンの人々のなかには、焼畑を主たる生業の手段としている人々がおり、その焼畑が観光資源の一つとなっている地域がある。**焼畑**とは、森を切り開いて焼いたのち、そこにさまざまな作物を植える熱帯地域に広く見られた伝統農法である。たとえば筆者が調査を行なったカレンの村では、一年耕作したのち、七～一〇年ほどの休閑期間を置き、植生が十分に回復したのちに、再びその森を切り開いて耕作を行う。森を焼いて畑にするというと、森林破壊を助長する収奪的な農法と思われがちだが、十分な休閑期間を置くことさえできれば、**持続可能な農法**といえる。また、焼畑にはコメ、イモ、ナス、キュウリ、カボチャ、トウガラシなど多種多様な作物を

図3　観光者がホームステイをするヤオノイ島の一般的な家屋（筆者撮影）

（3）　タイ南部の漁民の生活や海洋資源利用をめぐるコンフリクトについては、Olli-Pekka Ruohomäki, *Fishermen no more?: livelihood and environment in Southern Thai maritime villages*, Bangkok: White Louts, 1999 を参照。

混作するが、そのなかには焼畑でしか栽培できない在来品種も少なくない。それゆえ、焼畑は在来品種という生物多様性の保全にも貢献しているのである。さらには、農薬や化学肥料なども使う必要がないため、常畑に比べて土壌への負荷も少ないといえる。しかし、焼畑というと森林破壊を促すイメージが支配的なため、タイ政府は焼畑を禁止するとともに、それに従事する山地少数民族の人々を「森林破壊者」として位置づけ、さまざまな政策的介入を行ってきた。

こうした状況に対して、一部のカレンの人々は、焼畑や山地民についての偏ったイメージを是正するために、焼畑を含むカレンの生業を体験・見学できるツアーを運営している。そのツアーでは、ガイドとなった村の人々は焼畑の持続可能性や生物多様性について熱心に語り、焼畑がカレンの文化であることを強調する。こうした取り組みを通じて、カレンの人々は、タイ社会で根強い「焼畑＝森林破壊」という支配的なイメージに対する対抗的な言説を発信しているのである。言い換えれば、カレンの人々は、焼畑という生業権を求める運動のツールとしてＣＢＴを利用しているといえる。

以上、タイにおけるＣＢＴの事例を二つほど紹介してきたが、双方のコミュニティのメンバーは「ＣＢＴはビジネスではない」ということを強く語る。たしかに、ＣＢＴは観光者を受け入れて経済的収益を得るという意味では、経済活動に他ならない。しかし、それを目的化、すなわち経済的収益の最大化や拡大再生産といったことを目

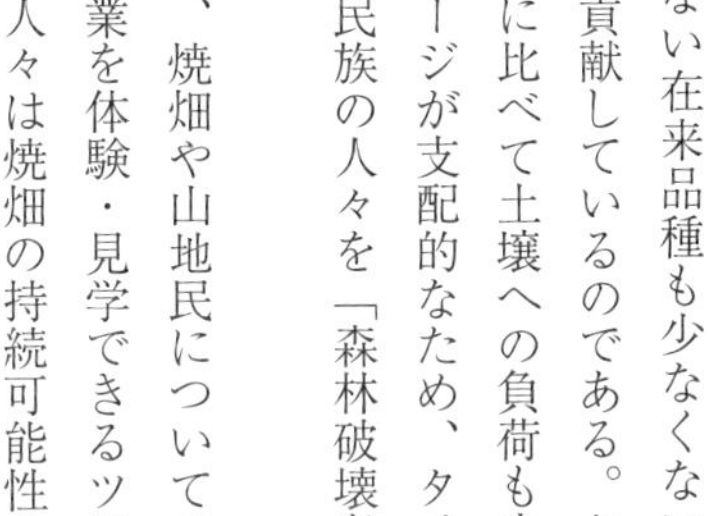

図4　焼畑の景観（筆者撮影）

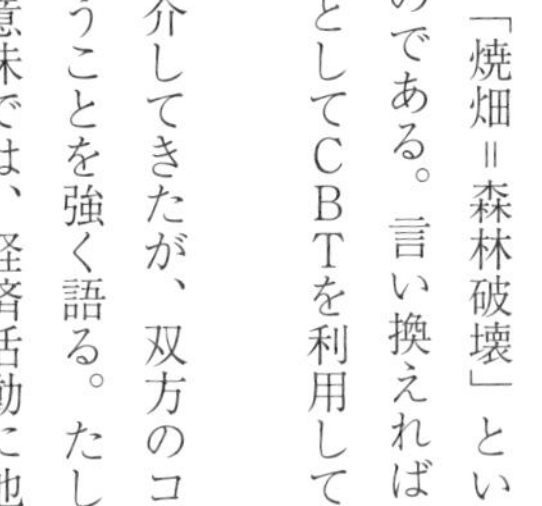

図5　観光者を焼畑へ案内する村の住民（筆者撮影）

指しているわけではないということである。言い換えれば、南タイの漁村や北タイの山地少数民族の人々にとってＣＢＴとは、単なる経済活動ではなく、自分たちが抱えている問題を外に広め、その問題を変革していくという、社会運動としての側面を強くもっているのである。

こうした姿勢は、哲学者の**内山節**が述べる「**半市場経済**」[5]と呼ぶことができるかもしれない。内山は、エシカル・ビジネスやフェアトレードなど、市場を活用しつつも、目的は市場経済の原理とは別のところにある営みを半市場経済と位置づけ、こうした活動のなかに資本主義システムを脱構築する可能性をみている。われわれは観光というと、その経済的側面ばかりに目を向けがちだが、ＣＢＴなどのローカルなコミュニティが主役となるような観光を模索していくためには、自分たちの文化や存在を外部にアピール・発信するといった「象徴的側面」[6]にも目を向けていく必要があるといえる。

媒介者としてのＮＧＯ

ところで、タイにおけるＣＢＴを語る上で無視できないのが、現地の**ＮＧＯ**の存在である。前述の二つの事例においても、現地のＮＧＯの役割は大きいものであった。そこで以下では、ＣＢＴにおけるＮＧＯの役割について確認をしておきたい。

まず第一に、ＣＢＴ運営に必要なノウハウの提供や地域間ネットワーク形成のサポ

（4）タイ北部の事例についての詳細は、須永和博『エコツーリズムの民族誌――タイ北部山地カレン社会の生活世界』（春風社、二〇一二年）を参照。

（5）内山節『半市場経済――成長だけでない「共創社会」の時代』（角川新書、二〇一五年）を参照。

（6）社会学者の多田治は「象徴的要素」を「モチベーションやアイデンティティ、名誉や誇りなどの感覚に関わるもの」とし、ローカルな人々が主役となるような観光を模索していくためには、観光の経済的側面と象徴的側面が一体になる必要があるとしている。詳細は多田治『沖縄イメージを旅する――柳田國男から移住ブームまで』（中公新書ラクレ、二〇〇八年）第九章を参照。

ートといった役割が挙げられる。たとえば、CBTを導入している村落間には、NGOが媒介となった国内外のネットワークが形成され、研究フォーラムなどのさまざまな交流の機会が設けられている。実際、前述のヤオノイ島とカレンの村の人々は、これまで幾度となくお互いの村を行き来し、NGOが主催するワークショップなどで顔を合わせ、さまざまな意見交換を行ってきた。そして、こうしたネットワークを活用して、新たにCBTに参入するコミュニティには、視察やモニター・ツアーなど、先行実施地域のノウハウについて学んだりする機会が提供されている。

そしてもう一点、NGOの役割として指摘できるのが、生活文化の「再発見」「資源化」の媒介者としての側面である。地域住民にとって、身の周りの生活文化はあまりに「当たり前」すぎてその潜在的価値に気がつかないことが往々にしてある。そこでNGOという「**よそ者**」の視点を活用することで、地域住民と協働で、当該コミュニティのなかで潜在的な観光資源を探し出していくのである。(7) さらには地域住民にとって、こうした協働作業が、自身の生活文化を再帰的に捉え直し、アイデンティティの再構成につながっていくこともある。

たとえば前述のカレンの村では、草木で染めた綿糸で織られた織物が主要な観光商品の一つとなっている。もともとカレンの人々は、焼畑で栽培される綿花から糸を作り、森で採れるさまざまな草木で染めた糸を使って、民族衣装や布カバン、寝具などを作ってきた。これらの織物は女性の仕事とされ、カレンのライフコースでは、子は

(7)　環境倫理学者の鬼頭秀一は、環境運動における「よそ者」の役割を積極的に評価している。鬼頭によれば、「よそ者」とは、地域住民により広い普遍的な視野を提供したり、新たな視点を外から導入するポテンシャルをもった存在である。それゆえ、環境運動の分析に際しては、「よそ者」と「地元」の相互作用のなかで不断に再編されていくダイナミズムに目を向ける必要があるという。このような視点は、CBTを考察する際にも参考になる。詳細は鬼頭秀一「環境運動／環境理念研究における「よそ者」論の射程」(『環境社会学研究』四号、一九九八年、四四―五九)を参照。

母親から織物を習い、織物が織れるようになると「子ども」（ポサホ）から結婚適齢期とされる「娘」（ムグノ）になるとされてきた。

ただし近年では、綿花の自家栽培や草木染めは衰退しており、市販の糸で民族衣装などを織ることが一般的となっており、この村でもＣＢＴ導入以前はそうした状況が進んでいた。このような変化の要因としては、草木染めに手間がかかることや、化学染料で染められた市販の糸の方が「見た目がきれい」というカレン自身の美的感覚などが考えられる。

しかし、この村ではＣＢＴ導入を契機に、ＮＧＯの助言にもとづいて村の女性たちが協同組合方式で織物の生産・販売を行うなかで、再び草木染めが復興・再生している。この新たな動きは、観光者のあいだで自然志向のモノに対する関心が高く、こうした外部市場にカレンの人々が応答した結果ともいえる。しかし、この村では、草木染めの織物は単なる観光者向けの商品としてだけではなく、自家消費用としても近年積極的に利用されるようになってきている。このような事例は、「よそ者」のまなざしをきっかけに、「草木染めの織物＝カレン文化」としてカレンの人々自身が「客体化」[8]していった事例として積極的に評価できる。

以上のことから分かるのは、コミュニティや民族文化とは決して自己完結的なものではなく、ＮＧＯや他地域のコミュニティなど外部のアクターとの協働のなかで不断に再構成されているということである。したがって、ＣＢＴという現象を考察するた

（8）　太田好信によれば、客体化とは、「文化を操作できる対象として新たに作り上げることである」。すなわち、自らの文化要素のなかから民族の文化として他者に提示できる要素を選び出すプロセスのことであり、それによってアイデンティティが再構築・刷新される。詳細は、太田好信『［増補版］トランスポジションの思想——文化人類学の再想像』（世界思想社、二〇一〇年）第二章を参照。

めには、コミュニティと外部アクターとの諸関係についての動態的な把握が不可欠といえる。

政策的対象としてのＣＢＴ

この点を考える上で、近年では政府機関の存在も無視できないものとなっている(9)。たとえばタイでは、政府観光庁が「タイ観光賞」の一つとして、優れたＣＢＴの取り組みを村落単位で表彰するといったことが行われている。さらには、こうした国家的枠組みのみならず、ＡＳＥＡＮレベルでホームステイを受け入れるコミュニティの認証評価を出すといった試みも始められている。

これらの取り組みは、従来的な観光開発のなかで周辺化されがちであった地域住民のエンパワーメントを支えているという点では一定の評価ができるかもしれない。しかし、認証評価を得るための基準が厳しく、コミュニティ内でも一定の経済水準に達している世帯のみがＣＢＴに参入できる状態を生んでしまっているなどの問題も散見される。言い換えれば、政府機関による認証評価が制度化されるなかで、コミュニティ内の貧困層がＣＢＴからの経済的・社会的恩恵を得られなくなっているなどの問題が生じているのである。この点を踏まえると、ＣＢＴを考えるためには、コミュニティと外部アクターとの関係のみならず、コミュニティ内部の格差や権力関係などのミクロな把握もまた不可欠といえるであろう。

（須永）

(9) タイにおいて、ＣＢＴが政策的対象として位置づけられていった背景とその影響については、須永和博「周縁へのまなざし、周縁からの応答――タイ北部におけるコミュニティ・ベースド・ツーリズム」（『Encounters』五号、二〇一七年、一―一四頁）を参照。

観光地理学の現場から①——四国遍路

「文化地理学とは?」という質問に、私は次のように答えるようにしている。**文化地理学**とは、空間、場所、風景という地表面の現象に注目し、それがどのような社会のなかで絶えず作られているのかを考えるものである。そのときに資本主義や国家などの力がどのように関係しているのか、観光で考えるなら、観光に関わる空間、場所、風景が国家主義や資本主義のなかでどう生産されるのかが問題になる。

この文化地理学の視点から本項では観光現象を捉えたい。例えば、四国にある八八の仏教寺院をめぐる「**四国遍路**」と呼ばれる巡礼を考えると、より複雑なことが分かってくる。つまり、四国遍路は宗教的な巡礼であるばかりでなく、観光として旅行する人たちもおり、そこには宗教的な意味や価値と観光における意味や価値が対立したり調停したりすることが見えるのである。

本項では文化地理学の視点からこの四国遍路を見たとき、どのようなことが問題として浮かび上がるのか、またそれについて考えることが人文学全般においてどのような意義を持つのかを考えてみよう。

四国遍路の意味をめぐるせめぎ合い

話を先に進める前に、まず四国遍路とは何か説明しておこう。四国遍路は一般的に弘法大師空海の伝承や伝説が残る「聖跡」を廻る巡礼と言われる。八八の寺院すべてが弘法大師を開祖とする真言宗で統一されているわけではない。弘法大師の「聖跡」をめぐるため、**聖跡巡礼**に分類される。

弘法大師の聖跡をめぐるということは、弘法大師によって開創されたということを意味しない。いつ作られたかも、なぜ八八の寺院を回るのかも、依然として不明である。そしてこの巡礼は真言宗の開祖に関連する聖跡をめぐるものではあるが、弘法大師信仰に基づいた民間信仰と考えられたためか、真言宗の側から積極的に意味づけたり価値づけたりもしなかった。教義も教典も存在しないのだ。

このように曖昧な点の多い巡礼は、一九二〇年代に国内観光が発達すると、ちょっと風変わりな観光として旅行者の関心を集めだした。たとえば、月刊旅行雑誌『旅』は一九二八年から三〇年まで四国遍路の旅行記を掲載し、多くの読者を獲得している。筆者は『旅』の記者、飯島實。彼は自ら無神論者と称し、信仰心とは関係なく、旅行客のために日数を切り詰めるためできるだけ交通機関を利用した。つまり近代観光の見地からできるだけ苦労も宗教も関係のない合理的な娯楽としての旅行スタイルを四国遍路で提示したのだ。

　四国遍路が観光としての価値を強調されるようになった一九二〇年代末から三〇年代にかけて、四国遍路の宗教的な価値を主張する団体も設立された。一九二九年、東京都中野の宝仙寺に本部を置く「**遍路同行会**《どうぎょう》」がそれである。この会は、相互扶助を示す「相互愛」、人間の平等を説く「平等愛」、自己犠牲を示す「犠牲愛」の三つから成る「**遍路愛**」を、日本国民に鼓吹するという目標を掲げ、東京を中心に活動を展開した。一九三〇年には月刊誌『**遍路**』を刊行し、そのなかで近代観光として四国遍路を行うことを厳しく批判したりもした。たとえば、会長を務めた富田教純は、四国遍路を観光やハイキングとみなし、納経帳を記念スタンプや旅行の記録として扱っている「モダン達」を批判していた。そのモダン達は「記念」「修養」「ハイキング」などを行う者たちとして定義されている。つまり、信仰心を持たず愉楽のために巡礼に参与する行為を咎めたのである。そして代わりに遍路同行会が主張するのが、弘法大師信仰に基づいた四国遍路の宗教的な意味であった。

　このようにして四国遍路という空間は、あるときに観光的な意味が与えられ、それを批判する形で宗教的な意味が与えられた。こうして四国遍路は観光と宗教の意味がせめぎ合う場となったのである。

意味の物質性

観光としての巡礼が展開したのは、この巡礼空間が交通網によって物質的に結び直されたからである。観光的な意味を四国遍路が獲得した一九二〇年代、四国は公共交通機関の発達を見た。一九二七年には省線（鉄道省の路線）の予讃線が高松駅から松山駅まで整備され、一九二五年には高徳線が高松—志度間を結んだ。また私鉄や電気軌道も巡礼者を運ぶ。さらに駅と寺院が離れていても、駅から乗合自動車、バスの便があることもあった。こうして、公共交通機関によって寺院が結ばれ、ネットワーク化されることで、**観光としての四国遍路**が可能になったのである。

一方、宗教としての意味を強調する遍路同行会は、こうしてネットワーク化された公共交通機関を用いることを厳しく批判した。月刊誌『**遍路**』には「乗物禁止の教訓」への裏切りと、公共交通機関などを用いた巡礼を断じる。一九三一年から、東京都内を練り歩く「大師降誕会遍路行列」を毎年開催し、徒歩で四国遍路を完遂した人名を『遍路』に掲載したのである。

とりわけ、遍路同行会が重視したのが、**徒歩巡礼**が巡礼者の身体にもたらす効果である。遍路同行会は徒歩が次の三つの効果を生むと主張した。まず、徒歩巡礼の辛苦が、人生において直面するさまざまな困難、「難所」を乗り越えていく、すなわち仏道を追求することの苦しみに喩えられる。また、徒歩で修行した弘法大師の経験を追体験することで弘法大師に感謝するようになり、精神性と信仰心を高める効果も論じられる。さらに、都市生活で疲弊し蓄積された煩悩を徒歩の実践が浄化すると言う。

こうして歩くという身体実践と、宗教的な意味を結びつけたのだった。

もう一つ、遍路同行会が宗教的意味の拠り所としたのが、**巡礼用具**である。同行会は、服装は「随意」だが、菅笠と金剛杖は「必携」とした。また、会誌『遍路』には、巡礼者の装束の「本式」として、白の手甲、脚絆、サンヤ袋に、女性は下駄か「足袋はだし」[1]、男性はわらじ履き、そして「迷古三界城」と記された菅笠と多宝塔形が刻まれた金剛杖を挙げる。菅笠と杖は当日、事務所で受け取ることもできた。そして、一九三一年の遍路行列参加者の写真（下図）からは、服装は随意だが参加者の多くが白装束を身にまとっていたことが分かる。これらは弘法大師信仰に衝き動かされた巡礼者が古来身につけていた宗教的な巡礼用具であり、観光気分の巡礼者の携行物や服装と異なる神聖かつ真正なものと遍路同行会は主張したのである。

ただし、遍路同行会の主張には問題がある。というのも、彼らが主張する宗教性や真正性は、実は根拠に乏しいからだ。もちろん、古くから巡礼者は歩いて寺院をめぐっていた。ただしそれは、徒歩以外の移動手段があまりなかったからであって、徒歩以外の移動手段を禁じていたわけではない。最初の巡礼ガイドブックである**『四国邉路道指南』**（一六八七年）は巡礼者の振舞い方、寺院で取るべき所作について言及していない。移動手段についても徒歩が基本ではあるが、険しい歩道を歩くことを避け、船を使ってもよいとも記している。中務茂兵衛の**『四国霊場略縁起　道中記大成』**（一八八三年）においても、徒歩が基本ではあるが、先の『道指南』と同じく船

図　遍路同好会

を使うことができる区間を紹介している。歩道が複数ある場合は、近道も紹介している。すなわち、案内記は巡礼者の行動や行為を厳しく規定することはなかったのである。

また、巡礼用具についても、『四国遍路道指南』には持ち物として「一　負俵、めんつう、笠杖、ござ、脚絆、足半、其外資其心にまかせらるべし」とあり、装束も杖も笠も、当時の旅の一般的な出で立ちの一つとして紹介されており、特別な宗教的意味が提示されているわけではなかった。そしてそれらを身にまとったり持参したりするのは巡礼者が決めるべきことだった。江戸時代末期の『近世風俗志』でも「扮定まりなし」とあり、定まった装束はなかった。つまり、巡礼者の装束や所持品を強く規定する「本式」なるものは存在しなかったことになる。

ところが遍路同行会はこれらを真正な巡礼用品として選別し強調する。宗教的な意味と価値が特定の物質に付与されているのである。

ここで強調したいことは、決して遍路同行会の主張が誤りだったということではない。そうではなく、空間や場所の意味を作り出すときに、物質が大きな役割を果たすということである。

そもそも、民間信仰と見なされた四国遍路は真言宗に取り込まれることがなく、それゆえ巡礼として厳密な規範も教義も持つことがなかった。だからこそ、一九二〇年代以降、公共交通網の発達という、いわば**巡礼空間の物質的再ネットワーク化**によっ

（1）　下駄や草履をはかない足袋のままの格好のこと。

て、非宗教的な意味が容易に与えられたのである。それに対抗する形で、今度は四国遍路において、本式や正統性の根拠を見出す作業が遍路同行会によって行われた。しかし教義も規範もない四国遍路では、徒歩という身体実践や巡礼装束や道具が宗教的な意味を物質的に示した。

そもそも、宗教的な巡礼であれば、弘法大師への信仰心が問題なのであり、どのように身体を移動させるか、どのようなものを携行するかは付随的な問題にすぎない。しかし不可視の信仰心を規定する規範も教義ももたない以上、本来なら付随的なものにすぎないはずの事物が**真正性**の根拠を提供するのである。

文化の地理をつくるもの

「地理」とは地表面の「理《ことわり》」である。どのような理由で空間、場所、風景が作られ続けているのか。とりわけ人間がどのような意味をこれらに付与しながら地理を作っているのかを検討するのが文化地理学である。

ある空間、場所、風景が、観光産業あるいは宗教のなかで、特定の意味を獲得するとき、その意味を作り出す「人間」とは何者なのだろうか。

従来、人文学では「人間」とは、自分で物事を考える理性を持つ存在と仮定されてきた。そしてその人間は、外部にあるもの、つまり自然や事物、さらには身体を作ったり改変したりすることで、自らの理性や精神をさらに高めると前提されてきた。

そもそも、宗教研究では長く、人間精神の現れである宗教的な意味がまず存在し、それが近代化によって世俗化するなかで、観光化が生じるのだと議論されてきた。そこには人間の精神性が事物に先行するのだという想定があった。しかし四国遍路では逆で、**世俗化**する過程で宗教的な意味が作り出されてきた。

しかも、四国遍路の空間が観光や宗教的な意味を与えられていく過程を見ていくと、人間が特定の意味を作ったり付与したりするのが、物質の現れに「遅れて」いることが分かってくる。つまり、先に観光的な意味がある、宗教的な意味があるのではなく、鉄道が開通し、乗合自動車が供与され、公共交通機関が整備され、四国遍路の空間が再ネットワーク化されるなかで観光的な意味が与えられ、辛苦して歩く巡礼者の物質的な身体があり、巡礼用品があることで、宗教的な意味が作り出されて、それが「教義のようなもの」を支えている。

人間主体とは、客体を作り、改変するものだ、という前提を棄てたとき、人間と事物、精神と身体が相互に影響を与えながら、地表面の文化の地理を作っている観光現象の複雑さが見えてくる。そして、主体と客体との折り重なりを見据えるとき、本項冒頭の質問の代わりに、「私たち「人間」とは？」という問いが浮かんでくる。（森）

観光地理学の現場から②
――与論島観光の調査における多様な発見・解釈の創造

なぜ、ヤングは「与論島」に行くのか、沖縄にないものを「与論」に求めているのである。詳しくは本書の「与論島の魅力」をお読みいただけるとあるていどわかると思うが、要するに、ヤングの志向するのは、単に珍しい施設とか、風物ではない。「何か」である。

偶然性とネットワーク

この文章は、一九七六年に発行された『どうする! 観光沖縄』[1]における一節である。筆者は二〇〇五年三月に博士論文『近代日本における観光空間の生産をめぐる文化地理学的研究』を大阪市立大学に提出したが、それを構成する章の一つに近現代における沖縄イメージの変容と観光の関係性について考察したものがあった。かかる論文を執筆するために、主として一九七五年開催の沖縄国際海洋博覧会終了後の沖縄観

(1) 渡久地政夫『どうする! 観光沖縄』沖縄観光特信社、一九七六年。

光について記した同書を読んだのであるが、そのなかで「与論島のこと」と題された項目に記された冒頭の文章が印象的であったことを記憶している。この書籍には、「現地ルポ「与論島」――大都会ヤングの海水浴場」と題された章があり、そこで現地の状況が詳述されていたが、実はその文章を読んでも「ヤングの志向する」とされる「何か」をはっきりとは読み解くことができなかった。そしてここで言われる「何か」を理解することを目指して鹿児島県南端にある与論島（図1）の調査を開始したのであり、その成果がポストモダンに関する項、ホスピタリティに関する項、そしてジェンダーに関するコラムにおいて論じた、同島に関する考察へと結実したのである。

本項では、このようにして始められた与論島観光についてのフィールドワークの過程についてその概要を述べるものである。かかる調査の実現にあたってのキーワードの一つに、**偶然性**がある。先述の資料は、沖縄観光についての調査の過程で、沖縄県立図書館で偶然に見つけたものである。特定の地域の調査においては、予期せぬ出会いに満ちあふれているものなのであり、与論島についての研究も、この偶然の重なりのなかで実現されている。また、**ネットワーク**という観点も重要である。与論島についての調査に、沖縄観光を研究するにあたっての作業が結びついているように、特定のフィールドに関する調査は、さまざまなネットワークのなかで実現されるものなのである。こうした二つのキーワードを軸としながら、以下に実際の与論島観光に関する調査のあり様を素描することにしたい。

図1　与論島の海水浴場（百合ヶ浜）の風景（二〇〇七年三月十日筆者撮影）

変わりゆく発見と解釈

沖縄観光に関する調査で与論島を発見した筆者が最初に現地を訪れたのは、二〇〇七年三月であった。そこで見たのは、資料で確認していた様相とは異なり、閑散とし、多くの施設が老朽化した同島の姿であった。もちろん三月という季節性もあるが、**景観観察**から、与論島が既に人気の観光地ではなくなっていることが見て取れた。そこでどのような歴史的経緯でかかる状況になったのかを明らかにすべく、与論町立図書館に加え、さらには鹿児島県立図書館・奄美分館（現・鹿児島県立奄美図書館）や沖縄県立図書館、さらには国立国会図書館や大宅壮一文庫で**資料調査**を開始したのである。こうした各地の図書館などにおける資料調査を通じてわかったのは、既に他の章・コラムで紹介したように、与論島には一九七〇年代に観光ブームがあったこと、東京を中心とする若者にとって自由や恋愛といったイメージを喚起する場所になっていたこと、地元住民による観光客に対する反発があったこと、そしてその後、一九八〇年代に入ってから観光客が大幅に減ったことなどであったが、分析にあたっての主たる論点はすぐには見つからなかった。

こうしたなかで大きな転機となったのは、二〇〇八年六月頃に、二〇〇七年九月公開の映画『**めがね**』の存在を学生に教えてもらったことである。ここから、与論島でロケが行われた同映画が喚起するイメージと地元住民の反応を、一九七〇年代の観光ブーム期と比較しながら検討するという視点を得たのである。このように、当初予期していなかった映画の撮影、そしてそれを教えてくれた学生の存在、という偶然的な要因のなかで、同島における研究が前進したのである。観光地のイメージと地元住民の反応についての考察は、博士論文所収の沖縄イメージの変容と観光に関する検討においても実施したものであり、既存研究の延長線上にあった。ただし、映画『めがね』をきっかけとした与論島観光は現在進行系の事例であったため、同映画と関係する観光客や観光関連事業者、そして地元の観光協会などへの**聞き取り調査**がとりわけ重要な役割を果たすことになった。こうした聞き取り調査は、事前の計画に基づきなされたものもあるが、えてして偶然的な出会いや、そこで生じた新たなるネットワークを通じて実施されている。そしてかかる研究をまとめた論考が二〇一一年に発表され、[2] 翌年には同研究を含めた書籍も発行された。[3]

このように与論島における研究は一旦区切りがついたが、その後さらに新たなる展開をみせることになる。この頃、和歌山大学観光学部の同僚よりホスピタリティ（歓待）に関する書籍の発行を持ちかけられることになった。そうしたなかで、ホスピタリティについての検討をすすめ、特に沖縄を事例に観光とホスピタリティの考察を行った。かかる書籍は二〇一三年四月に刊行されたが、[4] こうした成果を受けて、二〇一四年の七月には与論島を事例として観光地と歓待の関係性について口頭発表し、翌年には論文として成果を発表した。[5] またしても、偶然に生じた視点と与論島を結びつけ

（2） 神田孝治「与論島観光における イメージの変容と現地の反応」『観光学』六号、二〇一一年、二一—三一頁。

（3） 神田孝治『観光空間の生産と地理的想像力』ナカニシヤ出版、二〇一二年。

（4） 青木義英・神田孝治・吉田道代編『ホスピタリティ入門』新曜社、二〇一三年。

（5） 神田孝治「観光地と歓待——与論島を事例とした考察」『観光学評論』三巻一号、二〇一五年、三—一六頁。

ることで、新たな研究が行われたのである。

ここでなされた観光地と歓待の関係性についての考察を通じて、与論島における観光の新たな側面が浮かび上がっている。この点については「ホスピタリティ」の項でまとめているが、その一つは**ジャック・デリダ**が論じた「**無条件の歓待**」と「**条件付きの歓待**」という観点から、一九七〇年代の与論島観光と地域住民の反応について、より深く考究できたことがある。そしてさらに重要なこととして、「**与論献奉**《けんぽう》」(6)という歓待儀礼の創造について、聞き取り調査を中心にしながら、その形成過程を検討したことがある。歓待という新たなる視点を通じて、これまで等閑視されていた事象が、観光地としての同地の系譜のなかで、極めて重要な対象として浮かび上がったのである。さらに、同島について検討するなかで、新たなる歓待のあり方も浮き彫りになってきた。一つは、映画『めがね』において提示された、「おもてなし」と表現されるような一般のサービスとは異なる自由な歓待の姿である。もう一つは、同島の観光地としての歴史において、観光客をはじめとする外来の人々が、観光客の歓待に深く関与してきたことである。これらは、既存の歓待の研究に新たなる観点をもたらすものといえるだろう。

このように、与論島観光の調査においては、さまざまな偶然が重なるとともに、それらがネットワーク化されるなかで、新たなる研究が展開されてきたのである。

(6)「現代における観光とポストモダン」の項参照。

開かれた可能性

フィールドワークの現場は、法則的な必然性というよりは、一回限りの出来事からなる偶然性に満ちあふれている。また、フィールドは、複雑で多様性に満ちており、流動的である。そのため、特定の立ち位置に固定しない複数性・流動性を認識した観点から、さまざまな偶然的な出会いを経由するなかで、対象地域を理解することが求められる。なお、こうした偶然的な出会い、さらにはさまざまな人・モノ・知などのネットワークは、特定の固定されたフィールドに閉ざされているわけではない。そことは違ういろいろな他所とのネットワークのなかで、また他所における偶然的な出会いも通じて、特定の地域の理解がもたらされるのである。特定のフィールドに関係する知は、各地を旅しているのである。

本項では、こうした多様な偶然的な出会いやネットワーク化について、与論島の調査を事例として、いくつかの具体例を挙げて論じてきた。あわせてしばしば言及した沖縄については、近年ではダーク・ツーリズムに注目した観点から墓地と観光の関係について検討している。(7) 沖縄観光の研究も、固定して留まることなく、常に新たなる展開へと動き続けているのである。そして与論島についても、まさに本書で行ったように、さらに新たなる検討がなされ続けている。特定のフィールドは、動き続ける偶然的な出会いの空間であり、種々のネットワーク化を通じて、新たなるものを発見し、これまでと異なる解釈を行う可能性に開かれた、創造的な場なのである。（神田）

（7） 神田孝治「沖縄本島における墓地を対象とした観光の生産とその変容――移動に注目したダークツーリズムの考察」『観光学評論』五巻一号、二〇一七年、九三―一一〇頁。

コラム　再帰的な「ゆるキャラ」の登場

「**ゆるキャラ**」という言葉を広めた**みうらじゅん**は、あるキャラクターが「ゆるキャラ」として認められるための条件として、三つの条件を挙げている。それは、第一に「郷土愛に満ち溢れた強いメッセージ性があること」、第二に「立ち居振る舞いが不安定かつユニークであること」、第三に「愛すべき、ゆるさ、を持ち合わせていること」である。さらに、みうらは「原則として着ぐるみ化されていること」を条件に付加することもある。以上の条件からも見てとれるように、「ゆるキャラ」とは、簡単にいえば「地域における特色や魅力をキャラクター化したもの」であるということになるだろう。すなわち、「地域の特色を記号化したもの」、それが「ゆるキャラ」なのである。

現在、このような「ゆるキャラ」は、地域振興に大きな役割をはたすようになっている。地域の魅力や特色を内外に広く発信しようと、各地域では、数多くの「ゆるキャラ」がつくられるにいたっている。

アメリカの政治学者である**ジョセフ・ナイ**は、その著『ソフトパワー――二一世紀国際政治を制する見えざる力』（日本経済新聞社）において、「力（パワー）」を「自分が望む結果になるように他人の行動を変える能力」と定義し、ある国が自分たちの望む結果になるよう他国に対して影響を及ぼしうる力（パワー）には「ハードパワー」と「ソフトパワー」があると主張する。「**ハードパワー**」とは簡単にいえば、軍事力や経済力のことである。ある国は、強大な軍事力で威嚇することによって他国を従わせることもできるし、豊かな財力で経済支援を行い他国を従わせることもできる。それに対して「**ソフトパワー**」とは、「強制と報酬」の原理にもとづくものではなく、〝おのずと〟他国が影響を及ぼされてしまうような力（パワー）のことである。ハードパワーがその国の「軍事力」「経済力」をいうのに対し、ソフトパワーはその国の「魅力」のことを意味していると言えよう。ナイは、「**魅力**」を発信するものとして、政治的な価値観、外交政策、文化の三つを挙げている。

たとえば日本の**アニメ**も、日本の魅力を発信する「ソフトパワー」となっている。アニメという日本のポップカルチャーを通して、日本に興味をもち、日本に魅力を感じるようになる人びとが少なからず生まれているからである。経済産業省も近年、日本のポップカルチャーによって生みだされる力に着目し、さまざまな外交広報（パブリック・ディプロマシー）戦略を展開し、「クールジャパン戦略」を打ち出し始めている。このように考えるなら、「ゆるキャラ」は地域の魅力を発信する「ソフトパワー」なのだと言える。

しかしながら、近年、この「ゆるキャラ」も、新しい展開を見せるようになっており、これまでのあり方を単に踏襲するだけでは地域振興に結びつかない可能性も生まれ始めている。これについては、「ゆるキャラ」の歴史を振り返ってみるとよくわかるだろう。私は、「ゆるキャラ」の歴史を四つの時期に分けることができると考えている。

まず「ゆるキャラ黎明期」とも言える時期である。これは、一九九〇年代後半から二〇〇〇年代前半頃のことだ。みうらじゅんが『第一五回国民文化祭・ひろしま２０００』のメインキャラクターとなった「ブンカッキー」を見て、一九九〇年代頃にあったさまざまなキャラクターも含め、これら総称して「ゆるキャラ」と表現し始めた頃のことである。

次に「ゆるキャラ確立期」である。これは二〇〇〇年代中頃である。この頃「**ひこにゃん**」が火付け役になって「ゆるキャラブーム」が起こり、「ゆるキャラ」の存在が一般の人びとに広く知られるようになった。そのため「ひこにゃん」に会いたいがために、彦根城に行こうとする観光客も増え、観光振興や地域振興に「ゆるキャラ」が結びつくようになる。

その後、「ゆるキャラ発展期」が訪れる。これは二〇〇〇年代後半から二〇一〇年代前半頃のことである。「ひこにゃん」以降、「**くまモン**」も登場し、観光振興や地域振興に「ゆるキャラ」がますます緊密に結びつくようになり、数々の「ゆるキャラ」がつくられるようになる。この頃に、奈良県も「せんとくん」をはじめ、数多くの「ゆるキャラ」を生みだし、ようやく「ゆるキャラ」のもつ「ソフトパワー」に注目し始めたのだ。

しかしながら、現在、「ゆるキャラ」のあり方は少しずつ変わり始めている。現在は「ゆるキャラ変容期」とも言える時期が来つつあると私は考えている。この時期を象徴するのが、「**ふなっしー**」の登場だろう。

他の「ゆるキャラ」たちが地域のイメージを良くしようと愛らしい動きをするのに対し、「ふなっしー」は「ゆるキャラ」たちのそんなあり方を問うかのように、饒舌に語り、奇声を発し、飛び跳ね、激しい動きを繰り返す。ときには「お金を貸して」など、「ゆるキャラ」らしからぬ発言も辞さない。

「ふなっしー」は、地域の魅力を表象しようと可愛らしく振る舞ってきた「ゆるキャラ」のあり方を根本から揺るがせてしまった「ゆるキャラ」なのである。「光が鏡にあたって自分自身に再び帰ってくるように、ある存在・行動・言葉・行為・意識がそれ自身に再び帰ってきて、ときにそれ自体の根拠を揺るがせてしまうこと」を意味する「**再帰性**」という概念を用いるならば、「ふなっしー」はまさに再帰的な「ゆるキャラ」なのだと言えよう。現代社会が「再帰性」において特徴づけられる社会となっており、**観光**が現代の「再帰性」を顕著に体現しているとともに、他の社会領域全体に「再帰性」を媒介し伝達し浸透させていくものとなっていることを、「ゆるキャラ」は非常に分かりやすく示しているのではないだろうか。

（遠藤）

ふなっしー
（https://funabashi.keizai.biz/headline/397/）

ひこにゃん
（http://hikone-hikonyan.jp/）

おわりに——媒介する世界市民《コスモポリタン》へ

移動（モビリティ）の時代において、**観光**では「ごく普通の人びとが日常生活のなかで異なる民族や文化をもつ他者と出会い、対立・交渉を通じて共存を模索する」(1)とともに、それを通じて個々人が自らの幸せを追求する技法を学ぶことができる。**観光学**は、観光に内在するそういった契機を取り出し、そのことが担える市民を養成するものにもなり得ると考えられる。

もちろん、自由な移動（モビリティ）につねに開かれているのは、一部のグローバル・エリートたちに現在は限定される傾向にある(2)。そうした**権力性の問題**を抜きに、移動（モビリティ）を称揚するのははなはだ危険であると言わざるを得ない。また観光は、地域の文化や自然を観光開発によって変容させ、時に衰退させてしまうこともある。観光は、観光者を地域の文化・自然などを受動的に享受する〈単なる消費者〉に変え、自然・文化などが変容・衰退していくことさえ分からないようにさせる「負の力」をもつのである。**ベルナール・スティグレール**の「象徴的貧困」にならっていえば(3)、「**観光的貧困**」（touristic misery）とも呼ぶべき観光の「負の力」から目をそら

(1) 大澤真幸・塩原良和・橋本努・和田伸一郎『ワードマップ　ナショナリズムとグローバリズム——越境と愛国のパラドックス』新曜社、二〇一四年、二九九頁。

(2) ジョン・アーリ『オフショア化する世界——人・モノ・金が逃げ込む「闇の空間」とは何か?』須藤廣・濱野健監訳、明石書店、二〇一八年。

(3) ベルナール・スティグレール『象徴の貧困——ハイパーインダストリアルの時代』ガブリエル・メランベルジュ&メランベルジュ眞紀訳、新評論、二〇〇六年。

すようなことがあってはならない。

だが、それにもかかわらず観光学は、モバイルな資本主義のもとで対立していると思われている、以下のような多様なものごとを媒介する学となり得る可能性をもっているのではないだろうか。

①　グローバル と ローカル
②　自己（自文化、自地域） と 他者（異文化、他地域）
③　日常 と 非日常
④　理論 と 実証（フィールド、調査）
⑤　研究（大学） と 実践（地域、産業界）
⑥　都市 と 農村
⑦　人工 と 自然
⑧　あるディシプリン と 他のディシプリン
⑨　リアル と フィクション
⑩　真面目 と 遊び
⑪　移動するもの（モビリティ） と 移動しないもの（非モビリティ） など

観光学は、これらを結びつけ、媒介させながら考察することが要求される学である。それゆえ「移動（モビリティ）に内在する権力性」や「観光的貧困」（touristic misery）などの問題を決して等閑視すべきではないものの、観光学は、たえざる移動

（モビリティ）によるグローバルな世界が有する多元性を引き受け、不透明な社会のなかで多様に対立するもの同士を媒介し、結び、連接し、生成のなかで自らの幸福へと誘う能力を培うことができる可能性をもつと言えよう。[4]

それは、**ジャック・デリダ**が「条件なき大学」と呼ぶもの＝「すべてを公的に言う権利」を有する場、すなわち無条件に自由な思考が可能な場を創出することにつながっていくだろう。[5] 移動（モビリティ）を民主的（デモクラティック）なものへと転換し、そのことに基礎づけられた「媒介の思考」により、不透明な社会のなかで、ねばり強く「**媒介する世界市民**《コスモポリタン》」であろうとすること――そうしたことを志向する人々へ、本書が大切なメッセージを届けることができていたら幸いである。

執筆者に名を連ねている私たちは、そうした思いをこめ、本書という「手紙」をしたためた。新曜社の渦岡謙一氏も編集者として、私たちのかけがえのない仲間であり続けてくれた。その意味で渦岡氏も、私たちとともに、この「手紙」をしたためてくれた一人であると言える。ここに深く感謝の意を表したい。

――どうか、この「手紙」のメッセージが、あなたのもとへと届きますように。

二〇一八年一一月

遠藤英樹（編者を代表して）

（4）ジャンニ・ヴァッティモ『透明なる社会』多賀健太郎訳、平凡社、二〇一二年。

（5）ジャック・デリダ『条件なき大学』西山雄二訳、月曜社、二〇〇八年。

はじめ、観光学において重要な考え方をいくつも示している。彼の文章は読みやすいとは言えないが、時間をかけてもぜひとも読んでもらいたい。

エドワード・ブルーナー『観光と文化――旅の民族誌』安村克己・遠藤英樹・堀野正人・寺岡伸悟・高岡文章・鈴木涼太郎訳、学文社、2007年

ブルーナーは ヴィクター・ターナーたちとともに、解釈的・構築主義的・反省的な人類学を確立しようとしてきた。本書には米国ニュー・セイラムに関する論文のほか、アフリカ・ケニアのマーサイ族を事例とした論文、インドネシア観光を事例とした論文など、観光人類学の領域で重要な論稿が数多く掲載されている。

ジョン・アーリ＆ヨーナス・ラースン『観光のまなざし［増補改訂版］』加太宏邦訳、法政大学出版局、2014年

この本も観光学にとって、最重要文献のひとつである。ジョン・アーリひとりによって書かれた本書の第一版『観光のまなざし――現代社会におけるレジャーと旅行』と、ヨーナス・ラースンと二人で著した新版を比較しながら読んでみてもらいたい。観光学がどの点に注目するように変わったのかがわかる。

アンソニー・エリオット＆ジョン・アーリ『モバイル・ライブズ――「移動」が社会を変える」遠藤英樹監訳、ミネルヴァ書房、2016年

観光学をはじめとする人文・社会科学において重要な「モビリティ・パラダイム」について、非常にわかりやすくコンパクトにまとめている。アーリの主著『モビリティーズ――移動の社会学』（作品社）も大部ではあるが、併せて読んでもらいたい。またアーリ『オフショア化する世界――人・モノ・金が逃げ込む「闇の空間」とは何か？』（明石書店）は、こうしたモビリティに対してアーリが最晩年どのように考えていたのかがわかり興味深い。

スコット・ラッシュ＆ジョン・アーリ『フローと再帰性の社会学――記号と空間の経済』安達智史監訳、晃洋書房、2018年

情報、コミュニケーション、文化産業、旅行などをテーマとしながら、グローバルなフローを媒介とした再帰性について論じている。とくに10章「モビリティ、近代、場所」は、観光をテーマとして論じており、ぜひとも読んでもらいたい。

ヴァレン・スミス『ホスト・アンド・ゲスト――観光人類学とはなにか』市野澤潤平・東賢太朗・橋本和也監訳、ミネルヴァ書房、2018年

世界各地における観光と文化の関係性を詳細に描き出した本書は、観光人類学の古典として必読である。長らく新訳版が待たれていたが、文化人類学者たちによって、この訳本がようやく出版された。

ルヴァ書房、2017年

観光という移動（ツーリズム・モビリティーズ）を中心に、現代社会のあり方を再考しようとしている。観光学がモビリティ研究へと志向するようになったことを告げる宣言の書といえる。

東浩紀『ゲンロン0　観光客の哲学』ゲンロン、2017年

「他者」という概念にかわって、「観光客」という概念を軸に新たな哲学を構想しようとした本書は、観光学そのものではないにしろ、観光学にとって不可欠な問題提起を含んだものとなっている。

橋本和也『地域文化観光論——新たな観光学への展望』ナカニシヤ出版、2018年

アクター・ネットワーク理論を用いて観光を分析した意欲作である。地域の人やモノのネットワークがいかに構築され、観光が制作されていくのかが論述される。

須藤廣・遠藤英樹『観光社会学 2.0——拡がりゆくツーリズム研究』福村出版、2018年

2005年に出版された須藤廣・遠藤英樹『観光社会学——ツーリズム研究の冒険的試み』（明石書店）を大きく改訂した新版。両者を比較することで、観光社会学が、どのように発展＝転回を遂げてきたのかがわかるだろう。

岡本健『アニメ聖地巡礼の観光社会学——コンテンツツーリズムのメディア・コミュニケーション分析』法律文化社、2018年

著者はアニメ聖地巡礼に関する考察を行ってきた研究者であり、この分野に関心がある者にとって本書は避けて通れないだろう。同じ著者の『巡礼ビジネス——ポップカルチャーが観光資産になる時代』（角川新書）も読みやすい。

観光学の重要文献（翻訳書）

ダニエル・ブーアスティン『幻影の時代——マスコミが製造する事実』星野郁美・後藤和彦訳、創元社、1964年

ブーアスティンの主著である。「擬似イベント」を提示したものとして、社会学の領域にも大きな影響を与えた。観光学においては、特に第3章「旅行者から観光客へ——失われた旅行術」を読んでもらいたい。これを受け入れるにせよ、批判するにせよ、ここで展開された議論はいまなお色あせない。

ディーン・マキァーネル『ザ・ツーリスト——高度近代化社会の構造分析』安村克己・須藤廣・高橋雄一郎・堀野正人・遠藤英樹・寺岡伸悟訳、学文社、2012年

マキァーネルの主著。「演出された真正性」（staged authenticitiy）を

山口誠『グアムと日本人――戦争を埋め立てた楽園』岩波新書、2007年
「南の楽園」イメージをもつ観光地であれば、ハワイや沖縄などのほかにグアムも思い浮かぶ。グアムが「南の楽園」の観光地となるその一方で、それによって埋もれてしまった記憶もある。その記憶を知ることもとても大切である。その点でとても良い本だ。同じ著者の『ニッポンの海外旅行――若者と観光メディアの50年史』(ちくま新書)も必読。
山下晋司編『観光文化学』新曜社、2007年
日本における観光人類学をリードしてきた筆者の手になる本書は、主に人類学的な視点から観光を考えることの面白さを伝えてくれる。
鈴木涼太郎『観光という〈商品〉の生産――日本～ベトナム 旅行会社のエスノグラフィー』勉誠出版、2010年
旅行会社のエスノグラフィーとして非常におもしろい。日本～ベトナムのパッケージツアー企画の過程を丹念なフィールドワークを通して明らかにしている。
安村克己・堀野正人・遠藤英樹・寺岡伸悟編著『よくわかる 観光社会学』ミネルヴァ書房、2011年
観光社会学が集積してきた研究成果を非常に簡潔にわかりやすく紹介した、初学者向けのテキストである。
神田孝治『観光空間の生産と地理的想像力』ナカニシヤ出版、2012年
人文・社会科学が文化論的転回や空間論的転回を経た後に、観光地理学がいたった一つの到達点を示すものであり必読である。
須永和博『エコツーリズムの民族誌――北タイ山地民カレンの生活世界』春風社、2012年
北タイ山地民カレンがツーリズムを利用し実践するなかで、したたかに新たなアイデンティティを獲得していくすがたを活写する本書は、観光人類学のエスノグラフィー(民族誌)のひとつの好例といえる。
大橋昭一・橋本和也・遠藤英樹・神田孝治『観光学ガイドブック――新しい知的領野への旅立ち』ナカニシヤ出版、2014年
観光の歴史、観光学の諸領域、視点(ポイント)、観光の種類、観光のアイテムなどにわけて、分かりやすく論じた観光学の入門書(ガイドブック)である。
岡本亮輔『聖地巡礼――世界遺産からアニメの舞台まで』中公新書、2015年
サンティアゴ巡礼、四国遍路、パワースポット、アニメ聖地、これらを共通して語りながら、宗教的な聖性と観光のかかわりについて論述している。
遠藤英樹『ツーリズム・モビリティーズ――観光と移動の社会理論』ミネ

現代観光学のためのブックガイド

現代観光学を学ぶうえで読んでもらいたい書物・論文は数多くあるが、以下では、そのなかでも本書で関わりの深いものに限定してブックガイドを作成した。基本的には日本語で読めるものを中心にピックアップし、日本における出版年順に並べている。

観光学の重要文献（和書）

石森秀三編『観光の二〇世紀』ドメス出版、1996年

観光地の文化がいかにして創りあげられ、商品として観光客に売り買いされるようになり、イメージされるようになっているのかを考察している。観光と文化のかかわりについて早くから取り上げてきた執筆陣による研究書である。

江口信清『観光と権力――カリブ海地域社会の観光現象』多賀出版、1998年

著者は、早い時期から観光人類学の領域を牽引してきた。本書は、カリブ海地域社会のフィールドワークを通して観光と権力の関係性について掘り下げた労作である。江口信清・藤巻正己編著『貧困の超克とツーリズム』（明石書店）も、併せて読んでもらいたい。

橋本和也『観光人類学の戦略――文化の売り方・売られ方』世界思想社、1999年

ハワイのほかに、バリ島、フィジーなどを事例としながら、観光において文化がどのように観光客に呈示されるのかについて考察している。観光研究において重要な一冊である。橋本和也『観光経験の人類学――みやげものとガイドの「ものがたり」をめぐって』（世界思想社）も読んでもらいたい。

曽山毅『植民地台湾と近代ツーリズム』青弓社、2003年

日本統治下の台湾における近代ツーリズムの形成が論じられており、観光歴史学において重要文献のひとつとなっている。

安村克己『観光まちづくりの力学――観光と地域の社会学的研究』学文社、2006年

「持続可能な観光」をめざす観光まちづくりの運動が、どのような社会的力学をもつにいたっているのか。こうした問いかけに真正面から向き合っている。安村克己『持続可能な世界へ――生活空間再生論序説』（学文社）も併せて読むと良い。

な　行

は　行

た　行

さ　行

か 行

事項索引

編著者紹介

遠藤英樹（えんどう ひでき）

1963年生まれ。関西学院大学大学院社会学研究科博士課程後期課程単位取得退学，社会学修士。立命館大学文学部地域研究学域教授。専門は観光社会学，現代文化論，社会学理論，社会調査法。著書：『ポップカルチャーで学ぶ社会学入門――「当たり前」を問い直すための視座』（ミネルヴァ書房），『Understanding tourism mobilities in Japan』（Routledge）など。

橋本和也（はしもと かずや）

1947年生まれ。大阪大学大学院人間科学研究科博士課程単位取得退学，博士（人間科学）。京都文教大学名誉教授。専門は観光人類学，観光学。著書：『観光人類学の戦略――文化の売り方・売られ方』（世界思想社），『旅と観光の人類学――「歩くこと」をめぐって』（新曜社）など。

神田孝治（かんだ こうじ）

1974年生まれ。大阪市立大学大学院文学研究科博士課程単位取得退学，博士（文学）。立命館大学文学部教授。専門は文化地理学，観光学。著書：『観光空間の生産と地理的想像力』（ナカニシヤ出版），『ポケモンGOからの問い』（共編著，新曜社）など。

著者紹介

寺岡伸悟（てらおか しんご）

1964年生まれ。京都大学大学院文学研究科博士後期過程満期退学，博士（文学）。奈良女子大学文学部教授。専門は観光社会学，地域文化論，地域メディア論。著書：『地域表象過程と人間――地域社会の現在と新しい視座』（行路社），『奄美文化の近現代史――生成・発展の地域メディア学』（加藤晴明と共著，南方新社）など。

山口　誠（やまぐち まこと）

1973年生まれ。東京大学大学院人文社会系研究科博士課程修了，博士（社会情報学）。獨協大学外国語学部教授。専門はメディア研究，歴史社会学，観光研究。著書：『グアムと日本人』（岩波新書），『ニッポンの海外旅行』（ちくま新書）など。

須永和博（すなが かずひろ）

1977年生まれ。立教大学大学院観光学研究科博士後期課程修了，観光学博士。獨協大学外国語学部教授。専門は文化人類学，観光研究，東南アジア地域研究。著書：『エコツーリズムの民族誌――北タイ山地民カレンの生活世界』（春風社）など。

森　正人（もり まさと）

1975年生まれ。関西学院大学大学院文学研究科博士課程後期課程修了，博士（地理学）。三重大学人文学部教授。専門は文化地理学。著書：『「親米日本」の誕生』（KADOKAWA），『展示される大和魂』（新曜社）など。

人名索引

タ　行

ナ　行

ハ　行

マ　行

ヤ　行

ラ・ワ　行

ワードマップ
現代観光学
ツーリズムから「いま」がみえる

初版第1刷発行　2019年1月31日
初版第6刷発行　2024年4月11日

編著者　遠藤英樹・橋本和也
　　　　神田孝治
著　者　寺岡伸悟・山口　誠
　　　　須永和博・森　正人
発行者　塩浦　暲
発行所　株式会社　新曜社
101-0051　東京都千代田区神田神保町3-9
電話（03）3264-4973（代）・FAX（03）3239-2958
E-mail : info@shin-yo-sha.co.jp
URL : https://www.shin-yo-sha.co.jp/
印刷所　星野精版印刷
製本所　積信堂

ISBN978-4-7885-1605-2　C1026